GUÉRIR D'UN CHAGRIN

Du même auteur,
aux Éditions J'ai lu

JAMES VAN PRAAGH

GUÉRIR D'UN CHAGRIN

Renconquérir sa vie après un malheur

TRADUIT DE L'AMÉRICAIN PAR
LINDA COUSINEAU

J'AI LU

Collection dirigée
par Ahmed Djouder

Titre original :

HEALING GRIEF

Ce livre est dédié à tous ceux qui ont vécu un malheur qui a changé leur vie. J'espère simplement que les mots imprimés sur ces pages apaiseront la tempête qui gronde en vous pour faire place à des lendemains plus ensoleillés.

INTRODUCTION

J'ai le privilège et le bonheur, depuis plusieurs années de servir d'intermédiaire entre de nombreuses personnes ici, sur terre, et leurs êtres chers qui ont trépassé. Quand je repense à ces expériences, je me rends compte que ces rencontres exceptionnelles que j'ai faites dans le monde spirituel, ainsi que les leçons que j'ai apprises tout au long de ma vie, font partie intégrante de la préparation de ce livre. En tant que personne éclairée par la perspective d'êtres qui ont traversé les plages de l'au-delà, je veux partager mes connaissances avec vous pour vous aider à soulager votre douleur et à guérir de votre chagrin.

Je ne prétends pas être un expert en psychologie ni un spécialiste du chagrin et de la douleur, mais je sais que cet ouvrage offre des pistes de guérison et de soulagement qui, je crois, peuvent bénéficier à tout le monde. En tant qu'êtres humains, nous avons besoin de structures psychologiques auxquelles nous puissions nous référer. Mon approche et la démarche que je propose pour surmonter et guérir d'un chagrin font appel à des ressources de nature spirituelle, et c'est d'après cette perspective unique que je présente l'information contenue dans ce livre.

Je travaille à titre de médium professionnel depuis que j'ai atteint l'âge adulte, et j'ai été témoin, au cours des années, de nombreuses situations tragiques. J'ai écouté attentivement pendant des milliers d'heures les chuchotements subtils entre notre monde terrestre et le monde plus éthéré de l'esprit. J'ai eu le merveilleux bonheur de voir l'effet miraculeux des paroles de l'esprit sur des cœurs endurcis par la douleur et le chagrin : j'ai vu revivre les éplorés ! Je veux maintenant partager avec vous ces visions et ces révélations dans l'espoir que vous aussi serez touché et ému en prenant conscience de la vie éternelle afin de ne pas avoir à vivre le reste de vos jours en tâtonnant à l'aveuglette dans le chagrin et la douleur. Je souhaite sincèrement que cette nouvelle perspective vous incite à découvrir votre propre spiritualité, qu'elle vous apporte la paix et la sérénité, et enfin qu'elle vous éclaire sur votre rôle dans la vie.

Ce livre comprend quatre parties qui proposent chacune diverses méthodes pour faire face au chagrin et à la douleur de manière saine et constructive. Dans la première section intitulée : *Le chagrin : un processus*, j'énumère les différentes étapes du chagrin, la manière dont il nous affecte et ce à quoi on peut s'attendre quand on vit un chagrin ou une perte quelconque. La deuxième partie, intitulée : *Lorsqu'un être cher meurt*, concerne évidemment la perte d'un être cher, qu'il s'agisse de parents, de partenaires de vie, d'enfants, de grands-parents, de frères, de sœurs ou d'amis. Tout comme vous, j'ai vécu ma part de tragédies et je discute ici de mes expériences personnelles concernant la mort d'êtres chers et du chagrin qui s'ensuit. Je vous parle aussi des cas de gens éplorés qui ont eu recours à mon aide pendant leurs moments difficiles. Je suggère aussi des pistes de guérison pour vous aider à faire vos propres choix et pour vous encourager à continuer et à progresser. Dans la partie suivante, *Les différentes sortes de malheurs*, je décris d'autres sortes de pertes qui ne sont pas aussi évidentes que les décès, comme les divorces, par exemple, les crises de la quarantaine, ou encore les derniers stades d'une maladie incurable, la perte d'un emploi ou d'une maison, le vieillissement ou encore la perte d'un animal de compagnie. Nous ne sommes peut-être pas toujours conscients que des situations aussi courantes que celles mentionnées ci-dessus sont aussi sources de chagrin et de souffrance. Et souvent, nous ne progressons pas parce que nous tentons de supprimer nos émotions dans de telles circonstances. La dernière partie du livre, *Reconquérir sa vie,* est consacrée à différents exercices et méditations qui peuvent être utilisés pour clarifier et résoudre des problèmes, faire face à des émotions et à des sentiments négatifs comme la culpabilité, la colère ou la dépression. Vous trouverez aussi, à la toute fin, une section de questions et réponses concernant le monde spirituel et le processus de guérison.

Le jeu de la vie est plein de détours inattendus. Tout au long de notre cheminement, je trouve essentiel de prendre un moment de temps en temps pour réfléchir sur certains événements. Ce sont de tels moments de réflexion qui font que nous sommes des êtres uniques. Quand je réfléchis sur mon passé, je me demande toujours si j'ai vécu pleinement le moment en question. C'est ainsi que je peux évaluer les décisions que je prends et reconnaître la valeur de chacun des moments que je vis. C'est aussi grâce à de telles réflexions que j'ai pu comprendre que ma vie est le résultat des choix que j'ai faits. La tournure des événements, les tours et détours de la vie, nous servent d'enseignements sur cette route sinueuse de la sagesse spirituelle.

En lisant la narration et les expériences décrites dans cet ouvrage, vous commencerez sans doute à voir les malheurs qui vous affligent d'un œil nouveau. Ainsi vous verrez probablement au-delà du chagrin et de la tristesse comme tels et découvrirez une occasion de vous impliquer davantage encore dans la vie. Ce faisant, chaque jour, vous deviendrez, vous aussi, plus conscient des « moments » de votre vie et vous voudrez sans doute vous assurer de faire compter chacun d'eux.

Un de vos moments s'apprête à commencer.

PREMIÈRE PARTIE

LE PROCESSUS

1

LE CHAGRIN ET LA PERTE

Peu importe l'endroit où nous vivions, la langue que nous parlions, il y a une expérience de vie que nous partageons tous sur cette planète : la perte d'êtres chers ou encore de choses qui nous sont chères. Cette perte peut être soudaine, inattendue, ou prévisible mais jamais nous ne pouvons la prévenir. Elle est inévitable. Toutes les pertes, quelles qu'elles soient, font resurgir en nous des souvenirs et des émotions. Devant ces expériences, certains demeurent plus ou moins impassibles et imperturbables tandis que d'autres voient leur vie complètement transformée. Quand quelque chose ou quelqu'un disparaît de notre vie, nous vivons toute une série de sensations physiques, émotionnelles et spirituelles qui font partie d'un seul et même phénomène que l'on appelle le chagrin. Le dictionnaire Le Petit Robert définit le chagrin comme un état moralement douloureux et renvoie aux termes : affliction, douleur, souffrance et tristesse.

Pourquoi le chagrin existe-t-il, et pourquoi le subissons-nous ? Le chagrin sert à quelque chose de très précis. C'est une réaction naturelle à la perte et au malheur. Il constitue l'expression de notre sentiment d'insécurité sous-jacente. Dans le malheur, nos craintes, notre peur d'être abandonné ainsi que nos sentiments de vulnérabilité resurgissent et nous forcent à les confronter. Le système de valeurs sur lequel nous avions établi nos croyances, nos buts et nos objectifs de vie se trouve soudain ébranlé, en péril. Nous avons peur et nous nous sentons fragiles et mis à nu. La plupart d'entre nous ne voulons pas ressentir de telles émotions négatives. Celles-ci sont pourtant aussi importantes à notre bien-être que nos émotions et nos sentiments positifs. Pour être pleinement humain, il nous faut en effet et le positif et le négatif. Ne dit-on pas d'ailleurs que celui qui ne connaît pas d'émotions négatives n'est pas en mesure d'apprécier ses émotions positives ? C'est pourquoi il est si important d'accepter ses émotions négatives, d'y faire face et de les vivre. Ce n'est qu'en agissant ainsi que nous pouvons nous bâtir une confiance en nous-mêmes. La pire chose serait en effet de nier et de réprimer ces émotions. Un tel geste aurait comme conséquence de retarder notre croissance spirituelle.

Il faut aussi se rappeler que le chagrin n'est pas une maladie dont on se rétablit. Le chagrin n'est pas une seule chose mais plutôt un ensemble d'émotions et d'états physiques. Par ailleurs, il est impossible de déterminer la mesure du chagrin. Personne ne devrait se sentir dans l'obligation de vivre son chagrin d'une manière plutôt que d'une autre. Il n'existe pas de façon universelle de vivre un chagrin. Il y a des manières saines et constructives de passer à travers le processus du chagrin aussi bien que des manières malsaines et destructrices et ces dernières mènent souvent à davantage de douleur et de souffrance encore.

Chaque fois que nous perdons quelqu'un qui nous est cher, nous perdons aussi un peu d'espoir d'un avenir meilleur. Un être humain a été arraché de notre vie. Les liens que nous avions avec lui sont coupés d'un seul coup. Nous sommes frustrés, fâchés, tristes et perdus.

Nous avons des regrets : tout ce que nous n'avons pas fait, tout ce que nous n'avons pas dit. On se demande pourquoi les innocents meurent si jeunes tandis que les bons à rien vivent trop longtemps. Le chagrin que nous éprouvons n'est pas un processus intellectuel. Nous devons apprendre à comprendre nos sentiments et nos émotions et à vivre ce genre de situation dans la sérénité. Même lorsqu'une personnalité célèbre meurt, nous éprouvons du chagrin. Sa mort peut nous toucher de manière très personnelle. Quand John Kennedy Jr est mort, nombreux sont ceux qui l'ont pleuré même s'ils ne le connaissaient pas personnellement. Sa mort nous a en effet rappelé la mort de son père, celle de son oncle, de sa mère et de toute une époque qui nous semblait plus simple. Dans de tels moments de tristesse, on pleure aussi ce qui aurait pu être, et notamment si l'on sent que la vie passe trop vite. Souvent aussi, nous ressentons notre fragilité en tant qu'êtres humains qui ne savent jamais quand la mort frappera. Et parce que nous la craignons, comme nous craignons tout ce qui nous est inconnu, nous pleurons aussi notre propre condition d'êtres mortels.

Sachez communiquer votre chagrin

Quand le malheur frappe, notre première réaction est habituellement le choc ou l'incrédulité. Après un certain temps, on prend conscience de ce que l'on a perdu et cette réalisation suscite généralement la tristesse, la colère, la solitude, la culpabilité, le désespoir et toute une gamme d'émotions et de malaises de même que d'états et de conditions physiques inconfortables. Notre chagrin peut nous paraître infini. On peut se sentir pris au piège, prisonnier d'un abysse de noirceur sans issue. Et bien que le malheur et le chagrin soient courants, la plupart d'entre nous sommes mal préparés pour y faire face. D'abord, nous n'avons pas l'habitude de parler de nos chagrins. Nous avons plutôt tendance à garder pour nous nos pensées tristes et nos émotions négatives. Ou encore, nous nous empressons de nier ou d'ignorer la souffrance et la douleur que nous ressentons. Ensuite, dans les moments difficiles, nous avons souvent tendance à raisonner de manière illogique, comme : « Si je n'y pense pas, la douleur va disparaître. » En tant que société, nous faisons bien peu pour nous aider les uns les autres à comprendre les effets du malheur ou d'une perte et trop souvent aussi nous ne nous allouons pas le temps nécessaire pour reconnaître la blessure et vivre la tristesse et la confusion que suscitent en nous les événements malheureux.

Parce que, en tant que société, nous préférons cacher et nier la mort et le malheur, au lieu de les accepter, de chercher à les comprendre et à les vivre pleinement. Nous ne savons pas comment exprimer les sentiments et les émotions que font naître en nous les malheurs et les chagrins. Ainsi, devant la mort ou une maladie incurable, par exemple, nous ne disposons pas des outils nécessaires pour faire face à ces situations. Nous sentons le besoin de nier leur existence. Cela nous paraît plus facile parce que la douleur, trop intense, est insupportable. Il ne suffit pourtant que d'une certaine conscience du chagrin et des émotions qu'il suscite pour être mieux préparés à y faire face de manière positive et constructive et avec moins de peur et d'anxiété.

Le chagrin est un processus de vie naturel et puisqu'il s'agit d'un processus, il faut du temps pour le vivre. Au lieu de nous laisser le temps de traverser ou de briser les barrières du chagrin et de rebâtir nos vies avec un espoir nouveau et des objectifs significatifs, nous nous attendons trop souvent à surmonter notre chagrin le plus rapidement possible et à passer à travers ce moment difficile sans que cela ne paraisse ou en faisant en sorte que cela paraisse le moins possible. Mais comment peut-on surmonter un chagrin si on ne comprend pas l'essence de ce que l'on vit ? Ce que je souhaite, au fond, c'est de vous aider en partageant avec vous mon vécu avec le chagrin ainsi que les expériences d'autres personnes que j'ai connues et qui ont vécu ou qui vivent encore le processus du chagrin. Je vous fournirai aussi des pistes de solution et des moyens pour observer votre propre chagrin d'un point de vue spirituel afin de vous permettre de transcender la douleur et la confusion et de découvrir une toute nouvelle perspective. Ce changement d'attitude vous aidera, je l'espère, à devenir plus entier, plus complet et plus aimant. En adoptant de nouvelles façons de voir, vous apprendrez beaucoup sur vous-même et sur les autres, et vous pourrez, à votre tour, prendre les mesures nécessaires pour rendre votre vie plus heureuse et plus satisfaisante.

La seule façon d'éviter le chagrin, c'est d'éviter la vie, et de vivre sans amour. Le chagrin fait partie de la vie humaine. C'est un processus qui peut apaiser nos bouleversements affectifs et nos incertitudes mentales. Tout le monde ressent un certain degré d'angoisse et de souffrance pendant le processus du chagrin, et ces émotions et sentiments sont tout ce qu'il y a de plus normal et naturel. Le chagrin peut être sain si vous vous prenez en main et si vous prenez vos responsabilités d'être vivant. Pour continuer à vivre une vie significative, une vie qui ait un sens, vous devez vous permettre de vivre vos chagrins.

L'une des premières étapes importantes pour réussir à reconnaître sa perte, est sans doute de pouvoir dire au revoir à ceux que nous aimons. Plusieurs personnes refusent en effet de dire au revoir parce qu'elles craignent qu'un tel geste signifie qu'elles abandonnent l'être cher à son sort. En disant au revoir, elles craignent aussi de ne plus pouvoir reparler à la personne aimée par la suite. Or, de dire au revoir nous aide à prendre conscience que ce n'est que sur le plan physique que la personne nous a quittés. Notre esprit, notre mental, a besoin d'une forme quelconque de clôture, de terminaison et de conclusion. Nous avons, dans notre culture, créé des rites et des rituels d'adieux. Ainsi, nous assistons à des funérailles ou à un service funèbre. Nous allons à l'église pour allumer des bougies ou pour prier pour nos morts. En tant qu'êtres humains, nous avons besoin de tels rituels. Nombreux sont les esprits qui ont laissé savoir combien ils étaient heureux de voir les membres de leur famille rassemblés pour leurs funérailles. En effet, l'esprit du mort reste habituellement pour ce genre de cérémonie. De tels rituels aident non seulement les vivants à se réadapter, mais ils aident aussi les esprits à réaliser qu'ils ne font plus partie de la dimension physique. Quelle que soit la façon dont nous faisons nos adieux, qu'il s'agisse de funérailles officielles ou de prières intimes et personnelles, l'important est de faire ses adieux. N'oubliez pas que l'esprit ne meurt jamais. Cette pensée est plutôt réconfortante, non ? Elle signifie que ceux que nous aimons ne nous quittent pas vraiment. On peut leur parler et ils nous entendront. Rappelez-vous aussi que la vie est toujours en évolution et que *rien ne se perd jamais*. Ce qui était se transforme, tout simplement.

Il est aussi nécessaire de procéder à une forme quelconque de clôture ou de conclusion lorsque nous sommes confrontés à d'autres genres de pertes. Nous avons, au cours de notre vie, à dire au revoir à une foule de situations et de circonstances variées qui ne font plus partie de notre quotidien. Bien qu'il ne soit jamais facile de dire au revoir, c'est souvent nécessaire. Il vient un temps où il faut fermer la porte sur un chapitre de sa vie et y mettre un terme. Il faut savoir reconnaître et ressentir tous les chagrins de la vie. Il faut accepter les différentes sortes de pertes auxquelles nous sommes confrontés avant de pouvoir commencer le processus de guérison. Si nous ne vivons pas nos chagrins, nous stagnons et nous portons en nous le poids des affaires non résolues pour le reste de nos jours. Les chagrins non vécus ou qui n'ont pas été complètement exprimés et purgés de notre vie affectent nos décisions vitales et teintent toutes les situations que nous rencontrons. En réprimant nos véritables sentiments, nous ne faisons que repousser la douleur plus profondément. Ainsi nous ne pouvons pas vivre pleinement. Nous ne pouvons qu'exister.

Une perspective spirituelle

Quand nous nous dépouillons de notre corps et que nous passons dans la dimension spirituelle, nous ouvrons la porte de la vie éternelle. Nous découvrons alors que nous sommes des êtres spirituels qui avons eu des expériences humaines. Vous découvrirez à travers les anecdotes rapportées dans ce livre que nous sommes sur cette terre pour évoluer et progresser sur le plan spirituel. À cette fin, nous faisons des choix, avant même de nous incarner dans un corps, pour nous placer dans diverses situations qui nous permettront de croître. Certaines situations peuvent s'avérer pénibles : la perte d'un enfant, par exemple ou un divorce. Tomber malade et perdre son autonomie. Perdre sa maison et tous ses biens. D'autres situations peuvent être moins pénibles tout en demeurant difficiles : les enfants grandissent et quittent la maison. Vieillir seul, sans amis ou encore ne jamais atteindre son but ou réaliser son rêve. Toutes ces situations constituent des épreuves que l'âme a choisies pour grandir. Rappelez-vous que vous prenez part à une action spirituelle aussi bien que physique dans laquelle vous jouez votre rôle pour accéder à la prochaine étape de votre développement spirituel. Votre karma prévoit peut-être que vous avez des obligations envers une ou plusieurs personnes. Vous devez peut-être changer certaines idées concernant votre vie ou encore apprendre à maîtriser votre colère. Vous devez peut-être apprendre à vous faire confiance et à ne pas vous sous-estimer. Ou encore, vous avez peut-être décidé de sacrifier vos propres besoins à ceux de quelqu'un d'autre. Quoi qu'il en soit et quelles que soient les raisons, l'âme choisit toujours de vivre une expérience lors de son passage sur la terre. Sachant cela, il nous est plus facile de prendre conscience de la continuité de la vie. La vie est un processus au moyen duquel nous pénétrons dans une dimension physique pour ensuite en ressortir. Il ne s'agit là, en effet, que d'une vie parmi d'autres dans notre cheminement spirituel. Il y a une raison pour laquelle vous êtes en vie présentement. Laissez votre chagrin devenir une occasion de croissance spirituelle.

Le chagrin est une émotion qui nous est commune à tous comme vous le verrez dans le chapitre suivant qui traite des différentes étapes du chagrin. Nous avons toujours le choix de continuer et d'avancer avec optimisme ou de stagner dans la tristesse.

2

LE CHAGRIN : UN PROCESSUS

La vie ne peut pas être mesurée que par les expériences que nous accumulons sur cette terre. De par sa nature même, la vie est un pot-pourri d'événements qui sont filtrés à travers nos fonctions émotionnelle, physique, mentale et spirituelle. La vie a pour objet de nous apprendre à apprécier ces différents aspects de nous-mêmes. C'est à travers les hauts et les bas de la vie que nous pouvons grandir en sagesse en apprenant à nous connaître de mieux en mieux et à reconnaître les êtres spirituels et aimants que nous sommes.

Le chagrin fait partie de l'expérience de vie. Il constitue une partie importante et douloureuse et il est la conséquence naturelle des malheurs et des pertes auxquels nous sommes confrontés. Le degré de souffrance et d'inconfort associé au chagrin varie selon l'importance du malheur ou de la perte. Ainsi le chagrin sera plus ou moins grand selon que nous avons perdu un être cher, un bien matériel, une situation ou une condition, ou encore un animal de compagnie. En outre chacun ressentira l'impact de la perte de manière différente et réagira de manière distincte.

Dans mon premier livre *Talking to Heaven*, je décris les premières réactions qui sont déclenchées lors d'une perte. Je voudrais maintenant détailler un peu cette liste et y inclure les différentes étapes du processus du chagrin.

Les phases du chagrin

Quand on fait référence aux différentes phases du chagrin, il faut bien comprendre que toutes sont saines et que chacune peut être vécue de façon différente et à différents moments. Il n'y a pas de règles qui régissent ces émotions et ces étapes. Une personne peut s'enliser dans une étape et se voir incapable de passer à l'étape suivante. Il arrive assez souvent aussi que plusieurs étapes se confondent les unes aux autres ou encore qu'une personne vive plus d'une étape à la fois. Chacun vit le chagrin à sa façon et selon un schéma qui lui est propre. Et chacun vivra les différentes phases du chagrin d'une manière qui lui est unique. Il faut être patient et comprendre que le chagrin est effectivement un processus, c'est-à-dire un ensemble de phénomènes. Par ailleurs, en tant qu'êtres humains, nous faisons tous partie d'un processus de cheminement universel et rien ne peut être accompli du jour au lendemain.

Nombreux sont ceux qui vivent leur chagrin seuls, mais d'autres ont besoin d'aide et de soutien extérieurs. Un thérapeute, un membre de la famille, un ami, peuvent jouer un rôle important dans votre processus de guérison. Ces soutiens extérieurs peuvent vous encourager à tenir le coup et à ne pas vous décourager et vous pouvez aussi partager avec eux vos pensées et vos émotions. Il suffit, bien souvent, de parler de ce que l'on ressent sans être jugé. On n'a pas toujours besoin de réponse ou de conseils, mais simplement d'être écouté. Écouter une personne éplorée, c'est l'aider à verbaliser et à exprimer sa douleur. Bien que les malheurs soient différents, qu'il s'agisse de la perte d'un conjoint ou de la perte d'un emploi, par exemple, le processus du chagrin, lui, est toujours le même. Ce n'est que le degré auquel nous sommes affectés qui varie, c'est-à-dire la profondeur et l'intensité du chagrin.

Le choc

La première réaction à une perte est l'incrédulité totale. Nous sommes rarement préparés à de tels événements et le malheur nous prend habituellement par surprise. Notre monde bascule, tout s'écroule. On a l'impression de perdre complètement le contrôle. Qu'il s'agisse d'une mort soudaine ou d'un décès qui survient à la suite d'une longue maladie, le choc de la finalité demeure le même. Apprendre que l'on vient de perdre quelqu'un peut paralyser même les plus forts d'entre nous. La surcharge émotionnelle est si grande qu'on a l'impression d'avoir été frappé par un camion.

Habituellement, dans cette première phase du chagrin, on ne comprend pas l'impact de ce qui nous arrive et souvent tout nous semble irréel. C'est l'état de choc. On se sent hébété, engourdi. Tout comme le corps qui subit un choc lors d'un accident, notre pensée, notre mental subit un choc. Celui-ci nous aide à traverser les moments de perturbations émotionnelles extrêmes. Il arrive souvent dans de tels moments que nous répétions sans cesse les mêmes mots, comme : *Je n'arrive pas à y croire*, ou *Il ne peut pas être mort* ou *Ce n'est pas possible*. Il est important de savoir que vous n'êtes pas en train de devenir fou et que votre réaction est tout à fait normale. Le choc peut durer de quelques heures à quelques mois. Il se peut que vous ayez l'impression de vivre un cauchemar éveillé et que vous répétiez : *Ce n'est pas vrai*. L'hébétude et l'engourdissement ne sont que temporaires mais le choc peut durer assez longtemps.

Quand on est en état de choc on agit souvent comme un robot, comme s'il ne s'agissait que de faire les mouvements. Il arrive aussi que l'on perde la notion des tâches quotidiennes à accomplir. Il est fréquent aussi d'avoir certaines pertes de mémoire. Des choses que l'on prenait pour acquises semblent disparues tout d'un coup. Par exemple, on ne se souvient plus où on a mis telle ou telle chose, on oublie des détails. Les gens nous parlent mais on n'entend pas ce qu'ils nous disent. On n'arrive pas à faire de plans pour le lendemain, alors pour ce qui est de l'avenir... C'est comme si notre corps bougeait au ralenti. Toutes ces réactions font partie de l'état de choc intense que l'on vit.

L'état de choc est en quelque sorte un mécanisme de défense. Quand on est incapable de faire face à ce qui nous arrive, l'état de choc nous aide à passer à travers les premiers jours du malheur qui nous frappe. Il nous permet de ne pas ressentir pleinement l'impact de la mort ou de la perte que nous venons de subir. Quand l'hébétude et l'engourdissement commencent à s'atténuer, on commence à voir la réalité de la situation. Mais il se peut que l'on continue à dire des choses comme : *Je n'arrive pas à y croire*. C'est parce que la situation est complètement différente et qu'il faut s'y habituer.

La négation

La négation est un élément accompagnateur du choc. Ces deux réactions émergent presque simultanément l'une avec l'autre. À l'instar du choc, la négation agit comme un tampon pour neutraliser l'horreur de la situation. Tant que nous nions la réalité, nous n'avons pas à y faire face. Et parce que nous sommes tellement habitués à ceux qui nous entourent dans notre vie, et que nous sommes si ancrés dans nos habitudes de vie, nous refusons souvent d'accepter qu'il y ait un changement. Nous préférons nier l'existence de la nouvelle situation qui nous accable. Le plus longtemps nous nions la situation, le plus longtemps nous évitons de faire face à notre chagrin et à notre douleur.

Il y a différents degrés de négation qui varient selon l'importance du lien qui unissait la personne éplorée à ce qu'elle a perdu. La négation fera partie de notre vie jusqu'à ce que nous soyons capables de reconnaître notre perte et que nous puissions vivre notre chagrin. Nombreux sont ceux qui restent dans la phase de négation et qui trouvent d'autres avenues pour engourdir leur douleur. L'alcool et les drogues sont des exemples courants. Prenons le cas du divorce, certaines personnes sauteront aussitôt dans une autre relation sans prendre le temps de faire leur deuil et de vivre leur chagrin. Ils restent à l'étape de négation parce qu'ils refusent de confronter la peine et la souffrance liées à leur épreuve.

Quand des événements malheureux surviennent, il arrive souvent que l'on cherche d'autres distractions et fantaisies pour occuper ses pensées. C'est une autre manière de ne pas faire face à la réalité et de ne pas affronter sa douleur. On se dit qu'il suffit de ne pas penser à quelque chose pour que cette chose disparaisse et que tout redevienne normal. On s'en fait accroire, mais un jour ou l'autre, il faut faire face à la réalité si on veut progresser. Plus longtemps on reste à l'étape de la négation, plus ce petit jeu devient un cauchemar cruel. Tôt ou tard, la réalité s'insinuera dans votre vie et elle s'y installera.

Je sais que la société dans laquelle nous vivons a été bâtie sur des principes d'évasion et de fantaisie. La négation nous semble donc une bonne façon de passer à travers les moments désagréables de notre vie. On ne veut pas y penser et on aimerait bien passer à côté. On a horreur de se sentir impuissants et désespérés. Ce n'est pas à l'ordre du jour de ce que la société préconise. Personne ne nous enseigne ce qu'il faut faire quand le malheur frappe ni comment se comporter dans les situations qui changent radicalement notre vie. On n'est jamais censé paraître faible ou vulnérable. Dieu nous préserve de pleurer ! Ce sont là les signes d'un caractère faible, des défauts qui nous dégoûtent. Ce genre de comportement est inacceptable et nous ne voulons pas nous exposer aux regards du monde quand nous ne sommes pas au meilleur de notre forme. Il n'est donc pas surprenant qu'une majorité d'entre nous préfèrent nier la douleur et le chagrin plutôt que de les vivre.

Quand on nie une situation, on dissimule sa douleur et on fait comme si de rien n'était. On agit comme si tout était normal. Or pour commencer à guérir de sa peine, il faut en sentir la douleur. Quand on refuse de ressentir la douleur, on engourdit aussi des émotions telles que l'amour et la joie, des émotions qui rendent la vie plus facile et qui allègent les moments difficiles. Il nous faut ressentir toutes nos émotions, tant les positives que les négatives pour entreprendre le processus de guérison du chagrin. Quand la négation d'une personne devient si intense qu'elle refuse de faire face à la vie telle qu'elle est en réalité, ou qu'elle refuse de vivre sa nouvelle réalité, il vaut mieux qu'elle consulte. Seul un professionnel, en effet, pourra vraiment aider celui qui a perdu contact avec la réalité.

La négociation

Il est fréquent que les gens essaient de négocier avant la mort d'un être cher en demandant à Dieu d'épargner la vie de l'être aimé en échange d'un changement de comportement quelconque. *Je vais arrêter de fumer* ou *J'irai à l'église régulièrement*. Les gens ont aussi tendance à négocier tout de suite après une perte. C'est une astuce qu'on utilise pour tenter de reprendre le contrôle de la situation. La négociation est une autre forme de mécanisme de défense. J'ai travaillé avec des gens qui étaient dans un état de choc si intense et de négation si profonde suite à un décès, qu'ils continuaient à vivre comme si rien ne s'était produit. Ils étaient dans une bulle. Ainsi, une femme continuait à préparer le dîner de son mari jour après jour, en espérant qu'il rentre pour le repas. Elle lui parlait aussi comme s'il avait été dans la pièce avec elle. Une autre s'attendait toujours à voir entrer son enfant mort dans la pièce où elle se trouvait. Chaque fois que le téléphone sonnait ou que l'on frappait à la porte, elle s'attendait à ce que ce soit son enfant. Elle se disait qu'il y avait peut-être eu une erreur d'identité et que son enfant reviendrait sans doute d'un jour à l'autre. Elle pensait que Dieu lui donnerait une deuxième chance.

La négociation est chose courante chez ceux qui ne sont pas présents lors de la mort de la personne ou encore qui ne peuvent assister à ses funérailles. Dans de tels cas, les gens ne voient pas la mort de leurs propres yeux et ils s'entêtent à croire que ce n'est pas vraiment arrivé. En fait, ils n'ont pas fait leurs adieux.

On utilise aussi la négociation dans des situations comme le divorce ou la perte d'un emploi. La personne promet à Dieu qu'elle va changer d'attitude ou de comportement et que la situation pourra donc être renversée. Tout rentrera miraculeusement dans l'ordre. Mais malgré la réalité cruelle, on ne peut pas revenir en arrière. La négociation, comme la négation, nous évite de faire face à la réalité. Beaucoup de gens croient qu'un miracle se produira et ils tentent de négocier avec Dieu dans l'espoir qu'un comportement amélioré fasse tout rentrer dans l'ordre. Si le choc qui survient après la perte est trop intense, il arrive souvent que l'on ait recours à de tels raisonnements.

Le fait de négocier peut réconforter certaines personnes, temporairement du moins, jusqu'à ce qu'elles se rendent à l'évidence. Cette étape du processus du chagrin est, jusqu'à un certain point, normale. Mais si le phénomène persiste, il peut nuire à votre guérison et à votre capacité de reprendre le contrôle de votre vie. Je connais des gens qui, depuis des années maintenant, entrent et sortent de cette phase, sans pouvoir vraiment passer à une autre étape. Quand vous vivez dans un monde illusoire et que vous vous enfoncez dans la négation et la négociation, vous risquez de vous détacher de la réalité qui vous entoure. Chacun se doit en effet de participer activement à la vie et ce, sur tous ses plans : physique, mental, émotionnel et spirituel.

La colère

Essayez de vous rappeler la dernière fois que vous vous trouviez dans une situation qui vous semblait désespérée. Vous aviez alors l'impression que quoi que vous fassiez, jamais vous n'arriveriez à vous en sortir. Vous sentiez-vous désarmé, impuissant ? Aviez-vous l'impression que rien ne dépendait plus de vous et qu'il y avait une autre force impliquée ? Cette impression d'impuissance et de ne pas pouvoir contrôler une situation est caractéristique de la colère. Il est courant de ressentir la colère devant la mort parce que la mort est un événement que nous ne pouvons pas contrôler.

Au début votre colère est dirigée contre ceux que vous croyez responsables de la situation. Vous en voulez à la personne décédée de vous avoir abandonné à votre sort. Dans le cas d'un divorce, l'un des conjoints en voudra à l'autre pour avoir brisé leur union. Vous en voulez à votre patron de vous avoir congédié. Vous vous dites : *Comment peut-il me faire cela ?* Et puis vous blâmez Dieu pour le moment qui est si mal choisi. Vous vous sentez victime d'une puissance invisible qui cherche à vous punir. *Comment Dieu peut-il m'arracher cette personne ? Comment peut-il me placer dans une telle situation ?* Et finalement, vous vous en voulez à vous-même.

J'aurais sûrement pu faire quelque chose pour ne pas qu'elle meure. J'aurais dû... Comment ai-je pu me laisser entraîner dans une telle situation ?

Dans mon travail, j'ai souvent affaire à des gens qui ressentent beaucoup de colère face à la mort d'un être cher. Ils se sentent habituellement abandonnés. *Il (elle) m'a laissé dans un tel pétrin. Il (elle) n'avait pas le droit de m'abandonner.* Une partie de la colère peut être due à des difficultés financières surtout si c'était la personne décédée qui s'occupait des finances. Une autre partie de la colère est dirigée contre les médecins et le personnel hospitalier qui n'ont pas su mieux prendre soin de la personne qui est morte. Certains s'en veulent à eux-mêmes de ne pas avoir été assez bons envers la personne qui a trépassé, de ne pas en avoir fait suffisamment pour elle. *Je ne lui ai pas dit combien je l'aimais. Je me plaignais trop souvent.* Le survivant peut exprimer son irritation de multiples façons, par exemple des crises ou des accès de colère. Ou encore, il peut intérioriser sa colère et la diriger contre lui-même, ce qui peut mener à la dépression ou au désespoir.

Certaines personnes ressentent de la colère pendant de longues périodes et parfois pour le reste de leur vie. Il est normal d'être en colère pendant un certain temps. Et malgré que ce ne soit pas une émotion agréable, la colère fait partie du processus du chagrin. Nous avons le droit de nous fâcher. Mais il faut pouvoir nous exprimer et il est sain d'exprimer sa colère. Trop souvent les gens pensent qu'ils ne devraient pas être en colère et ils répriment leurs sentiments d'impuissance. Tant et aussi longtemps que nous réprimons notre colère ou que nous ne l'exprimons pas, elle restera en nous, dans notre corps. Et elle remontera à la surface comme une maladie ou une forme d'incapacité quelconque. Rappelez-vous que le corps ne peut rendre que ce qu'on lui a fourni. Si vous emmagasinez de la colère et du ressentiment, ils réapparaîtront dans d'autres aspects de votre vie. Par exemple, ils peuvent affecter vos relations avec les autres, nuire à votre capacité de travail et vous empêcher de réussir. Il se peut que vous vous sentiez de plus en plus déprimé et que vous commenciez à prendre de la drogue pour vous sentir mieux. Et puis un jour vous vous rendez compte que votre vie est un enfer sans que vous ne sachiez pourquoi. Si vous réussissez à remonter à la source de vos sentiments et de vos émotions, vous découvrirez sans doute qu'il y a en vous une colère que vous n'avez pas exprimée lors d'un événement sur lequel vous sentiez que vous n'aviez aucun contrôle. Or, il faut laisser sortir sa colère, il faut s'en purger.

La colère est une émotion qui est toujours évidente et perceptible dans nos relations avec les autres. Intuitivement, on peut sentir la colère de quelqu'un. Je la vois tous les jours dans le travail que je fais. Par exemple, une personne criera sans que l'on ne sache pourquoi. Souvent la personne ne se rend même pas compte qu'elle a élevé la voix et son accès de colère est en réalité une façon de dissimuler une douleur profondément enfouie. Plus une personne refoule ses sentiments et ses émotions, plus elle risque d'exploser. Et cela risque d'avoir des conséquences dévastatrices. Cela est d'autant plus vrai pour les adolescents qui doivent affronter la mort d'un ami. S'ils n'ont pas les outils nécessaires pour exprimer leur colère, il se peut qu'ils se tournent vers la violence. C'est pourquoi il est si important de laisser chacun exprimer ses émotions, y compris les enfants et les adolescents. Chez les adolescents, et notamment chez les garçons, des chagrins non exprimés peuvent mener à de la violence de gang et à des massacres sanglants.

Il vaudrait mieux que nous apprenions tous à exprimer notre colère sans faire de mal aux autres. Et il existe de nombreux moyens de le faire. L'activité physique intense est une façon de faire sortir le trop-plein d'énergie que cause la colère. Si vous êtes en colère contre quelqu'un vous pouvez le lui dire sans pour autant perdre les pédales ! Vous pouvez aussi aller quelque part pour crier. Pour ma part, j'essaie d'aller dans ma chambre pour me défouler ! Il faut laisser sortir sa colère, sinon elle se transforme en rage. Et on sait comment la rage s'exprime dans la société. Quand on laisse sortir sa colère, on se sent libéré ; on sent qu'on « en a moins sur le cœur ».

Si jamais vous vous trouvez à être le récepteur involontaire d'une attaque de colère verbale, rappelez-vous que la personne qui exprime ainsi sa colère souffre. Aidez-la à laisser échapper son excès de vapeur. Avoir affaire à la colère d'autrui est intimidant pour la plupart d'entre nous. Particulièrement si on ne sait pas comment aborder nos propres sentiments conflictuels. Souvenez-vous que vous n'avez pas à vous défendre. Si vous ripostez, vous ne faites qu'amplifier sa colère, c'est comme de jeter de l'huile sur le feu, et l'agressivité accrue de l'autre amplifie davantage encore sa colère. Pour ma part, j'aime bien compter lentement jusqu'à dix quand je suis la cible de la colère de quelqu'un. Ce truc pourtant simple atténue l'intensité de l'énergie émotionnelle qui m'habite alors et me donne le temps de reprendre le contrôle de mes émotions.

La culpabilité

Une autre réaction courante devant une perte est la culpabilité. La plupart des gens ne se rendent pas compte que la culpabilité fait partie intégrante du processus du chagrin. Souvent, les gens ont l'impression de ne pas avoir été à la hauteur, d'avoir manqué à leur devoir ou à leurs responsabilités, ou encore d'avoir fait quelque chose de mal. L'un des aspects importants de la culpabilité est le fait qu'on se blâme soi-même. Par exemple, quand un père ou une mère perdent un enfant, ils se sentent souvent responsables de la mort de leur enfant. Aussi irréaliste que cela paraisse, c'est pourtant ce qu'ils pensent vraiment. Affligés, ils deviennent éperdus de culpabilité. Je me souviens de deux séances successives que j'avais faites à Phœnix en Arizona. Les deux concernaient la mort d'un enfant. Le premier cas était celui d'une fillette qui était morte dans un accident de voiture et le second, celui d'un garçon mort dans un accident de motocyclette. Dans les deux cas, les pères se sentaient responsables de la mort de leur enfant. Ils se disaient qu'ils auraient dû mieux les mettre en garde ou mieux les préserver du danger. Étant donné que les parents se doivent de protéger leurs enfants, quand l'un d'eux meurt, ils sentent automatiquement qu'ils ont manqué à leur devoir. Et les deux pères en question se sentaient vraiment coupables. Quand les esprits de leurs enfants se sont fait entendre, ils leur ont fait savoir qu'ils n'avaient rien à se reprocher et qu'il leur aurait été impossible de prévenir les accidents dont ils avaient été victimes. « Toutes les mises en garde du monde n'auraient pas suffi à prévenir cet accident », a dit la jeune fille à son père. « C'était une épreuve que je devais traverser et tu ne pouvais rien pour l'empêcher. » De plus, les parents ont toujours l'impression qu'ils devraient mourir avant leurs enfants. C'est logique, bien sûr, mais il ne faut pas oublier qu'il s'agit toujours d'un cheminement spirituel. En effet, la vie ne se limite pas au monde matériel. Quoi qu'il en soit, la mort d'un enfant est toujours perçue comme un échec personnel dans la tête des parents. La culpabilité qu'ils traînent les condamne à se sentir méprisables et bons à rien.

La culpabilité est encore plus profonde chez celui qui a participé à la tragédie de la personne décédée. C'est ce qu'on appelle la « culpabilité du survivant ». Supposons, par exemple, qu'un être cher est mort dans un accident de voiture alors que c'est vous qui étiez au volant du véhicule. Quel que soit l'accident ou la tragédie (tuerie, écrasement d'avion, bombe, etc.), la peine et le chagrin des survivants sont toujours immenses. Ils se blâment eux-mêmes. *Pourquoi n'ai-je pas choisi ce siège ? J'ai déjà suffisamment vécu, pourquoi ne suis-je pas mort à sa place ? C'était une si bonne personne. C'est moi plutôt qui aurais dû mourir.* Les survivants se sentent coupables parce que quelqu'un est décédé alors qu'eux sont toujours vivants. En outre la pression s'accroît quand ils rencontrent les membres de la famille du défunt qui ont toujours tendance à blâmer secrètement les survivants pour avoir survécu.

Souvent quand un être cher meurt, on a l'impression de ne pas tout avoir réglé avec lui avant sa mort. Par exemple, on sent qu'on aurait dû s'excuser pour quelque chose qu'on a dit ou fait par le passé. On s'en veut de ne pas avoir tenu une promesse ; on sent qu'on aurait dû tenter une réconciliation avant son départ... On se casse la tête à coups de *si seulement* et de *j'aurais dû*. Des détails insignifiants prennent alors une importance démesurée. *Il adorait le chocolat et la crème glacée. Pourquoi ne lui en ai-je pas offert plus souvent ?* On a l'impression que le chocolat et la crème glacée, dans le cas de cet exemple, auraient pu avoir un effet quelconque sur la prolongation de la vie de la personne ou encore qu'ils auraient au moins pu rendre ses derniers moments plus faciles à supporter. Il faut beaucoup de vigilance pour échapper à ce genre de culpabilisation. Il faut en outre très bien comprendre les raisons qui nous font penser ainsi.

Il arrive souvent que les gens se sentent coupables parce qu'ils n'étaient pas présents au moment où la personne chère est décédée. J'entends souvent de telles choses lors des séances auxquelles je participe. Sachez que la plupart du temps, les esprits choisissent de partir quand il n'y a personne autour. Par ailleurs, il est rare qu'un esprit en veuille à quelqu'un de ne pas avoir été à ses côtés au moment du décès. La mort est toujours un choix et non un accident qui attend de se produire. Il n'y a donc aucune raison pour que nous nous sentions coupables de quoi que ce soit.

Les gens se sentent aussi coupables d'éprouver de la joie ou du soulagement par rapport à une situation. *Je ne devrais pas me réjouir. Cela ne devrait pas m'arriver ; je n'en mérite pas tant.* Ce genre d'autocritique et de doutes ternissent toujours l'image que nous avons de nous-mêmes et ils ont aussi des effets dommageables qui influent sur le reste de notre vie.

Or il est courant de se blâmer pour un décès ou pour toute autre situation pénible. On se tord les mains de désespoir et on s'arrache les cheveux. On s'en veut pour nos lacunes et on se répète sans cesse qu'on aurait dû ou qu'on aurait pu. On se sent coupable parce qu'on a l'impression qu'un tel sentiment pourrait changer l'état des choses. On a l'impression que si l'on pouvait justifier ou trouver une explication logique à la mort de la personne, à la perte de son emploi ou de sa maison ou encore à son cancer, on pourrait alors trouver des raisons pour en porter le blâme. Et puis on pourrait se punir pour cette situation qu'on n'a pas su prévenir. Voilà la façon dont on raisonne quand on se sent coupable. Voilà aussi le genre de problèmes que cause la culpabilité.

Dans tous les cas, il faut savoir évaluer la situation avec le plus d'honnêteté et de justesse possibles. Il faut voir si nous ne nous inventons pas des scénarios irréalistes et si nous n'interprétons pas à notre détriment des événements sur lesquels nous n'avions en réalité aucun contrôle. Peut-on poursuivre son chemin ? Faudrait-il laisser une situation derrière soi ou mettre fin à une relation avec quelqu'un ? Il faut décider le plus objectivement possible, sans préjudice et sans blâme. Le fait de se sentir coupable pour un événement passé ne le changera pas. Et la culpabilité que vous traînez entravera certainement votre processus de guérison du chagrin. Essayez plutôt de voir la situation avec un peu de recul et d'objectivité. Demandez-vous : *Quelle leçon puis-je tirer de cette situation ? Comment change-t-elle ma vie ? Le fait de vivre une telle situation me rendra-t-il un peu plus compatissant ?* Pour finir, demandez-vous si ce que vous avez appris avec cette situation pourrait s'avérer utile à quelqu'un d'autre. Si oui, c'est que vous avez choisi de guérir de votre chagrin plutôt que de vous complaire indéfiniment dans votre peine.

Tristesse et dépression

La tristesse est l'émotion la plus apparente après une perte. On tombe dans un profond désespoir et on a le moral bien bas. On goûte la profondeur du désespoir. On se renferme sur soi et on évite les contacts sociaux. On s'isole pour pouvoir se sentir seul et impuissant. On tombe dans une espèce de dépression. Il s'agit là d'une des phases les plus difficiles à traverser ; une étape qui peut durer et perdurer. La tristesse et la dépression sont souvent des états sous-jacents de l'ensemble du processus du chagrin. On se rend compte que la personne qu'on a perdue, que ce soit un conjoint, un parent, un ami ou un enfant, ne sera plus jamais physiquement près de nous. On sait que plus jamais on ne reverra cet être cher. On se demande comment faire pour continuer. Il en va de même quand on perd un animal de compagnie, sa maison ou même son emploi. Et aussi quand on apprend qu'une personne qu'on aime est atteinte d'une grave maladie. Le chagrin et la tristesse envahissent nos cœurs. Quelque chose a changé. La vie ne sera jamais plus la même. La routine qui nous était familière et confortable est rompue. Elle disparaît. Il devient difficile de rentrer à la maison pour y vivre seul ou encore de réorganiser sa vie pour pouvoir prendre soin d'un parent âgé. On se demande pourquoi la vie est si difficile. Il arrive même qu'on ait l'impression de se noyer et qu'il n'y ait personne autour pour nous lancer une bouée. On pense à notre propre mortalité, à nos désirs et à nos projets d'avenir. *La vie a-t-elle vraiment un sens ? Pourquoi sommes-nous là ?* On se sent las, dégoûté par rapport à une foule de choses, mais on ne voit pas comment il pourrait en être autrement. Or il est important de savoir reconnaître les signes de dépression, d'y faire face avec honnêteté et d'y mettre un terme. Une dépression légère est une étape normale du processus du chagrin. Cette phase signifie que vous ressentez la perte et que vous y réagissez.

Mais la dépression peut nous envahir et prendre le dessus sur nos vies. Particulièrement si l'on n'a pas de noyau spirituel intérieur. Sans une certaine conception spirituelle de la vie et de la mort, on risque fort d'avoir de la difficulté à accepter son chagrin. C'est le moment de développer son identité spirituelle. À la fin de ce livre, vous trouverez des exercices et des méditations pour vous aider à vous concentrer sur l'esprit qui vous habite.

La dépression devient nocive quand elle dure trop longtemps. La personne risque de devenir plus ou moins zombie ou recluse. Encore une fois, quand une phase du processus du chagrin devient totalement envahissante, cela affecte notre capacité de fonctionner en tant que participant actif à la vie. Le processus de guérison sera perturbé et il peut même s'arrêter complètement. Il faut se rendre à l'évidence : Se tourmenter et se torturer de façon malsaine retardent notre évolution et notre progression spirituelle. Il faut réaliser que nous sommes toujours en vie et donc que nous avons des choses à réaliser et à accomplir. Dieu ne fait pas d'erreurs. Voici une liste de quelques-uns des symptômes d'une dépression grave :

- une perte d'intérêts qui faisaient jadis partie de votre vie ;
- des changements dramatiques de régime alimentaire et d'habitudes de sommeil ;
- des crises de larmes fréquentes et incontrôlables ;
- le besoin d'être complètement seul ;
- l'arrêt de toute activité sociale ;
- des sentiments de désespoir complet et d'impuissance totale ;
- des idées suicidaires.

Quand on est gravement déprimé, il peut s'avérer très difficile de trouver de l'aide. C'est pourquoi il faut avoir une personne ou un groupe de soutien dans sa vie.

Les manifestations physiques du chagrin

La peur et l'anxiété font aussi partie du processus du chagrin. Cependant on ne s'attend pas à rencontrer la peur parce que la tristesse et le chagrin sont tellement présents et envahissants. Mais on devient habituellement anxieux et craintif par rapport à l'avenir sans son conjoint, son partenaire de vie ou encore sans son ami. Quand on a perdu sa maison ou son emploi, il arrive que l'on développe une peur de l'obscurité, ou une peur absolue du risque quel qu'il soit. La vie est comme un miroir. Elle nous renvoie ce que nous lui avons fourni. La peur constante et l'inquiétude se manifestent habituellement dans notre corps par une grande variété de symptômes physiques et de maux. En voici quelques exemples :

- perte d'appétit ;
- étourdissements et évanouissements ;

- palpitations cardiaques ;
- pertes de mémoire et difficultés de concentration ;
- insomnie ;
- maux de tête ;
- sécheresse buccale ;
- crampes d'estomac ;
- problèmes d'élimination ;
- moiteur des mains ;
- manque d'hygiène quotidienne ;
- difficultés de déglutition ;
- douleurs musculaires.

Quand on vit un trauma quel qu'il soit, le corps peut réagir d'une foule de manières. Il est tout à fait normal de se sentir inquiet ou anxieux pendant le processus du chagrin. On peut aussi devenir confus, incertain. On peut même paniquer. Ces émotions sont normales quand on vit une épreuve difficile. Une femme voulait faire une séance avec moi, mais elle était incapable de quitter sa maison après la mort de son mari. Elle s'était mariée à l'âge de dix-huit ans et n'avait été séparée de son mari qu'un seul jour pendant les trente ans de leur vie commune. Son estime d'elle-même était si étroitement liée à son mari qu'elle avait l'impression d'avoir perdu sa propre identité. Ses rôles d'épouse, de partenaire de vie et d'amante avaient pris fin brusquement. « Qui suis-je ? » se demandait-elle. Confuse et déconcertée, elle est devenue agoraphobe. Elle avait de la difficulté à dormir et à manger. Elle avait peur de mettre le pied dehors et ne pouvait même pas retourner travailler. Son état créait d'importantes pressions financières sur sa famille. Ses symptômes ont persisté pendant environ un an tandis qu'elle pleurait son défunt mari. Puis, petit à petit, avec l'aide de ses enfants et de ses amis, elle a retrouvé un peu de sa confiance en elle. Ses craintes ont commencé à se dissiper. Elle a maintenant un nouvel emploi et elle va beaucoup mieux.

Il est important de se rendre compte que nos symptômes physiques font partie de notre état émotionnel. En effet, tous les deux sont étroitement liés : l'un n'existe pas sans l'autre. Les papillons dans l'estomac, la sécheresse de la bouche, l'insomnie, etc., sont tous des manifestations de la tristesse, la peur, la culpabilité et de l'anxiété que l'on ressent à cause du chagrin. Si on a perdu un enfant, on s'inquiète des autres, on a peur de les perdre aussi. Quand on perd son emploi, on a peur de perdre aussi sa maison, ou pire encore on craint d'être rejeté par ses amis ou ses voisins. Bien que de telles idées noires et pessimistes soient pour la plupart irréalistes, elles nous semblent tout à fait plausibles et réelles au moment ou nous les pensons.

Au fur et à mesure que vous exprimez vos sentiments et que vous vivez les différentes étapes de votre chagrin, vous commencez à ressentir un peu de soulagement. De pleurer un bon coup peut, par exemple vous aider à passer à travers les phases de la tristesse et de la peur. Parler avec des amis et des voisins peut vous aider à ne pas perdre prise avec la réalité. Rappelez-vous que ces émotions ne sont que temporaires. Elles sont tout à fait normales. Vous n'êtes pas en train de sombrer dans la folie.

L'acceptation

L'acceptation est l'objectif final du processus du chagrin. Quand on arrive à cette étape, on accepte la situation pour ce qu'elle est. Nous devons accepter notre perte pour pouvoir guérir notre blessure et continuer avec notre vie. Cela ne veut pas dire pour autant que ce soit agréable, ni même que notre peine est disparue à jamais. On ressent encore la perte et le chagrin est toujours présent. Il se peut aussi que l'on se sente déprimé de temps en temps, coupable à l'occasion et que l'on revive aussi toutes les autres émotions du processus du chagrin à un moment ou à un autre. On sort et on entre dans le processus du chagrin sans qu'il n'y ait de règles ou de limites de temps.

Avec l'acceptation, on commence à comprendre que la vie nous est offerte avec un certain nombre de situations que nous ne pouvons ni changer ni contrôler. C'est à ce point que l'on peut regarder la vie, les gens et les situations de la vie, avec un œil nouveau. Il serait souhaitable que nous ayons fait certains acquis quant aux connaissances et à la sagesse qui pourraient nous servir à nous ainsi qu'à notre entourage. En acceptant notre perte, nous entreprenons le processus de résolution et de restauration. On peut réévaluer sa vie et se demander : *Qu'est-ce que cette situation m'a appris ? Quelles occasions a-t-elle fait naître ? En quoi suis-je maintenant différent ?*

C'est à cette étape que nous pouvons nous réinvestir en nous-même et en notre avenir. En réalisant qu'un être cher est mort, ou qu'une situation est terminée, on peut continuer sans que la tristesse et la peine ne soient nécessairement diminuées. On peut se concentrer sur la vie et sur les vivants. On peut créer ou établir une toute nouvelle série de valeurs. Par exemple, on peut décider de vendre sa maison et de déménager. On peut décider de retourner aux études ou de changer de travail. On peut laisser tomber des amis et des connaissances qui avaient un effet négatif ou vicié sur nous. On peut choisir de faire du bénévolat ou de s'intégrer au groupe de soutien qui nous aura aidé à traverser notre épreuve. On peut décider de marcher davantage ou de passer plus de temps dehors. Quoi que l'on choisisse, on verra qu'il y a des occasions qui naissent de la perte qu'on a subie et que, même si la vie ne sera jamais plus comme avant, on a encore beaucoup à faire ici-bas.

L'évaluation de votre progrès

Pendant le processus du chagrin, toutes vos réactions aux diverses situations sont amplifiées. Dépendant de facteurs comme l'alimentation, le sommeil, le travail, le stress, etc., il se peut que vous vous sentiez engourdi ou hébété pendant un instant et puis que vous n'ayez aucun contrôle sur vous-même l'instant d'après. Il peut y avoir des moments où vous avez besoin d'aide extérieure. Un ami, un voisin, un parent ou un groupe de soutien peuvent s'avérer extrêmement utiles et salutaires. Rappelez-vous qu'on n'adopte pas une nouvelle attitude du jour au lendemain. D'ailleurs, il est important de vous créer un système d'aide et de soutien pour vous assister pendant les moments les plus noirs. Plus vous êtes isolé, plus votre chagrin sera difficile à vivre et plus il vous faudra de temps pour en guérir. Si vous êtes dominé par des comportements négatifs, une aide professionnelle peut s'avérer nécessaire. Se tourmenter et souffrir de façon maladive mène souvent à des abus de drogues ou d'alcool, à des problèmes de santé chroniques comme des ulcères d'estomac ou des maux de tête, à des comportements compulsifs comme des dépenses extravagantes ou des abus de nourriture, de la violence, des cauchemars fréquents et des idées suicidaires. Si ces problèmes persistent, je vous en prie, consultez votre médecin, votre thérapeute, votre prêtre, rabbin ou pasteur. La plupart des hôpitaux et des églises peuvent vous aider à trouver de l'aide grâce à leurs réseaux de services conseils. Un groupe d'entraide s'avère parfois très utile parce qu'il vous permet d'apprendre et de profiter de l'expérience des autres qui ont vécu une épreuve similaire. De plus, il existe maintenant une grande panoplie de sites d'aide sur le Web et j'en cite quelques-uns à la fin du livre ainsi que diverses organisations qui peuvent vous aider à traverser cette période difficile. Un jour ou l'autre, on a tous besoin d'aide pour retrouver la bonne voie.

La prochaine section du livre vous permettra de constater que le processus du chagrin varie avec chaque situation particulière. Où que vous soyez dans votre processus, j'espère que les mots que vous lirez dans ce livre et qui ont été pour plusieurs source de réconfort et de renouveau, vous aideront, vous aussi, dans votre heure de besoin. Les mots de l'esprit confirment la continuité et la continuation de la vie et ils expriment l'amour et la sagesse de l'Univers. Grâce à eux, des vies ont été changées à jamais ; la confusion et la douleur ont été transformées en des occasions de développement et de croissance spirituelle. En apprenant à ne pas craindre la mort, les gens ont appris à profiter de la vie. Certains ont même pu considérer la mort d'un être cher comme un cadeau du monde spirituel pour apprendre à surmonter cette illusion que nous avons de toujours pouvoir contrôler les circonstances et les événements. D'autres ont appris à reconnaître que le changement est inévitable et ils ont appris à l'accepter et à développer d'autres intérêts dans leurs vies.

Quand nous puisons à cette source d'énergie divine qui est en nous, nous pouvons aider les autres à s'aider eux-mêmes. Voilà ce que je souhaite vous transmettre avec la prochaine partie de ce livre. En vivant votre chagrin, vous continuerez à changer et à croître sur le plan personnel. Tout est toujours une question de choix, et c'est toujours à vous de choisir. Grâce à mes communications avec l'au-delà, le monde spirituel me rappelle constamment l'importance de choisir l'amour et le pardon pour moi-même et pour les autres.

L'entre-deux

J'ai lu l'histoire d'un homme qui s'est levé
pour parler aux funérailles d'une amie.
Il a parlé des dates inscrites sur sa pierre tombale ;
du commencement – jusqu'à la fin.

Il a d'abord noté le jour de sa naissance.
Puis, les larmes aux yeux, il a parlé de la date suivante.
Il a expliqué que le plus important était ce qui s'était
passé entre ces deux dates.
L'entre-deux.

Car l'entre-deux représente tout le temps
qu'elle a passé sur la terre...
Et maintenant seuls ceux qui l'aimaient comprennent
La valeur et l'importance de ce petit trait horizontal
symbolisant l'entre-deux.

Peu importe en effet ce que nous possédons :
Voitures... maisons... argent.
Ce qui compte c'est la manière dont nous vivons et dont
nous aimons.
Et bien sûr la manière dont nous passons
cet entre-deux.

Alors réfléchissez. Pensez-y bien...
Y a-t-il quelque chose que vous aimeriez changer ?
Car on ne sait jamais combien de temps il nous reste ;
(Vous pourriez être à la mi-temps de votre entre-deux.)

Si seulement nous pouvions ralentir un peu,
Juste assez pour réaliser ce qui est vrai.
Et pour toujours essayer de percevoir
Comment les autres se sentent.

Si nous étions moins enclins à la colère ;
Si nous savions mieux apprécier ce qui nous entoure ;

Si nous pouvions mieux aimer ;
Aimer comme jamais on a aimé auparavant.

Si nous traitions les autres avec respect ;
Si nous souriions plus souvent...
En nous rappelant que cet entre-deux bien spécial
Ne dure qu'un temps.

Si on lisait maintenant votre oraison funèbre
Si on repassait les faits et gestes de votre vie...
Seriez-vous fier de ce qu'on dirait ?
De la manière dont vous avez passé votre entre-deux ?

Linda M. ELLIS[1]

1. Traduction libre de l'américain.

DEUXIÈME PARTIE

LORSQUE MEURT UN ÊTRE CHER

3

UN DÉCÈS DANS LA FAMILLE

Quand un de nos parents meurt, une partie de nous meurt aussi. On est dévasté. D'abord on ressent beaucoup de confusion et d'incertitude puisque la couverture de sécurité que représentait notre parent n'est plus là. Nous sommes vraiment laissés à nous-mêmes. La mort d'un parent nous bouleverse pour plusieurs raisons, mais surtout parce qu'elle nous rappelle notre propre mortalité en tant qu'êtres humains.

Dépendant de la dynamique familiale, selon qu'elle ait été idéale ou non, quand un de nos parents meurt, nous pleurons aussi la perte d'une partie de notre identité, ne serait-ce que notre enfance perdue. Les parents sont par ailleurs les tout premiers humains à toucher notre vie et ce sont eux qui nous apprennent à devenir des citoyens du monde. En fait, ils sont notre premier amour. Enfants, nous comptons sur eux pour subvenir à tous nos besoins et réaliser tous nos désirs. Nous nous sentons protégés et confortables dans leurs bras. Leur étreinte constitue pour nous un véritable bouclier qui nous protège des influences négatives de l'inconnu qui nous entoure. Pour plusieurs d'entre nous, il s'agit aussi de nos plus grands admirateurs, toujours prêts à nous encourager à faire de notre mieux même quand nous nous sentons dépassés par les événements ou les circonstances. Nos parents sont habituellement les seules personnes sur qui nous pouvons toujours compter quand la vie nous joue de mauvais tours ou qu'elle s'avère injuste et cruelle. C'est ainsi qu'une grande partie de notre monde se construit à travers les yeux et le regard de nos parents. Et bien que nous n'aimions pas l'admettre, il y a en nous des aspects de nos parents qui sont profondément ancrés. Nous nous identifions à nos parents. C'est pourquoi lorsque l'un d'eux meurt, nous nous sentons si perturbés, comme si nous nous retrouvions complètement nus sur le bord d'une autoroute inconnue ou à un carrefour sans savoir quelle route choisir. Notre havre protecteur, notre chez-nous, notre sanctuaire n'est plus. Nous ne sommes plus les mêmes ; nous sommes changés à jamais.

Tant que nos parents sont vivants, nous avons tendance à repousser l'idée de leur mort comme si cela ne pouvait arriver que dans un avenir très lointain. Nous ne voulons pas nous arrêter à l'idée de leur mort. Inconsciemment, nous pensons qu'ils sont immortels, comme des dieux en quelque sorte. Ou encore on se dit que lorsqu'une personne vieillit, il est normal qu'elle meure : c'est le cycle naturel de la vie. Nous croyons que nous serons prêts à affronter la situation quand elle se présentera. Mais sommes-nous jamais prêts pour cela ? Comme vous le constaterez d'après les expériences personnelles dont je vous fais part un peu plus loin, peu importent les circonstances, nous ne sommes jamais prêts à affronter la mort de nos parents.

Un point commun

Plusieurs des séances que j'ai faites au cours des années avaient comme thème central : un parent décédé. Les sentiments, les réactions et les phases du chagrin varient selon les situations, mais il demeure un point commun indéniable chez tous ceux qui ont perdu un parent. On remarque en général que des problèmes émotionnels non réglés refont surface et la plupart concernent des situations que l'on tait depuis l'enfance. Par exemple, après la mort d'un parent, les gens se sentent souvent coupables. Cette culpabilité peut ressembler à l'un des exemples décrits ci-dessous :

J'aurais pu lui dire que je l'aimais.
Pourquoi ne lui ai-je pas dit combien j'étais désolé quand il ou elle était encore en vie ?
Pourquoi ne suis-je pas allé voir maman plus souvent ?
Pourquoi ne lui ai-je pas téléphoné plus souvent ?
Si j'avais été plus attentif, j'aurais peut-être pu prévenir sa mort.

Comme nous le verrons, certains d'entre nous vivent toute leur vie dans l'ombre de leurs parents. Plusieurs se sentent seuls et amers quand leurs parents décèdent et parfois même, désespérés. Ils pleurent et demandent : *Comment avez-vous pu m'abandonner ?* Certains s'occupent d'un parent malade pendant de nombreuses années et quand ce dernier meurt, ils ont peur de continuer à vivre sans lui. Ils dépriment et ont du mal à se remettre. Ils ne savent pas comment reprendre les rênes de leur vie.

Les reproches constituent un autre élément que l'on retrouve couramment après la mort d'un parent. On blâme tout le monde, depuis le médecin en passant par nos frères et sœurs et jusqu'au parent survivant. On se sent impuissant, alors on s'en prend à tout un chacun. On en veut à la vie et aux gens de nous avoir enlevé notre père ou mère. On a beau avoir l'âge adulte, on se sent comme un enfant. *Si seulement tu n'avais pas fait ceci ou cela. Pourquoi as-tu dit cela ? Tu aurais dû... Tu aurais pu...*

C'est aussi une période pendant laquelle on ressent beaucoup de colère. Ce décès nous semble particulièrement injuste. On éprouve du ressentiment. On peut s'en vouloir à soi-même ou au parent qui est décédé ou encore à tout le monde en général. Il arrive qu'on se souvienne d'expériences traumatisantes qu'on a vécues avec ce parent, comme des abus sexuels ou un abandon, par exemple. *Pourquoi m'as-tu fait cela ? Je te hais. Tu as ruiné ma vie. Je suis content que tu sois mort.* Il faut trouver un moyen d'exhaler sa colère. Un moyen qui soit sécuritaire pour soi et pour les autres. Encore une fois, il peut être bon de consulter et d'avoir recours à un professionnel ou à un groupe de soutien.

Par contre, il y a beaucoup de gens pour qui leurs parents étaient leurs meilleurs amis, des confidents, les premiers sur qui ils testaient leurs idées. Dans de tels cas, perdre son père ou sa mère équivaut à perdre son bras droit. On se sent abandonné, triste, déprimé. *À qui vais-je parler de mes problèmes ? Qui m'écoutera ? Personne ne peut m'aimer de cette manière si spéciale et désintéressée.* Quand un lien aussi fort est rompu, on peut pleurer beaucoup, s'apitoyer un peu sur son sort, s'isoler même. Parfois, la tristesse est si profonde et accablante qu'on peut tomber malade, vraiment physiquement malade.

Comme je l'ai dit plus tôt, la mort d'un parent peut nous mener à un carrefour. Devant cette croisée des chemins, il faut se poser les questions suivantes : *Qu'est-ce que j'ai appris de maman ou de papa ? Est-ce que je veux vivre différemment maintenant qu'il ou elle n'est plus là ? Qu'est-ce que je veux vraiment de la vie ?* Il se peut que vous ayez besoin de pardonner à votre père ou à votre mère la manière dont il ou elle vous a traité. Ou encore il est peut-être temps pour vous de lui dire : *Je suis désolé, je regrette*. Par ailleurs ce peut être une bonne occasion pour vous rapprocher des autres membres de votre famille et de passer par-dessus des différends qui existaient entre vous. Ou encore, vous pouvez devenir plus conscient d'un aspect particulier de votre personnalité que vous n'avez pas exploré pendant que votre parent était en vie. Il se peut enfin que la mort de votre père ou mère vous force à voir le monde différemment et mieux.

Même si la structure parentale est rompue et même si vous vous sentez dévasté, vous allez passer à travers. Votre détresse fait partie des phénomènes normaux des phases du chagrin. C'est peut-être le moment idéal pour vous de faire un choix important qui vous mènera dans une toute nouvelle direction de vie.

La plupart d'entre nous avons à vivre la mort de nos deux parents, et bien que nous partagions tous la tristesse et la solitude de ces situations, le processus du chagrin n'est jamais tout à fait le même pour tout le monde. Je souhaite que nous tous, enfants abandonnés par nos parents décédés, puissions réaliser qu'ils seront toujours vivants en nous.

Maman est morte

Ma mère et moi avions une relation bien spéciale. J'étais le plus jeune de quatre enfants et je lui répétais sans cesse que le benjamin de la famille était défavorisé par rapport aux autres. Ainsi je lui expliquais que lorsque j'étais né, il n'y avait plus que des restes : des restes de jouets, de vêtements, et même d'affection. C'était faux bien sûr, mais j'aurais fait n'importe quoi pour attirer l'attention de maman. Tout au long de mon enfance, ma mère a été mon Gibraltar. Mon père aussi, mais d'une façon différente. Il travaillait toujours et je le voyais plutôt comme le pourvoyeur et l'épine dorsale de la famille.

Les souvenirs les plus lointains que j'ai de ma mère proviennent du temps où j'étais en maternelle et qu'elle marchait avec moi jusqu'à l'école. Je lui tenais la main et je la suppliais de ne pas me quitter parce qu'elle me manquerait pendant la journée. Je lui disais que j'avais plus de plaisir avec elle qu'avec mes camarades de classe. Elle riait en serrant ma main un peu plus fort. J'étais petit pour mon âge et les grands me taquinaient beaucoup. Elle me disait : « Dis-moi qui te taquine et je vais leur faire voir le revers de ma main. » Comme j'aimais cette expression qu'elle utilisait. Cela me rappelait ses origines irlandaises et son tempérament fougueux. Dès mon plus jeune âge, j'ai toujours perçu ma mère comme ma compagne de jeu et ma protectrice.

Aujourd'hui quand les gens me voient dans les ateliers, conférences, lancements de livres ou encore lors d'événements à caractère social, ils sont surpris de mon sens de l'humour et ils me disent combien ils l'apprécient. Je leur explique que c'est sans doute un don que j'ai hérité de ma mère. Elle avait en effet une grande vivacité d'esprit et son rire était vraiment contagieux. Elle avait le don de vous faire sourire surtout quand elle prenait son accent irlandais. L'étincelle d'espièglerie qui brillait dans ses yeux était tout à fait digne d'un lutin irlandais. Et je crois vraiment avoir hérité d'elle un peu de ce charme lutin.

Au cours de l'été 1980, le rire ensoleillé de ma mère s'est tu à jamais. Un jour qu'elle était assise sur le sofa, elle s'est vue incapable de parler et de bouger les bras. Nous avons immédiatement téléphoné à notre père au travail. Il nous a dit de faire venir une ambulance et d'emmener maman à l'hôpital. Là, dans la salle d'attente, nous avons attendu jusqu'au lendemain matin pendant que maman subissait d'urgence toute une batterie de tests. Finalement les médecins nous ont fait part des résultats. Maman avait eu un grave accident cérébral vasculaire qui l'avait laissée complètement paralysée du côté droit et qui avait aussi entravé sa capacité d'élocution. Cette femme qui pouvait illuminer une pièce de son sourire serait désormais silencieuse à jamais.

Ce fut un coup dur pour nous. Nous avons passé les jours suivants à poser mille et une questions aux médecins et spécialistes pour obtenir plus d'informations. *Pourra-t-elle parler à nouveau ? Pourra-t-elle marcher à nouveau ? Combien de temps lui reste-t-il à vivre ?* Évidemment personne ne pouvait répondre à ces questions, pas comme on l'aurait voulu du moins. Les jours se sont transformés en semaines et ma mère a pris un peu de mieux. Mais seulement un peu. Après deux mois de convalescence, elle a réussi à faire quelques pas, à remuer sa main droite et à cligner des paupières. Quiconque a déjà eu un accident cérébral vasculaire ou connaît quelqu'un qui en a été victime, sait combien il est difficile de voir une personne forte et dynamique complètement immobilisée. Je me sentais tellement impuissant ; nous nous sentions tous ainsi. On ne savait jamais vraiment quoi faire. Une de mes premières réactions avait été de blâmer Dieu pour ce malheur. Ma mère était tellement croyante : elle marchait plus d'un kilomètre chaque jour pour aller à l'église. *Pourquoi Dieu ferait-il ceci à une personne si dévouée et aimante ? Dieu avait peut-être fait une erreur.*

Deux ans après l'accident cérébral de ma mère, j'ai déménagé à Los Angeles pour commencer ma carrière. J'avais été embauché pour faire de l'intérim dans une chaîne de télévision. Norman Lear était directeur de la production et il signait des émissions telles que *All in the Falmily, One Day at a Time* et *Sanford and Son*, des séries qui ont connu de vifs succès à l'époque. Puis j'ai entendu dire qu'il y avait un poste permanent à combler chez *People for the American Way,* une organisation sans but lucratif fondée par Lear et d'autres. J'ai saisi l'occasion. Mon objectif de carrière était d'écrire pour la télévision et je me disais qu'un job dans cet organisme me rapprocherait sans doute davantage de mon but. Comme je me trompais ! Ce travail n'avait rien à voir avec la télévision. J'étais l'assistant d'un représentant et mes tâches consistaient à ouvrir le courrier, enregistrer les dons et préparer les événements spéciaux de l'organisation. Comme la plupart des assistants, je passais le plus clair de mon temps à faire des courses, à aller au bureau de poste et à la banque et à aller chercher le déjeuner pour tout le monde. Mais j'aimais bien mon travail et quand je repense à cette période, je me rends compte que j'y ai appris une importante leçon. Quand j'ai commencé, je ne savais pas du tout de quoi s'occupait l'organisation. En ouvrant le courrier, chaque jour, je me suis rendu compte que le but de *People for the American Way* était de combattre l'ignorance et les préjugés. En lisant les lettres que nous recevions, je me suis aperçu que le monde était rempli de gens pleins de haine qui utilisaient la religion pour servir leur cause. Des millions de lettres contenant de la propagande haineuse étaient envoyées à des citoyens ordinaires pour condamner l'avortement (en tant que meurtre), l'homosexualité (comme étant démoniaque). Et les auteurs de ces écrits réclamaient que l'on enseigne la Bible à l'école publique ! Je ne voyais là que du fascisme que ces gens tentaient de faire passer pour du nationalisme. J'applaudissais les efforts de l'organisation pour laquelle je travaillais et je n'en aimais mon travail que davantage encore.

Pendant que j'étais au bureau, je me surprenais souvent à rêvasser et à penser à ma famille. Il y avait quelque temps déjà que je les avais quittés et je me demandais constamment si je devais rester à Los Angeles et continuer à essayer de devenir auteur de textes pour la télé ou si je ne devrais pas plutôt retourner à New York et trouver du travail là-bas. C'était difficile d'être loin, surtout lors des anniversaires, de ne pas être là pour les célébrer avec la famille, les neveux et les nièces. Je savais que ces derniers vieillissaient et que je ne faisais pas partie de leurs vies. *Reconnaîtraient-ils l'oncle Jamie s'ils le voyaient ?* Je ne les voyais qu'à Noël alors que je faisais mon pèlerinage annuel pour revoir tous les membres de ma famille. Je pensais à eux tous les jours. Et ce qui rendait les choses plus difficiles encore, c'était le fait que ma mère était si malade. Encore aujourd'hui, j'ai l'impression que si j'avais habité New York, j'aurais peut-être pu faire quelque chose pour la sauver.

C'est à l'occasion d'une réunion de famille pour fêter Noël, deux ans après mon départ pour la côte Ouest, que j'ai vu ma mère pour la dernière fois. À cette époque, elle habitait dans un centre de soins prolongés, un des meilleurs à New York. Mon frère Michael et mon père venaient de l'y ramener après notre festin de Noël. J'avais dû lui faire mes adieux puisque je prenais l'avion pour retourner en Californie dans l'après-midi. Je l'ai regardée dans les yeux, dans cet océan d'un bleu si cristallin. Elle m'avait regardé avec un je ne sais quoi dans le regard. Malheureusement, j'avais très bien compris ce qu'elle essayait de me dire. Je me suis excusé et suis sorti de la pièce. Je me suis assis dans le couloir et j'ai pleuré. Je savais que c'était la dernière fois que je la voyais. Je ressentais sa douleur et je comprenais qu'elle était lasse de transporter son corps atrophié et mal en point. Comme cela avait dû être pénible pour une personne aussi démonstrative qu'elle d'en venir soudainement à une halte complète et permanente. Je savais qu'elle ne voulait plus de cette vie. C'est à peine si je me souviens de mon vol de retour vers Los Angeles. Cependant, je me rappelle très bien qu'à partir de ce moment-là, j'ai demandé à tous ceux qui habitaient le monde de l'esprit d'aider ma mère et de faire en sorte que son passage se fasse rapidement et sans douleur. J'espérais de tout mon cœur qu'ils puissent m'entendre et accéder à ma demande.

Aussi longtemps que je vivrai, je n'oublierai jamais ce jour fatidique du mardi 28 février. Je m'étais réveillé avec une sensation bizarre et l'estomac dérangé. À midi et demi, j'ai reçu un appel de ma sœur Lynn. J'entends encore sa voix tremblotante à l'autre bout du fil : « Jamie, maman est morte. » Je pensais que j'étais préparé pour ce moment. Après tout, je savais que ma mère était prête à mourir. Dans mes prières, je demandais toujours au monde des esprits de soulager sa douleur lorsque son heure viendrait. Pourtant quand j'ai entendu le mot « morte » ma réaction m'a complètement pris au dépourvu. *Jamais* je n'aurais pensé réagir ainsi. J'étais en état de choc. J'ai marmonné quelque chose à ma supérieure hiérarchique, elle a passé son bras autour de mes épaules dans un geste qui se voulait réconfortant. J'ai quitté le bureau dans un brouillard si épais que je me demande encore aujourd'hui comment j'ai fait pour me rendre jusqu'à l'église catholique à cinq rues de là. J'ai allumé un cierge pour maman et j'ai prié pour que son passage se déroule bien. Et puis je suis rentré chez moi, j'ai fait mes bagages et je me suis rendu à New York.

Aux funérailles, j'étais manifestement très bouleversé. J'écoutais le prêtre faire son oraison funèbre et je me disais : *Il doit parler de quelqu'un d'autre. Est-ce vraiment possible qu'elle ne soit plus là ?* Toute cette journée demeure floue pour moi. Je ne me souviens plus comment je me suis rendu d'un endroit à un autre, ni à qui j'ai parlé, ni même ce que j'ai fait. Je me sentais si seul malgré la foule de gens qui m'entouraient. C'était tellement difficile de croire que ma mère n'était pas là, au milieu de nous tous, à raconter des blagues, à nous faire rire et à me faire des clins d'œil complices. Tout est vague en ce qui concerne cette journée. Non seulement j'étais en état de choc, mais aussi en pleine phase de négation.

À cette époque je commençais à peine – et en solitaire – à contacter le monde de l'esprit. Quatre mois après la mort de ma mère, le maître et médium Brian E. Hurst, que je connaissais depuis peu, m'a demandé si je voulais parler à ma mère. Même si je savais qu'elle ne reviendrait jamais plus physiquement, j'ai été vivement soulagé de la savoir vivante dans une autre dimension et grandement réconforté d'apprendre qu'elle veillait sur moi depuis ce monde céleste.

On me demande souvent si je peux faire des séances d'interprétation pour moi-même. Eh bien, non, pas vraiment. Laissez-moi vous expliquer. Je me rends compte si l'esprit d'un être cher se trouve dans une pièce, mais si je suis trop attaché à la personne, comment saurai-je si je n'entends pas ce que je souhaite entendre, en d'autres mots, comment être certain que mes émotions n'interfèrent pas avec le message que tente de me transmettre l'esprit. Il m'est très difficile de savoir si je crée un message parce que je veux que l'esprit me dise quelque chose ou si c'est bel et bien lui qui me transmet son propre message.

Je me suis donc rendu chez Brian avec mon père qui était en visite chez moi, à ce moment-là. Nous avions très hâte de faire cette séance. Je me suis assis plein d'attentes et impatient d'entendre ma mère me parler à travers la voix d'un médium indépendant qui ne savait rien d'elle. Brian a fermé les yeux, il a dit une prière et puis, il a commencé.

— Il y a un esprit ici, a-t-il dit d'abord.

Mais il ne s'agissait pas de ma mère. C'était la mère de mon père. Brian a donné des détails précis de la rue où elle avait habité et du métro qu'elle prenait pour aller travailler. Puis il s'est exclamé :

— Jean ! J'entends une dame dire que Jean est ici.

C'était ma mère ! J'étais très excité. Tellement que j'avais du mal à respirer. Je ne savais pas quoi ressentir. Une partie de moi n'arrivait pas à y croire tandis que l'autre était tout simplement ravie !

— Oui, elle est là avec ses sœurs, Mary et Betty, ajouta Brian.

— Oui, ce sont bien ses sœurs, répondis-je.

J'étais si heureux. Ma mère était dans la pièce et nous pouvions réellement sentir sa présence. Quant à papa, il était complètement abasourdi.

— Jamie, elle t'appelle, Jamie, poursuivit Brian.

— Oui, je sais, dis-je.

— Ta mère a un rire merveilleux, et tout le monde reconnaît son rire. Elle en a fait rire plus d'un de ce côté-là aussi.

J'avais de la difficulté à croire ce qu'il disait. En effet, ma mère était celle qui pouvait toujours faire rire les gens.

Et puis, Brian s'est mis à pleurer. Mais, il m'a assuré que tout allait bien.

— Ta mère veut te remercier d'avoir prié pour elle, James. Elle dit que cela l'a beaucoup aidée. Elle veut que tu saches qu'elle peut à nouveau marcher et parler. Elle est drôle… Elle dit qu'elle ne peut s'arrêter de jacasser !

Bingo ! Comme j'étais soulagé de la savoir entière à nouveau, comme je l'avais connue et aimée.

Brian se tut, puis il enchaîna :

— Elle parle d'un prêtre qui est venu la voir. Un prêtre catholique qu'elle a connu quand elle était plus jeune. Le père James Reilly.

Mon père n'arrivait pas à y croire. Il était complètement ahuri et s'écria :

— Mais c'est le vieux prêtre qui la conseillait quand je l'ai rencontrée. Mon Dieu ! C'est extraordinaire.

La séance continua et Brian nous donna d'autres détails précis concernant la vie de maman et de papa. À la fin, Brian m'a regardé avec une expression complètement neutre et il m'a dit ces mots que je n'ai jamais oubliés :

— James, ta mère veut que je te dise qu'un jour tu seras très connu et que tu viendras en aide à beaucoup de gens.

Je ne savais pas comment interpréter ce message. J'ai pensé que maman voulait sans doute dire que je deviendrais un écrivain de télé populaire comme Norman Lear, par exemple, et que j'aiderais les gens à travers une organisation comme la sienne. Je ne me doutais pas qu'elle voulait dire que j'aiderais les gens en tant que médium.

— Ta mère veut que tu saches qu'elle est un de tes guides.

Cette remarque de Brian me réconforta énormément.

— Elle veut que je te dise qu'elle veille encore sur toi et qu'elle te protégera toujours, ajouta-t-il.

La seule façon pour moi de décrire ce que j'ai ressenti à ce moment-là, c'est de comparer cela à une douce caresse que l'on nous ferait directement sur le cœur. Je n'avais pas besoin d'en entendre davantage. Je savais que ma mère serait toujours là pour moi.

Un processus individuel

Personne n'est jamais préparé à faire face à la mort d'un de ses parents. On peut penser l'être, mais on ne l'est pas. Après l'hébétude et la négation, je me souviens d'avoir été fâché contre Dieu parce qu'Il avait causé la mort de ma mère. Toutefois, quand j'y repense, je m'aperçois que la mort de ma mère a été une occasion unique pour moi. Son décès m'a permis de réaliser que la fin d'une vie physique n'était pas la fin de la vie. Le chagrin que j'ai ressenti en la perdant était vrai, réel et épuisant sur le plan émotionnel, mais graduellement, au jour le jour, j'ai retrouvé mes forces. Avec le temps, la douleur s'est apaisée et j'ai commencé à guérir.

Il n'y a pas de règles qui régissent le processus du chagrin parce que chacun de nous le vit de manière différente, à sa façon. Mais il y a ce bon vieux dicton qui dit : *Quand une porte se ferme, une autre s'ouvre.* Si nous pouvions voir la mort comme une porte qui se referme, nous serions réconfortés à l'idée de savoir qu'une nouvelle porte s'apprête à s'ouvrir.

Voilà maintenant plusieurs années que je travaille comme médium et j'entre en contact avec le monde des esprits presque quotidiennement. Chaque fois que je fais une séance pour quelqu'un, je suis toujours étonné de voir à quel point la première communication, ou l'ouverture de la porte sur le monde spirituel, peut changer la vie d'une personne et ce, à tout jamais. La peur de la mort disparaît, et la vie prend une toute nouvelle signification. La plupart des gens n'auront jamais l'occasion de faire une séance avec un médium, ni de voir ou d'entendre le monde de l'esprit. Mais cela n'est pas nécessaire pour prendre conscience de sa propre spiritualité. Bon nombre d'entre nous utilisent la prière ou la méditation pour s'ouvrir à leur dimension spirituelle. Rappelez-vous que la spiritualité est un droit inné. C'est que nous sommes d'abord et avant tout des êtres spirituels. Bien que cela puisse sembler difficile à comprendre, nous vivons dans un corps physique, dans un monde physique, mais toujours en tant qu'êtres spirituels. Quand nous nous rendons compte de l'essence spirituelle de notre être, nous découvrons en même temps un grand réseau d'aide et de soutien tout autour de nous.

Le chagrin est une occasion idéale pour croître, pour mieux nous comprendre et pour nous explorer plus à fond. Les larmes lavent les fenêtres de l'âme. On a parfois l'impression d'avoir le cœur brisé et que rien ne pourra désormais soulager notre douleur, mais ne pourrait-on pas voir ce cœur brisé comme un élément qui laissera désormais entrer plus de lumière en nous ? Ce que la mort nous enseigne, ce n'est pas le blâme, la culpabilité ou la colère, mais bien l'amour. Une porte se ferme pour qu'une autre puisse s'ouvrir. Nous pouvons utiliser le chagrin comme un outil spirituel pour nous aider à trouver le vrai sens de la vie, la sérénité et la plénitude.

J'ai rassemblé, dans les pages qui suivent, plusieurs cas dans lesquels des gens ont fait exactement cela. Ils ont utilisé la situation difficile de la mort d'un être cher pour devenir plus utiles et plus vivants. Je suis toujours impressionné par le courage, la foi et la force de ceux qui sont éplorés par le chagrin. Combien grandis ils s'en sortiront d'avoir vécu les affres du cœur humain et d'avoir atteint une plus grande compréhension de la vie.

La douleur s'atténue-t-elle avec le temps ? Cela dépend de chacun. Parfois la douleur nous oblige à croître pour ne pas en devenir esclave. Je demande à chacune des personnes que je rencontre lors de mes séances de décider, comme je l'ai fait moi-même jadis, de considérer la mort comme une ouverture à une forme de vie supérieure. Si je m'étais contenté de me complaire dans la douleur de la perte, je n'aurais peut-être jamais exploré les dimensions du monde spirituel. Je n'aurais pas pu aider autant de gens qui perdent un être cher à soulager et à guérir leur douleur. Le royaume des cieux est accessible à tous. Comme l'a si bien dit un jour un grand maître : *Frappez, et l'on vous ouvrira.*

La mère de Peggy

Le cas dont je vous parle maintenant m'a beaucoup dérangé à l'époque. La personne qui était venue me consulter avait refoulé beaucoup de ressentiment, de colère, d'amertume et de culpabilité. Au début, je ne voulais pas inclure cet exemple dans mon livre parce que je le trouvais trop négatif, mais la personne a insisté en disant qu'il s'était agi pour elle d'un point tournant dans son cheminement personnel et dans sa guérison. Elle pensait que cela pourrait sans doute en aider d'autres aux prises avec des situations semblables. Et je suis d'accord.

J'ai rencontré Peggy au cours d'un des ateliers que je donnais. C'est son amie Natalie qui l'avait persuadée de venir. Nous étions à peu près au milieu du cours quand j'ai regardé les gens et aperçu une femme-esprit aux cheveux blancs ébouriffés qui se tenait debout derrière une femme plutôt grasse. La femme-esprit a placé ses mains sur les épaules de la femme devant elle, puis elle s'est mise à hocher la tête de gauche à droite.

Je ne pouvais m'empêcher d'être attiré par celle qui était assise et je lui ai demandé :

— Puis-je travailler avec vous et transmettre un message de l'esprit ?

— Moi ? demanda-t-elle l'air complètement ahuri. Vous voulez me parler ?

Je lui fis signe que oui et son amie l'encouragea à se lever. N'oubliez pas que je ne savais encore rien de cette femme. Prudemment, elle se leva et se tint debout, la tête baissée, les yeux aux sol. La femme-esprit qui avait été derrière elle s'était déplacée et elle se trouvait maintenant à ses côtés. Elle me regardait avec des yeux furieux. J'avais l'impression d'avoir fait quelque chose de mal.

— Il y a une femme debout près de vous. Elle fait environ un mètre soixante-dix, elle a les cheveux blancs attachés à l'arrière et des lunettes qui pendent au bout d'un cordon autour de son cou. Elle se trouve à votre droite, ce qui m'indique qu'il s'agit de votre mère ou d'une parente du côté maternel. Comprenez-vous ce que je dis ? lui demandai-je.

La femme leva lentement la tête et murmura :

— Oui, je crois bien, oui.

Je lui ai demandé de tenir le micro plus près et j'ai attendu de recevoir d'autres pensées et visions de l'esprit qui se tenait à ses côtés.

— Est-ce que le nom de Addie ou d'Adélaïde vous dit quelque chose ?

— Oui, c'est ma mère.

— Votre mère criait beaucoup, n'est-ce pas ? Elle crie à mon oreille en ce moment même. Je lui envoie des pensées pour lui dire que je l'entends très bien et qu'elle n'a pas besoin de crier. Est-ce que vous êtes enseignante ? demandai-je.

— Oui, répondit-elle timidement.

— Et votre mère était aussi enseignante ?

— Oui, à temps partiel. Elle voulait que ce soit moi qui enseigne à plein temps.

— Je ne veux pas paraître impoli, mais votre mère est très abrupte avec moi. Elle a vraiment l'habitude de n'en faire qu'à sa tête, n'est-ce pas ?

Je regardai la femme et je vis qu'elle comprenait très bien ce que je voulais dire.

Et puis j'ai commencé à avoir des visions renversantes. J'ai vu Peggy qui se faisait battre alors qu'elle n'était qu'une enfant. J'ai rapidement compris ce qui s'était passé et je lui ai demandé de venir me voir après la rencontre pour une séance privée.

Lors d'interviews, on me demande souvent : « Pourquoi des esprits vivant en enfer ne se manifestent-ils jamais dans les séances ? » De telles questions sont habituellement fondées sur une interprétation biblique de l'enfer qui serait un lieu de damnation éternelle. Je trouve que cette conception de l'enfer est utilisée surtout pour contrôler les gens par la peur. Or, cette peur nous a été inculquée sans que nous en ayons conscience. Avec mon expérience de médium, je pense que l'enfer n'est pas un lieu précis, mais qu'il s'agit plutôt d'un état de conscience. Un esprit qui habite cet état de conscience est constamment tourmenté et torturé par des pensées et des sentiments ayant trait à la façon dont il ou elle a maltraité les gens lors de son passage sur terre. Le degré de souffrance qu'une personne inflige à une autre constitue le degré infernal de l'état de conscience qu'elle habitera. Les esprits qui se ressemblent gravitent ensemble dans les dimensions spirituelles et ce seul fait peut s'avérer infernal en lui-même.

Je savais que la mère dominatrice de Peggy refusait de laisser tomber ses habitudes terrestres. Elle essayait encore de contrôler sa fille depuis la dimension spirituelle où elle se trouvait.

Quand je fus seul avec Peggy, j'ai continué la séance.

— Votre mère me dit que vous étiez bête et stupide, lui dis-je.

Peggy me regarda les yeux remplis de larmes.

— Elle me disait toujours que j'étais stupide. C'est elle qui était futée. Elle disait que je tenais cela du côté de mon père.

J'avais le cœur brisé à écouter parler cette pauvre femme qui n'avait aucune idée de sa propre valeur.

— Votre mère parle d'un seau. Le seau contient de l'eau. Je vois qu'il est quinze heures. Votre mère parle d'une serviette ? (Je ne savais pas ce que ces éléments décousus pouvaient signifier. Mais je voyais d'après le rouge qui empourprait ses joues, que Peggy le savait très bien, elle.) Elle répète sans cesse que vous ne le faites pas correctement. Où est le dîner ? Elle parle d'un dîner brûlé. Elle vous tient responsable d'avoir brûlé le dîner. C'est bien ça ?

Peggy inspira profondément et baissa les yeux. Puis, elle hocha la tête pour faire signe que oui.

— Elle parle aussi des livres. Elle parle de plus en plus fort. Vous ne savez pas y faire, vous ne les avez pas rangés comme il faut.

Maintenant, Peggy avait les lèvres qui tremblaient et des larmes coulaient le long de ses joues. Elle voulait dire quelque chose mais n'y arrivait pas. J'attendis quelques instants puis je recommençai à interpréter les messages de l'esprit. Soudain Peggy laissa échapper un long gémissement.

— *Nom de Dieu !* Comment ose-t-elle ? J'ai vraiment essayé. J'ai fait de mon mieux, mais ce n'était jamais assez pour elle. *Qu'elle aille au diable !*

Peggy leva la tête vers le plafond et continua.

— Pourquoi m'as-tu abandonnée ? J'ai tout fait ce que tu m'as demandé. Je t'ai emmenée voir le médecin. J'ai fait ta toilette. J'ai nettoyé la maison. Qu'ai-je oublié ?

Peggy était de plus en plus indignée. Il était clair qu'elle refoulait ses émotions depuis très, très longtemps. Je vois rarement des situations aussi volatiles et explosives lors de mes séances, mais je savais que Peggy avait besoin d'exhaler ses émotions, alors je l'ai encouragée à le faire en lui rappelant qu'il était sain d'exprimer ses sentiments et ses émotions.

Après quelques minutes, quand, épuisée, elle sembla avoir terminé, je l'ai prise dans mes bras et je lui ai dit :

— Ça va aller. Tout va s'arranger. C'est fini maintenant. Tu n'as plus besoin de t'en faire. Il est temps de dire adieu à tous ces souvenirs horribles concernant ta mère. Tu es, toi-même, une personne extraordinaire. Tu n'as pas à te mesurer aux standards de quelqu'un d'autre.

Je suis resté avec Peggy pendant quelque temps et nous avons parlé de ce qu'elle venait de vivre. Elle m'a dit que cette séance lui avait rappelé l'horreur qu'elle avait vécue avec sa mère.

— J'étais la petite fille parfaite. Je faisais tout ce que me disait ma mère. Mon père nous a quittées quand j'avais sept ans et j'ai toujours cru que c'était ma faute s'il était parti. Après son départ je me suis assurée de toujours faire ce que ma mère voulait. Elle n'aimait pas sortir de la maison, mais il fallait qu'elle travaille de temps en temps. Elle me répétait toujours combien elle travaillait fort et je me sentais coupable qu'elle soit obligée de travailler à cause de moi. Je devais lui donner un bain tous les après-midi à quinze heures et si j'arrivais en retard d'une seule minute, elle se mettait à crier. Elle exigeait aussi que je prépare le dîner parce qu'elle était toujours étendue. Et puis, elle me disait que j'avais fait exprès de brûler son repas. Je me souviens d'avoir voulu suivre des cours de danse à claquettes, mais elle a refusé. Elle avait peur que je ne me blesse et que je ne puisse plus m'occuper des tâches ménagères.

Peggy ne s'était jamais mariée.

— Ma mère m'a toujours dit que les hommes n'étaient pas fiables. Elle ne s'était jamais remise du départ de mon père.

La mère de Peggy était décédée l'année précédente d'une crise cardiaque et Peggy ne s'était pas permis de ressentir son chagrin. Elle était devenue une espèce de robot et avait continué à faire ce que sa mère avait l'habitude d'exiger d'elle. Elle avait gardé en elle toute sa douleur, sa rage et son ressentiment et elle les avait refoulés au plus profond de son cœur.

Quand Peggy avait demandé à sa mère : « Pourquoi ne m'aimais-tu pas ? » celle-ci lui avait répondu : « Parce que ton père t'aimait plus qu'il ne m'aimait, moi ! »

J'ai demandé à Natalie, l'amie de Peggy de venir se joindre à nous et ensemble, tous les trois, nous avons discuté de l'avenir de Peggy et des options qui s'offraient à elle. Je l'ai convaincue de continuer à s'entretenir avec sa mère soit en lui écrivant des lettres ou en notant ses pensées et ses émotions dans un journal. Car le processus par lequel on exprime ses sensations et ses opinions peut être assez long, surtout si de mauvais souvenirs font resurgir des émotions douloureuses.

Quand on s'identifie trop fortement à l'un de nos parents, comme l'avait fait Peggy, on n'a que très peu la notion de sa propre identité. On est programmé à faire plaisir et on pense à soi en dernier lieu. Une telle attitude mène à un manque d'estime personnelle et à un manque de respect de soi. Le cas de Peggy nous montre combien on peut s'attacher à ses parents même s'ils ne sont pas très aimables ou affectueux. Après tout, on s'habitue à leur comportement et à leur façon d'être, et comme chacun le sait, on trouve toujours un certain confort dans l'habitude. Il existe toute une gamme de dynamiques familiales, depuis les plus aimantes et épanouissantes jusqu'aux plus froides et cruelles. Nos parents nous enseignent ce qu'ils ont appris et si leur enseignement a été négatif, c'est ce qui sera transmis de génération en génération jusqu'à ce que l'on s'aperçoive un jour que la spirale ne va pas dans le bon sens et que l'on fasse des changements pour briser le cycle. Les circonstances deviennent parfois si pénibles qu'on est forcé de briser le cycle des impulsions et du conditionnement négatifs au moment le plus difficile, par exemple à la mort de son père ou de sa mère.

Il faut pouvoir reconnaître les habitudes malsaines avant de pouvoir changer sa vie. Quand on veut changer des choses, on doit s'attendre à avoir des pensées et des émotions contradictoires parce qu'on ne sait plus comment réagir ni quel comportement adopter. Si, comme Peggy, on a connu des abus au cours de son enfance, on ressentira probablement beaucoup de solitude, une impression d'avoir été abandonné, de la haine et du ressentiment. Toutes ces émotions peuvent nous affecter sur le plan physique, émotionnel et mental. Cependant, c'est à travers notre douleur que nous pourrons mieux nous comprendre et réaliser que nous sommes uniques et que nous avons nos propres goûts et une valeur bien intrinsèque. Comme Peggy, il faut parfois se repenser et se réinventer. J'ai remarqué que le processus du chagrin est toujours plus difficile pour ceux qui décident d'apporter des changements positifs à leur vie. Ils doivent en effet se créer de nouvelles images d'eux-mêmes. En fait, ils doivent tout recommencer à neuf et apprendre à agir et à réagir d'une manière qui leur est complètement inhabituelle.

À cinquante-deux ans, Peggy avait tellement de souffrance enfouie à l'intérieur d'elle-même que je savais qu'elle aurait besoin de plus d'aide. C'est pourquoi je lui ai conseillé de voir un thérapeute. Bien que cette séance avec Peggy ait été très éprouvante pour moi, je savais qu'elle avait été très utile à Peggy.

Je reconduisis les deux femmes jusqu'à la porte de l'auditorium et je les étreignis bien fort. Avant de partir, Peggy me dit qu'elle avait prié Dieu en lui demandant de lui venir en aide. « Je pense qu'Il a répondu à mes prières », ajouta-t-elle.

Le chagrin causé par la mort d'un parent ou d'un être cher doit être vécu en temps et lieu et selon une manière qui est propre à chacun. L'une des premières choses à faire pour prendre le contrôle de sa vie consiste à dire *au revoir à la personne décédée*. Et j'insiste, c'est là une étape essentielle. Il importe de faire ses adieux dans *l'amour* et le *pardon* et non pas avec colère et ressentiment. Il faut regarder la situation bien en face, avec le plus d'honnêteté et d'objectivité possibles afin de la voir pour ce qu'elle est vraiment. Si nous éprouvons de la colère, il faut la laisser sortir, l'évacuer. Le pardon ne peut venir qu'ensuite. Et le pardon est la toute première étape de la guérison.

Mise à jour

Ma séance avec Peggy a eu lieu il y a environ sept ans et je suis heureux de vous dire que depuis ce jour, Peggy a commencé à travailler sur elle-même avec un thérapeute. Elle s'est aussi mise à étudier les rouages de la méditation et du massage dans son cheminement pour vivre son chagrin. Mariée depuis deux ans, elle a vendu la maison de sa mère et a déménagé à Las Vegas où elle travaille comme enseignante suppléante. Elle a aussi un job d'agent immobilier à temps partiel en plus d'être maître Reiki. Enfin, elle se réserve deux soirs par semaine pour des cours de danse à claquettes.

Mon meilleur ami

Quelle que soit l'étape à laquelle nous sommes parvenus dans notre évolution spirituelle, et peu importe le niveau d'expérience que l'on ait eu avec la mort, quand un de nos parents meurt, on a toujours le sentiment d'avoir perdu quelque chose. On se heurte sans cesse à des souvenirs comme des chansons, des anniversaires, des mets préférés ou des endroits de prédilection tandis que le souvenir de son père ou de sa mère est gravé de manière indélébile dans notre cœur. On nous dit tellement souvent d'« en revenir » que l'on se demande s'il y a quelque chose qui ne va pas si on pense trop souvent à la personne. Sachez qu'il n'y a rien de mal à penser à son père ou à sa mère et à honorer les moments que nous avons passés ensemble. Quand ces pensées surgissent on peut en profiter pour célébrer la vie de celui-ci : combien il aimait fredonner cet air ou comme il appréciait ce mets ou encore combien nous avons ri d'une situation particulière.

La séance dont je veux vous parler maintenant est un exemple de combien un parent peut nous manquer. Wendy était très proche de son père. Elle m'a même dit un jour : « Il était vraiment mon meilleur ami. Ensemble, nous avons travaillé, voyagé et profité de la vie au maximum. » Quand son père est mort, la vie de Wendy s'est pour ainsi dire arrêtée. Elle avait cessé de rire et de s'amuser.

Puis sur les conseils d'un ami, elle a téléphoné à mon bureau pour fixer un rendez-vous. « La vie n'a plus aucune signification pour moi, m'a-t-elle dit alors. Je me sens complètement perdue et si seule. » Wendy était sceptique par rapport à la séance que nous allions faire ensemble. Mais elle était vraiment désespérée et voulait savoir si son père était toujours là près d'elle. Elle s'inquiétait pour lui et voulait savoir si tout allait bien pour lui. Dans ses mots à elle : « Je me souviens d'avoir frappé à votre porte en me disant combien j'étais ridicule. Je me demandais ce que je faisais ici. *Ce n'est pas possible. Ce type ne peut sûrement pas communiquer avec les morts.* »

Quand Wendy est arrivée, elle a commencé à fouiller dans son sac à main pour sortir des photos et des souvenirs de son père. Je lui ai dit d'arrêter : « Ne me montrez rien et ne me dites rien. Laissez-moi être celui qui vous dise des choses. »

Après une courte prière, j'ai commencé la séance.

— Il y a un homme ici qui vous aime beaucoup. Il est debout, à votre gauche alors je suppose qu'il s'agit de votre père. Il est très heureux que vous soyez venue aujourd'hui. Il dit qu'il va bien. Il n'avait jamais pensé que la vie existait comme il la connaît maintenant.

Wendy parut rassurée.

— Il me montre un patio. Je le vois assis là, avec deux chiens à ses côtés.

— Oui, bien sûr, dit Wendy. Nous prenions le café sur le patio tous les matins.

Je vis que Wendy commençait à croire qu'elle communiquait vraiment avec son père.

— Votre père me montre une bibliothèque ou une étagère. Il dit qu'il l'aime beaucoup et qu'elle convient parfaitement à la pièce.

— Je viens de l'installer dans ma chambre, il y a quelques jours seulement, s'exclama Wendy.

— Il me montre maintenant une femme entourée d'un halo sombre. Je pense que cette femme est atteinte d'une tumeur. Je pense qu'il fait référence à votre mère.

Wendy acquiesça d'un signe de tête.

— Oui, c'est vrai. Nous venons tout juste d'apprendre que ma mère a un cancer.

— Votre père veut que je vous rassure et que vous sachiez que tout ira très bien. Il dit de ne pas vous inquiéter pour votre mère. « C'est une gagnante, elle va vaincre ce cancer. »

» Il y a quelqu'un d'autre ici avec votre père. Il chante une chanson.

Puis, j'ai fredonné l'air de la mélodie que j'entendais.

Wendy ouvrit les yeux tout grands.

— Connaissez-vous quelqu'un du nom de Peter ? Il est avec votre père et il lui chante une chanson.

Je continuai à fredonner une chanson qui parlait de Rio et je lui demandai :

— Y a-t-il un lien entre ce Peter et Rio de Janeiro ?

Wendy sursauta sur sa chaise :

— Oui, bien sûr ! C'est Peter Allen, celui qui écrit des textes pour les chansons. C'est lui qui a écrit le tube « *When my baby goes to Rio* ». Mon père et lui étaient de grands amis.

— Peter dit qu'il a été le premier à rencontrer votre père là-bas, et qu'ils sont souvent ensemble, comme avant.

— Je suis heureuse d'entendre cela, s'exclama Wendy.

Puis je continuai à écouter les messages provenant du père de Wendy et à lui donner des détails significatifs concernant leur relation.

— Votre père vous aime beaucoup. Il dit qu'il sera toujours avec vous. Si jamais vous avez besoin de lui parler, il sera là. Vous ne serez jamais seule.

Wendy avait les larmes aux yeux.

Je terminai la séance en remerciant le royaume spirituel pour son assistance et son aide dans la transmission des messages du monde de l'esprit.

Cette séance avait aidé Wendy à comprendre que la mort ne mettait pas nécessairement un terme à sa relation avec son père et meilleur ami. Elle a quitté mon bureau renouvelée et avec un meilleur moral. La petite fille perdue avait trouvé une seconde chance de bonheur.

Mise à jour

Cette séance avec Wendy a eu lieu il y a cinq ans et il m'est agréable de vous dire qu'elle a commencé à prendre sa vie en mains. Elle a créé sa propre entreprise et tout va très bien. Elle m'a dit qu'elle voyageait beaucoup. Elle a ajouté que sa mère avait effectivement vaincu son cancer et qu'elle était actuellement en rémission.

Pendant notre conversation téléphonique elle m'a aussi dit : « James, vous avez changé ma vie à jamais.

Non seulement j'ai de merveilleux souvenirs de mon père, mais j'ai aussi tout ce qu'il m'a transmis. C'est lui qui m'inspire pour vivre ma vie le plus pleinement possible et toujours essayer d'aller plus loin, tenter de réaliser mes rêves et constamment chercher à avoir du plaisir. Plus important encore, il m'a appris le rôle primordial de la famille et des amis. Grâce à son exemple, j'ai appris comment être là pour ceux qui ont besoin de moi et comment apporter de la joie à ceux qui m'entourent. J'ai suivi ses conseils. Ses enseignements sur l'amour m'ont apporté le bonheur. »

Wendy a utilisé la mort de son père comme une occasion pour voir la vie d'un œil nouveau. Comme elle le dit elle-même : « Je me rends compte que je n'ai jamais vraiment perdu mon père. Seulement, nous avons une autre sorte de relation. Je sens sa présence dans mon cœur et dans mon âme. Il est toujours avec moi, maintenant. Je vous suis tellement reconnaissante de m'avoir montré cette voie. Je sais maintenant que le paradis existe et que papa y est. Et qu'un jour nous serons à nouveau réunis. »

Adieu, grand-maman

Les grands-parents font partie d'une catégorie de gens très spéciaux. Ils sont, pour la plupart, des admirateurs passionnés de leurs petits-enfants. Contrairement à nos parents, ils ne voient ni nos fautes ni nos défauts. Ils maîtrisent parfaitement l'art de fermer les yeux sur nos faiblesses et de toujours nous considérer comme des êtres extraordinaires et purs. On dit souvent que les grands-parents gâtent trop leurs petits-enfants parce qu'ils les adorent et les couvrent d'attention et d'amour. D'ailleurs, leurs gâteries prennent souvent la forme de repas, de sorties ou de cadeaux de toutes sortes.

On pense que si les grands-parents agissent de la sorte c'est pour pouvoir embrasser leurs petits-enfants à la fin de la journée et pour leur envoyer la main en partant le soir. C'est vrai. Les grands-parents n'ont pas les mêmes responsabilités envers les enfants que les parents. Ils ne s'investissent pas autant ou du moins, pas de la même manière. Ils peuvent se montrer plus tolérants. Je crois par ailleurs qu'avec la sagesse de leur expérience, les grands-parents ont appris que l'amour est la seule chose qui compte vraiment.

Trop de gens n'ont jamais l'occasion de goûter l'amour et l'affection de leurs grands-parents qui sont déjà passés dans le monde de l'esprit. Tout ce qu'ils connaissent d'eux, c'est ce que leur racontent leurs parents, leurs tantes et leurs oncles dans leurs anecdotes et leurs récits du passé. Ils ne les voient qu'à travers les photos jaunies des albums de famille. Ils n'ont pas de souvenirs des blagues d'un grand-père ou de l'étreinte chaleureuse d'une grand-mère.

Ceux d'entre nous qui ont la chance d'avoir encore leurs grands-parents leur réservent une place bien spéciale dans leurs cœurs. Ils seront toujours nos champions. J'ai travaillé avec de nombreuses personnes pour qui les grands-parents avaient en quelque sorte servi de parents suppléants. Dans les cas où les grands-parents élèvent leurs petits-enfants, il semble que l'amour et l'affection que les enfants reçoivent soient doublés. Les grands-parents sentent habituellement qu'ils doivent compenser pour l'absence d'un parent. Ils veulent s'assurer que l'enfant ne manquera pas d'amour. Et lorsque l'un de ces grands-parents décède, l'expérience s'avère particulièrement difficile.

Quand je suis né, trois de mes grands-parents avaient déjà trépassé sans que je les connaisse. La grand-mère que j'ai connue, Ethel Burrows Van Praagh, était la mère de mon père. Le premier souvenir que j'ai de cette femme, c'est qu'elle vivait dans un logement d'une seule pièce dans la Soixante-Quatorzième Rue à Jackson Heights, à New York. Mon père avait l'habitude de me déposer chez elle de temps à autre pour que je passe le week-end avec elle. Et nous sommes devenus, elle et moi, les meilleurs amis du monde.

Il y avait au bout de sa rue, un arrêt de métro particulièrement achalandé pour le train 7 IRT. Je devais avoir cinq ou six ans le jour où grand-maman m'a pris par la main et qu'elle m'a emmené jusqu'au quai pour voir les arrivées et départs des trains. Je me souviens combien j'étais excité et que je criais quand j'entendais siffler les trains qui fonçaient vers nous.

Grand-maman habitait une artère importante de son quartier et il y avait toujours beaucoup de va-et-vient, les gens allaient et venaient de la station de métro, ou ils entraient et sortaient des nombreux magasins qui bordaient la rue. Ce que j'aimais particulièrement, c'étaient les après-midi. Grand-maman était originaire d'Angleterre, et elle avait gardé l'habitude de prendre le thé vers seize heures. À cette heure, tout s'arrêtait sauf le sifflement de la bouilloire. Ces journées avec ma grand-mère étaient très spéciales pour moi. Je la regardais boire son thé à petites gorgées tandis que je savourais mon chocolat chaud. Après le thé, grand-maman s'installait dans sa chaise en bois près de la fenêtre du salon. Je grimpais sur ses genoux et tous les deux, nous regardions défiler les gens. Il nous arrivait même de leur envoyer la main et nous nous inventions des histoires sur leurs allées et venues. Parfois, certains nous voyaient en train de les regarder et ils s'arrêtaient pour nous parler. C'était vraiment très amusant. C'est sur cette chaise, près de la fenêtre, que se sont formées mes premières images de la vie.

Grand-mère aimait beaucoup me raconter des histoires de sa vie dans la campagne anglaise. Elle adorait voyager et rencontrer les gens. Elle disait souvent : « Les voyages constituent la meilleure forme d'éducation que l'on puisse s'offrir. » Je l'écoutais, émerveillé par tous les endroits lointains qu'elle décrivait de manière si vivante. Je me rappelle aussi que c'est grand-maman qui m'a appris l'importance d'aider les autres. Il s'agit d'un exemple très simple, mais je ne l'ai jamais oublié. Grand-maman avait, dans une armoire, une tasse pleine de pièces de cinq et dix *cents*. Quand je lui ai demandé pourquoi elle gardait cet argent, elle m'a répondu : « Lorsque je vois des gens qui n'ont pas d'argent à mettre dans le parcmètre, eh bien, je peux leur en donner. »

L'un des meilleurs souvenirs que j'ai de ma grand-mère concerne un certain soir que mon père m'y avait déposé en s'en allant à Manhattan. Lorsque j'ai ouvert la porte de son appartement, quelle ne fut pas ma surprise de voir, là, tout à côté de sa grande chaise de bois, une autre plus petite, juste pour moi. Grand-maman m'a dit : « Il te fallait une chaise aussi. Désormais quand nous regarderons dehors, tu auras une meilleure vue. » Nous passions des heures et des heures assis sur ces chaises. Elle m'inventait des histoires et je découvrais le monde à travers ses yeux. Enfin, j'ai toujours ma petite chaise de bois que je laisse près d'une fenêtre chez moi.

J'avais quatorze ans quand grand-maman est morte. Et j'ai l'impression que mon enfance a disparu avec elle. Je n'oublierai jamais ce terne dimanche matin alors que ma mère est entrée dans ma chambre et qu'elle m'a dit : « Grand-maman est morte cette nuit. » Au début, je n'arrivais pas à y croire. J'étais en état de choc. J'ai passé le reste de la journée, seul, sans parler à personne. J'étais persuadé que personne ne pourrait comprendre le lien spécial qui nous unissait, grand-maman et moi. J'étais tellement bouleversé ; je me sentais si seul... Je ne savais vraiment pas quoi faire. Alors j'ai décidé de lui écrire une lettre.

Le jour de l'enterrement, je me suis rendu au cimetière avec mon père. À travers mes larmes, je lui ai lu la lettre que je lui avais écrite. Je me souviens que c'était comme un adieu, une dernière étreinte.

Chère grand-maman,

Je ne peux pas croire que tu n'es plus là pour me tenir la main ou pour me laver le visage, pour partager des pâtisseries, des bonbons et des tartines de confitures. Merci d'avoir toujours enlevé les croûtes. Je n'oublierai jamais les moments que nous avons passés au parc alors que tu me poussais sur les balançoires. Tu le faisais si bien. Tu savais toujours exactement à quelle hauteur je voulais me balancer. Tu faisais toujours tout parfaitement. Je vais essayer d'être un grand garçon et de ne pas pleurer. Je sais bien que tu ne voudrais pas de mes larmes et que tu me dirais d'être brave et courageux. Le soir, en m'endormant, je penserai aux merveilleux moments que nous avons passés à ta fenêtre et à toutes ces histoires que tu m'as racontées au sujet de ta vie en Angleterre. Je nous imaginerai avec des cerfs-volants à regarder passer les trains. J'espère que tu es heureuse là où tu es. Un jour, nous serons ensemble, au paradis.

Je t'aime,

Jamie

Je me souviens qu'en lui lisant ma lettre ce jour-là, j'ai senti une brise fraîche tout le long de mon côté droit et j'ai aussitôt regardé mon père pour lui dire : « Grand-maman va bien. Elle est tout près. » C'est grand-maman qui, la première, m'a fait réaliser que l'amour ne meurt pas, et nous non plus, d'ailleurs. Encore aujourd'hui, quand je pense à ces heures passées à sa fenêtre, ma grand-mère me manque.

Nos frères et sœurs

Si vous avez la chance de vivre avec un frère ou une sœur, vous savez que les occasions et les défis que cela comporte vous donnent une perspective de vie qui est différente de celle des enfants uniques. Non seulement nos frères et sœurs nous aident à prendre conscience de nos qualités et défauts, mais ils nous rappellent sans cesse notre rôle dans la dynamique familiale. Et bien que nous soyons de la même famille, nos frères et sœurs sont des individus uniques avec leurs propres croyances et leurs propres expériences à vivre. Par moments, ils peuvent être nos meilleurs amis ou encore nos pires ennemis. Néanmoins, dans les moments difficiles, il n'y a rien de tel qu'un frère ou une sœur pour sympathiser avec nous et comprendre nos dilemmes. Leur empathie est toujours réconfortante. Ils sont les seuls à pouvoir nous donner des conseils judicieux. Parce que nos frères et sœurs ont une plus grande influence sur nous que la plupart des gens, il arrive que nos attentes envers eux soient très grandes. Souvent elles dépassent la réalité.

Quand un frère ou une sœur meurt, on peut avoir l'impression que l'on vient de perdre son meilleur ami. Dépendant de la relation que nous avions, il se peut que nous trouvions que les bons moments que nous partagions se terminent beaucoup trop tôt. L'idée d'exister sans son frère ou sa sœur est non seulement inquiétante, mais souvent elle nous fait peur. Car même si l'on n'était pas très près l'un de l'autre sur le plan physique, sur un autre plan, on peut avoir l'impression d'avoir perdu une partie de soi-même.

D'un point de vue spirituel, il y a plusieurs raisons pour lesquelles les membres de votre famille vous accompagnent dans cette vie. Premièrement, vous faites tous partie d'un « groupe spirituel » et les membres de votre famille ont déjà vécu plusieurs vies avec vous. À travers ces différentes vies, vous avez probablement tous occupé des rangs différents au sein de la famille. Et vous avez, sans doute, partagé de nombreuses leçons de nature spirituelle. Par exemple, votre frère ou votre sœur peuvent être les agents catalyseurs qui vous permettent d'apprendre une leçon sur la compréhension. Tous les membres de votre famille ont leurs propres leçons spirituelles à vivre et une évolution spirituelle qui leur est propre aussi. Le cercle familial constitue le meilleur choix pour ces expériences et la disposition familiale est habituellement décidée à l'avance, dans le royaume spirituel que nous habitons entre nos différentes vies. C'est là que nous évaluons notre croissance spirituelle et que nous déterminons ce qu'il nous reste encore à apprendre. Ensemble, avec ces âmes qui constituent notre famille, nous sommes à la recherche d'occasions qui nous permettront de maîtriser nos peurs, vaincre nos préjugés et préserver notre équilibre.

Deuxièmement, il se peut que vous ayez partagé des vies antérieures avec des membres de votre famille et que votre karma actuel provienne d'une incarnation précédente. Imaginez-vous que le karma est une sorte de dette que l'on doive rembourser. Mais un karma n'est pas toujours négatif. Il peut aussi s'agir d'un bon karma. Ainsi, nous occupons un rang particulier dans l'unité familiale afin de pouvoir vivre une expérience précise avec un autre membre de la famille. C'est une situation que je décris souvent comme le fait de revenir sur terre et de suivre un cours avec cette personne. Le décès de son frère ou de sa sœur peut donc s'avérer particulièrement pénible s'il survient avant que vous n'ayez eu l'occasion de vivre la leçon spirituelle prévue. Inconsciemment, il se peut que vous ressentiez que vous avez manqué cette occasion et que vous en soyez dévasté. Sachez qu'un jour, vous serez de nouveau réunis pour vivre ces expériences ainsi que d'autres encore.

Malgré qu'ils ne soient plus avec vous dans la dimension physique, depuis le monde de l'esprit où ils sont, vos frères et sœurs de même que tous les autres membres de votre famille continuent à s'intéresser à votre développement spirituel. Souvent, ce sont eux qui vous guident et qui vous aident du mieux qu'ils peuvent dans cette école qu'est la vie sur terre. Et pourquoi pas ? Les membres d'une même famille jouissent d'un lien spirituel très étroit. L'amour et la compréhension qu'ils ont les uns pour les autres, a traversé l'épreuve du temps. Voilà qui est tout à fait remarquable, n'est-ce pas ?

Conseils pour apaiser votre chagrin

- Permettez-vous de vivre le processus du chagrin dans son entier.
- Parlez à vos frères et sœurs de la perte de votre père ou mère. Chacun réagira d'une manière qui lui est propre. Et puisque personne ne réagit de la même façon, ne vous attendez pas que les autres réagissent comme vous. Et surtout, ne vous blâmez pas les uns les autres. Ne vous faites pas de reproches pour des choses que vous avez ou que vous n'avez pas faites. C'est le moment de soigner et de panser les vieilles blessures et non le temps d'en créer de nouvelles. Cherchez à vous unir les uns les autres.
- Repassez ce que vous avez vécu avec la personne décédée. Qu'avez-vous appris d'elle ? Quelle différence cette personne a-t-elle faite dans votre vie ?

Êtes-vous fier de ce que votre parent, grand-parent, frère ou sœur vous a apporté ? Faites une liste de toutes ses qualités.

• S'il y a quoi que ce soit qui reste à finir ou à régler avec un membre de votre famille, écrivez une lettre pour décrire ce que vous ressentez. Vous pouvez même parler à voix haute. Une fois que vous aurez exprimé vos sentiments négatifs, votre cœur pourra à nouveau laisser entrer et s'épanouir l'amour.

• Si vous viviez avec votre parent à la fin, sa mort peut s'avérer particulièrement difficile pour vous. Il faut que vous réalisiez que vous êtes une personne distincte. Vous n'êtes pas votre parent. Vous devez faire le bilan de votre vie et vous demander comment vous voulez vivre maintenant que vous n'avez plus à le faire à la manière ni aux goûts de vos parents.

• Pardonnez à votre père ou mère les torts qu'ils ont eus. Ils ont fait de leur mieux avec l'information et l'expérience qu'ils avaient. Les parents agissent d'une manière qui leur est familière. Si vos parents étaient incapables d'exprimer leur amour ou leur affection, pardonnez-leur. Libérez-les afin de pouvoir commencer à exprimer vos émotions comme vous ne l'avez encore jamais fait.

• Si l'un de vos parents est toujours en vie, soyez là pour lui. Au besoin, expliquez-lui que ce n'est pas sa faute si l'autre est mort. Aidez-le à exprimer ce qu'il ressent en parlant avec lui. Aidez celui qui reste à faire le tri des effets personnels de celui qui est décédé. Il est sain de partager les bons souvenirs puisque ces derniers aident à apaiser le chagrin.

• Sachez que vous ne mourrez pas au même âge que votre père ou mère et que vous n'aurez pas non plus les mêmes problèmes à la fin. Vous êtes un individu unique, à part entière et vous avez votre propre cheminement spirituel à faire.

• Sachez que ce n'est pas la fin du monde et que la mort est un processus naturel. Quand rien ne fonctionne, inspirez et expirez plusieurs fois. Cet exercice très simple aide à la concentration.

• Remerciez votre parent de vous avoir donné la vie. Remerciez votre frère ou votre sœur d'avoir partagé la vie avec vous. Vous voudrez peut-être faire un don à une œuvre de charité en mémoire de celui-ci ou encore planter un arbre, écrire un poème ou peindre un tableau pour honorer son souvenir.

4

PARTENAIRES DE VIE

Revenir dans une maison vide peut s'avérer l'une des choses les plus pénibles pour un conjoint éploré. Quand votre partenaire de vie meurt, c'est comme si tout votre univers s'effondrait autour de vous. Au début c'est le choc. L'hébétude s'installe. Vous avez l'impression de vivre dans un pays étranger, là où personne ne parle votre langue. Vous sentez que vous avez perdu le contrôle ou encore qu'il s'agit d'un cauchemar et que vous n'arrivez pas à vous réveiller. Vous errez çà et là comme si vous étiez endormi. Pourtant une tristesse accablante vous ramène toujours à la réalité. Celui ou celle que vous aimiez n'est plus là et vous vous sentez incomplet et vulnérable. Il n'y a plus personne pour vous motiver à vous lever le matin ou pour vous convaincre de vous endormir le soir. En fait, vous ne pouvez accepter de vous coucher seul. Tout cela fait partie du processus normal du chagrin.

Perdre son conjoint c'est en quelque sorte perdre une partie de soi-même. Vous avez compté l'un sur l'autre, vous avez connu l'intimité l'un avec l'autre, vous vous êtes épaulés l'un l'autre, vous avez ri et pleuré ensemble. Et maintenant, au moment où vous auriez le plus besoin de votre partenaire, vous êtes seul. Tout ce que vous avez bâti ensemble vous paraît vide de sens. À quoi bon tout cela s'il n'y a personne avec qui le partager ? Peu importe que vous ayez été ensemble pendant des mois ou des années, une partie précieuse de votre vie vient de vous être enlevée. Il vous paraît presque impossible de faire partie d'un monde sans l'être aimé.

Tout cela m'est apparu très clairement quand ma mère est décédée. Mon père et elle avaient vécu heureux pendant quarante ans. Quand je repense à leur vie ensemble, je me souviens que nous avions l'habitude de les comparer à Archie et Edith de l'émission de télévision *All in the Family*. Les taquineries, les blagues et les plaisanteries faisaient partie de leur mode de communication personnel. Mon père n'a jamais ouvertement exprimé beaucoup d'affection envers ma mère, mais l'amour faisait partie intégrante de leurs badinages. Tout comme le couple Bunker[1], ils avaient adopté une routine confortable qui leur convenait parfaitement. Formaient-ils un couple idéal ? Sans doute que non. Ils ont dû penser à se séparer plus d'une fois au cours de leur vie commune. Mais ce n'était pas vraiment une option. Dans ce temps-là, les gens ne divorçaient pas aussi facilement qu'aujourd'hui. À l'époque, le mariage c'était pour le meilleur et pour le pire et pour le reste de sa vie.

Le jour où ma mère est décédée, mon père n'était pas l'homme que j'avais connu toute ma vie. Il avait l'air d'avoir été avalé tout rond. Il avait perdu tout contrôle, était visiblement paniqué, bref complètement différent de l'homme stable et décontracté que j'avais toujours connu. Personne dans la famille n'avait jamais vu mon père aussi dévasté que ce jour-là.

Je ne pense pas que papa se soit jamais remis de la mort de maman. Elle lui manque encore terriblement. Il peut parler des heures durant de l'époque où ils se

1. Archie et Edith, cités plus haut dans le texte.

sont rencontrés et du bon vieux temps : les chansons et les airs sur lesquels ils ont dansé, les endroits où ils sont allés, les amis qu'ils avaient. Il prononce souvent son nom et passe une bonne partie de ses journées à regarder une photo d'elle. Je pense qu'il attend qu'elle lui réponde d'une manière quelconque. En tout cas, si mon père n'a jamais ouvertement exprimé son amour pour ma mère pendant qu'elle était vivante, il le manifeste visiblement depuis qu'elle n'est plus là. Je suis encore étonné de tout cet amour éternel qu'il lui voue. Je pense qu'il ne sera vraiment heureux que le jour où il la rejoindra dans le royaume spirituel. Ce n'est qu'alors que la partie de lui qui est morte en 1985 renaîtra et qu'il retrouvera son charme et son sourire d'antan.

Trouver du support émotionnel

De nombreuses cultures et traditions prévoient des soupapes pour exprimer sainement son chagrin lors de la mort de son conjoint. Toutes les sociétés reconnaissent l'importance de supporter et de venir en aide au conjoint survivant comme en font foi les nombreux rites et coutumes qui peuvent durer des semaines, voire des mois, après le décès. En Amérique du Nord, toutefois, la perte d'un conjoint est presque une affaire classée d'avance. Un veuf ou une veuve doit immédiatement se mettre à remplir des formulaires comme s'il s'agissait de transactions mobilières urgentes. Il n'existe pas vraiment de temps alloué au chagrin. Il faut mettre de l'ordre dans les affaires du défunt, s'occuper de la banque, de l'hôpital, des médecins, des arrangements funéraires et communiquer avec la Sécurité sociale. Tout doit reprendre son cours normal dans les quelques jours qui suivent le décès. Il n'y a presque pas de temps même pour aider la personne éplorée.

À cause de toute cette agitation, le conjoint survivant doit trouver quelqu'un qui puisse lui servir de pilier émotionnel. Il peut s'agir d'un ami intime, d'un membre de la famille ou même d'un groupe d'entraide. Je pense que c'est la première chose à faire pour le conjoint survivant. Il est en effet d'importance vitale de trouver un réseau d'aide pour ne pas avoir à supporter seul le poids du chagrin. La personne ou le groupe de soutien est là pour vous aider, pour que vous ne soyez pas seul à traverser ces moments difficiles. Ce sont des gens avec qui vous pouvez parler de la mort et des arrangements funéraires, par exemple, ainsi que de la paperasse à remplir.

Un autre aspect important d'une personne ou d'un groupe de soutien est qu'ils aident la personne éplorée à conserver son équilibre. Le contrecoup d'un décès peut vraiment ébranler la vie et la routine du survivant. Des tâches quotidiennes simples somme le lavage ou la vaisselle, l'épicerie ou la préparation des repas, conduire une voiture, payer les factures, tout cela peut s'avérer accablant pour le conjoint survivant, surtout s'il dépendait de l'autre pour ce genre de choses. Par ailleurs, ce que l'on faisait auparavant ensemble, comme manger ou dormir peut s'avérer source de tristesse et d'agonie. La peur, la solitude, les malaises physiques, l'insomnie, l'inquiétude et l'épuisement peuvent rapidement prendre la place du conjoint disparu. Certains survivants sont envahis par une détresse émotionnelle qui peut susciter toutes sortes de réactions. Il est important d'être attentif à certains signes de danger comme les idées suicidaires, par exemple. Si l'on est aux prises avec des sentiments d'isolement et de désespoir profonds, il peut s'avérer nécessaire de consulter un professionnel.

Je rencontre souvent des veufs et des veuves qui éprouvent des difficultés à demander de l'aide. Ils ont l'impression que ce serait là un signe de faiblesse et refusent de le faire. Cela est particulièrement vrai chez les gens plus âgés qui ont des habitudes plus ancrées. Pour ces personnes, demander de l'aide équivaut à admettre qu'elles sont dépendantes ou encore qu'elles remettent à quelqu'un d'autre les rênes du contrôle. Mais chercher de l'aide peut s'avérer très salutaire. Affronter la mort d'un conjoint ou d'un partenaire de vie est une épreuve émotionnelle importante. Quand on y ajoute les tensions de la vie quotidienne, on ne fait qu'accroître et prolonger la souffrance. Je sais qu'il peut être difficile de laisser entrer quelqu'un de nouveau dans votre vie quand vous venez de perdre celui ou celle que vous aimez. Après tout, comment expliquer le lien que vous aviez avec l'autre ? Mais je vous en prie, n'hésitez pas. Il y a des gens qui n'attendent que l'occasion de vous venir en aide.

Le développement de l'âme

Les expériences de vie sont vastes et variées et nous faisons de notre mieux pour comprendre notre voyage ici-bas et en explorer tous les tours et détours. Pour chaque moment difficile, il y a toujours une expérience douce et délicieuse à vivre au tournant. C'est là la nature même de la vie. Et malgré tout on espère toujours des lendemains meilleurs. Avec le temps, j'ai appris qu'en dépit d'un semblant de chaos, la vie est toujours ordonnée. Quand on interfère avec l'ordre des choses, en s'accrochant à nos peurs et à nos sentiments de limitation, par exemple, il semble que notre vie ne se déroule pas aussi bien qu'on le voudrait. Quand il faut faire face à un défi comme la mort d'un conjoint, il est difficile de voir le bon côté de la chose. On a plutôt l'impression que le bonheur vient de nous échapper.

Cependant, une occasion spéciale de croissance se trouve là sous nos yeux. Ce que nous percevons comme une situation destructrice et déprimante peut s'avérer un véritable point tournant dans notre vie. Peu importe ce que nous pensions, en tout cas il ne s'agit jamais de la fin.

Un des thèmes communs qui ressort de mes nombreuses séances est le suivant : nous revenons sur cette terre pour apprendre et pour vivre des leçons qui servent à la croissance de notre âme et l'une des leçons les plus courantes est celle de l'amour. Il y a mille et une formes d'amour. Partager sa vie avec quelqu'un est une façon de comprendre et de développer un aspect de l'amour. Les relations que nous vivons avec les autres nous permettent d'apprendre différentes leçons qui reposent habituellement sur des liens établis dans des vies antérieures. Ces enseignements nous aident à progresser dans notre cheminement spirituel en tant qu'individu et membre d'un groupe.

Mais, nous ne pouvons pas toujours compléter nos leçons dans une seule vie et ce, pour une foule de raisons. Dans la première séance dont il est question ci-dessous, une personne était incapable de faire face à la vie et elle n'avait aucune confiance en elle-même. Elle était chimiquement dépendante et chimiquement déséquilibrée.

Ses agissements ont changé la vie de son conjoint de même que celle de ses enfants. Dans l'exemple suivant, l'homme et la femme du couple en question ont pu réaliser leur destin et terminer ensemble les leçons qu'ils avaient choisies pour cette vie. Ils ont réussi à harmoniser leurs pensées, leurs idées et leurs croyances et à fusionner dans l'amour et la compréhension. Pour eux la vie était effectivement belle. Quand chacun peut réaliser sa mission de vie avec l'aide de l'autre, il s'agit en effet de la plus haute forme d'amour. Le troisième cas que je cite dans ce chapitre concerne une autre leçon de vie : terminer et compléter un karma entrepris dans une vie antérieure. Les liens d'amour que nous formons au cours d'une vie nous unissent tant et aussi longtemps que nous ne maîtrisons pas ce que nous avons choisi d'apprendre.

Quelle que soit la leçon ou le karma de l'union, celui qui survit à la mort de l'autre doit faire face à la vie, avec ses aspects émotionnel, physique et spirituel sans la présence de l'être aimé.

Mon protecteur

Lors d'une récente tournée pour promouvoir mon deuxième livre : *Reaching to Heaven*, j'ai participé à une émission de télévision dans laquelle les producteurs voulaient que je fasse de l'interprétation pour des gens sur scène de même que dans l'auditoire. Je me rappelle que c'était une journée difficile pour moi, il s'agissait en effet de la dernière étape d'une tournée qui comptait vingt villes. Les producteurs savaient que ces séances télévisées plaisaient au public, mais comme la plupart des gens, ils n'avaient aucune idée de l'énergie qu'il faut pour faire ce genre de travail. Ils ne savaient pas non plus à quel point les esprits peuvent se montrer capricieux. Même si quelqu'un veut vraiment communiquer avec un être cher, je ne peux lui garantir qu'un esprit se présentera à lui. Mais je sais aussi que grâce à mes séances, les gens comprennent mieux la vie après la mort et qu'en général, ils ont moins peur de mourir.

Comme pour toutes les émissions de télévision que je fais, je ne sais jamais à l'avance ce qu'a été la vie de la personne pour qui je vais interpréter. Rendu à la moitié environ de l'émission, j'ai été attiré par un homme assis à une extrémité de la scène. Il ne semblait pas très ouvert à ce genre d'expérience. Tandis que je marchais vers lui, il me sourit gentiment.

— Bonjour, je suis James, lui dis-je.

— Ralph, répondit-il.

Je lui expliquai qu'un esprit voulait communiquer avec lui. J'ai dit une prière, puis je suis entré en contact avec son énergie. J'ai aussitôt ressenti beaucoup de chagrin et d'angoisse. J'ai regardé dans les yeux foncés de cet homme et j'y ai vu une grande tristesse.

J'ai calmé mes pensées et je suis entré dans un état de réceptivité, ou comme j'aime bien le dire, *j'ai ouvert la porte à l'esprit*. Alors, j'ai vu apparaître deux anneaux d'or brillant au-dessus de la tête de Ralph.

— Je vois deux anneaux d'or unis l'un à l'autre au-dessus de votre tête. Habituellement cela signifie un mariage. Je présume que vous avez une femme dans le monde spirituel ?

Avant qu'il n'ait eu le temps de répondre, j'ai vu une grande femme aux cheveux foncés apparaître de plus en plus clairement. On pourrait comparer ce genre de vision avec la mise au point que l'on fait d'une image avec un appareil photo. Se tenant à la droite de l'homme, la femme tendait la main pour toucher son épaule. On aurait dit qu'elle avait pleuré.

— Votre femme est ici, dis-je.

Il acquiesça d'un signe de tête.

— Je ressens une impression liée à des enfants. Ses enfants lui manquent. Deux filles ?

— Oui, répondit-il les larmes aux yeux.

Je continuai à ressentir l'esprit de sa femme et puis j'ai laissé échapper un long soupir.

— Votre femme est très triste. Elle n'est pas dans un bon état émotionnel. Je la sens encore découragée. Elle est vraiment désolée de vous avoir causé autant de douleur, à vous et à vos filles. Je la sens nouvelle dans le monde de l'esprit comme si elle y était depuis moins d'un an.

Ralph hocha de nouveau la tête pour confirmer ce que je disais.

— Elle me montre un arbre de Noël et me parle de quelque chose qui concerne Noël. Est-ce que cela vous dit quelque chose ? demandai-je.

— Oui, répondit Ralph. Elle est morte le lendemain de Noël.

Je sentis tout à coup un goût de métal dans ma bouche. Pour moi, cela signifie toujours un revolver. Je savais que c'était elle qui avait utilisé l'arme et qu'elle n'avait pas été tuée par un tiers. Je savais qu'il s'agissait d'un suicide pour deux raisons. Premièrement, je ressentais l'état émotionnel précaire de la personne. Et deuxièmement, je sentais qu'elle possédait l'arme. Par ailleurs, dans d'autres situations, les détails de l'événement se manifestent visuellement à moi.

Je transmis ces informations à Ralph.

— Elle me donne l'impression de s'être enlevé la vie avec un revolver.

— C'est exact, marmonna Ralph en s'essuyant les yeux.

Les gens dans la salle sursautèrent.

— Votre femme dit qu'elle n'a pas pu terminer son travail ici-bas. Elle dit qu'elle s'est vue mentalement incapable de faire face à la vie qu'elle avait choisie. Elle n'a pas pu maintenir son équilibre mental et émotionnel.

— Je le savais, dit Ralph en hochant la tête. Je savais qu'elle n'était pas capable d'affronter la vie. Je m'en suis aperçu tout de suite après notre mariage.

— J'ai l'impression que votre femme prenait des médicaments pour atténuer des sautes d'humeur. Était-elle souvent déprimée ? lui demandai-je.

— Oui, répondit-il. Elle prenait du Zoloft pour ses dépressions. Elle voyait aussi un thérapeute, ajouta-t-il.

— Je pense qu'elle était aux prises avec un déséquilibre chimique. C'est l'impression qu'elle me transmet.

Ralph semblait d'accord.

— Elle dit que vous aviez tous les deux choisi d'être ensemble pendant cette vie pour apprendre l'intimité et la confiance. Elle est vraiment désolée de ne pas avoir tenu sa promesse. Elle dit aussi que vous serez de nouveau ensemble dans une autre vie. Elle dit que vous aurez une autre chance. Elle veut que je vous dise qu'elle travaille actuellement sur elle-même afin de retrouver son équilibre.

Heureux d'entendre cela, Ralph demanda :

— Est-ce qu'elle sait combien je pense à elle et que je l'aimerai toujours ?

Après quelques instants je lui répétai la réponse de sa femme.

— Oui. Elle peut lire dans vos pensées. Elle me dit que l'amour qui vous unit a été bâti au cours des siècles. Elle sait qu'elle détient une place spéciale dans votre cœur. Elle veut que je vous dise que vous avez toujours été son protecteur, non seulement dans cette vie-ci, mais aussi dans des vies antérieures. Vous serez toujours son protecteur.

Tout le monde dans la salle était sensible à la communication d'amour entre ces deux personnes et le silence était complet.

J'ai expliqué en détail comment les esprits sont toujours conscients de nos pensées et de nos états d'âme. En fait, ils y sont encore plus sensibles que nous ne le pensons parce qu'ils vivent dans un monde mental et qu'ils reçoivent les impressions et les pensées tant de la dimension physique dans laquelle nous vivons, nous, que de la dimension spirituelle dans laquelle ils évoluent, eux.

— Votre femme parle d'une de vos filles qui a fait un dessin pour elle. Est-ce que cela vous dit quelque chose ?

— Oui. Jody a gagné un prix à l'école pour un dessin qu'elle avait fait de sa mère. On a accroché le dessin sur le réfrigérateur.

Je regardai Ralph droit dans les yeux.

— Votre femme veut que vous offriez un chiot aux enfants. Voilà quelque temps déjà qu'elle essaie de vous transmettre ce message.

— Oui, je sais. J'en parlais justement avec les filles hier, mais je ne sais pas…

Je l'interrompis avant qu'il ne termine.

— Elle dit que c'est important parce que cela les aidera dans leur chagrin. Elles pourront exprimer leur amour pour le chien et apprendre à être aimées par lui.

Ralph sourit bien qu'il semblât toujours récalcitrant à l'idée d'adopter un chien. L'énergie dans la salle commençait à s'atténuer. Il devenait de plus en plus difficile de ressentir et d'entendre les pensées de la femme. Il y avait un dernier message qu'elle voulait transmettre à son mari.

— Votre femme veut vous parler du sofa. Elle est auprès de vous quand vous regardez la télé le soir. Vous comprenez ? Elle dit que vous n'avez plus à vous disputer au sujet de la chaîne à choisir. Elle est toujours sur le sofa avec vous.

Le visage de Ralph s'illumina.

— Je la sens avec moi. Nous avions l'habitude de regarder la télé tous les soirs et nous nous disputions au sujet des émissions à regarder. Et puis, on finissait par se mettre d'accord et elle s'endormait toujours dans mes bras, à l'abri, protégée.

Sur ces derniers mots, nous avons échangé un sourire complice en nous serrant la main.

Plus tard, Ralph m'a expliqué toute l'histoire concernant sa femme Stacey et lui. Il avait grandi à Brooklyn et rencontré Stacey à l'université. Ils s'étaient fréquentés pendant plusieurs années avant de se marier. Après cinq ans de mariage, ils avaient deux petites filles, Jody et Debbie. Ralph avait un emploi au bureau du procureur de la couronne. Il était très consciencieux dans son travail et il a rapidement gravi les échelons. Stacey et lui ont acheté une belle maison en banlieue de New York. Il pensait que sa vie était parfaite. Ils vivaient le rêve américain typique avec ses sorties de guides et de scouts et ses associations de professeurs et de parents d'élèves. Tout allait pour le mieux dans le meilleur des mondes, ou du moins, c'est ce que pensait Ralph.

Il dit être rentré du travail un après-midi et avoir trouvé Stacey qui dormait. La maison était sens dessus dessous et les enfants avaient faim. Ralph savait que quelque chose ne tournait pas rond.

— J'avais remarqué qu'elle avait beaucoup de sautes d'humeur, mais c'était la première fois que je la voyais ainsi.

Stacey expliqua à son mari qu'elle vivait un genre de crise de la quarantaine. Au début Ralph n'y fit pas très attention, mais avec le temps, ses sautes d'humeur sont devenues de plus en plus fréquentes.

Un jour, Ralph quitta le bureau à l'heure du déjeuner.

— C'était rare que j'arrivais à me libérer de bonne heure et je voulais faire une surprise à Stacey.

Ralph m'expliqua qu'il était entré chez lui par la porte de derrière. « J'ai remarqué que tout était silencieux. Trop silencieux, ajouta-t-il. Je pensais avoir entendu un gémissement qui provenait du sous-sol. J'ai ouvert la porte et j'ai commencé à descendre l'escalier. » En arrivant en bas, il vit une ombre dans un coin de la pièce. « Avec le soleil qui filtrait par une petite fenêtre, je pouvais discerner la silhouette de Stacey adossée au mur. »

Ralph s'approcha et fut abasourdi de trouver Stacey recroquevillée sur elle-même dans la position fœtale.

« Je n'en croyais pas mes yeux. Il y avait une ceinture attachée autour de son biceps et une seringue par terre. Je m'agenouillai et prononçai son nom. »

Mais elle était trop droguée pour me comprendre. « Elle avait l'air d'être dans un monde si lointain... Je me suis mis à crier, mais je n'arrivais pas à la sortir de son état de stupeur. »

Il dit qu'il a su immédiatement qu'il devait appeler les secours. Il transporta sa femme au rez-de-chaussée et téléphona à l'ambulance. Stacey fut amenée d'urgence à l'hôpital et on réussit à la sauver d'une overdose.

C'est alors que Ralph découvrit que Stacey se droguait à l'héroïne depuis plus d'un an.

— Les pilules qu'elle prenait pour ses sautes d'humeur ne lui suffisaient plus pour faire face à la vie, dit-il. Elle disait qu'elle se sentait pire au fur et à mesure des jours. Je pense qu'elle avait peur de vieillir.

Ralph me mentionna qu'un des amoureux de la meilleure amie de Stacey avait habitué sa femme à l'héroïne.

Après sa surdose quasi fatale, Stacey avait promis à Ralph d'aller en réadaptation. « Et pendant un certain temps, la vie sembla redevenir normale. »

Mais Ralph sentait que quelque chose clochait toujours. « Je ne savais pas ce que c'était, mais quelque chose n'allait toujours pas. » Cette impression le minait. Finalement tout se termina abruptement tôt le lendemain de Noël.

Ralph avait été réveillé au milieu de la nuit. « J'ai entendu un seul bruit sec. »

À trois heures trente du matin, Ralph avait trouvé sa femme étendue sur le plancher de la salle de bains. « Elle venait de se tirer une balle dans la tête. »

Mise à jour

Cette séance avec Ralph s'est déroulée il y a environ un an. Depuis lors, nous avons discuté du processus du chagrin.

« Stacey me manque encore beaucoup, mais le fait de la savoir en vie et toujours avec nous, bien que d'une manière différente, m'a vraiment aidé », a-t-il déclaré.

Il a aussi dit qu'il avait pu parler de ce qu'il ressentait avec des amis qui étaient au courant des problèmes de drogue de Stacey. « De pouvoir en parler avec des gens qui savaient ce que j'avais vécu m'a aussi beaucoup aidé. »

Ralph a ajouté qu'il encourageait ses enfants à parler à leur mère, mais que celles-ci ne semblaient pas avoir besoin d'y être encouragées. « Les filles savent que leur mère est un ange et qu'elle veille toujours sur elles. »

« Je célèbre encore son anniversaire », a-t-il avoué.

Ralph comprend maintenant qu'il y avait une raison à cette expérience qu'il a vécue.

Puis, ce qu'il m'a dit ensuite m'a surpris. « Je suis prêt à penser à trouver quelqu'un que je pourrai aimer un jour. Ce sera difficile de remplacer Stacey, mais je vais essayer. » Voilà qui était signe de progrès !

« Stacey communique avec moi, m'a dit Ralph. Je la sens parfois tout près de moi. Par exemple, il peut arriver que quelque chose tombe de l'étagère et je sais que c'est elle. »

Ralph et ses filles voient Stacey dans leurs rêves et elle leur semble heureuse et plus sereine. Dans un des rêves de Ralph, Stacey et lui marchaient ensemble. Ils étaient dans une cabane en rondins dans laquelle les meubles avaient été faits à la main. Aux murs, pendaient de magnifiques tableaux. En regardant par la fenêtre, Ralph avait vu un lac qui lui semblait familier.

Il m'a dit : « Ce rêve signifie beaucoup pour moi. » Stacey et lui avaient souvent parlé d'économiser leur argent pour pouvoir, un jour, s'acheter un chalet au bord d'un lac. Il sentait que c'était en quelque sorte Stacey qui avait construit ce chalet. « Un jour, nous serons réunis et nous en profiterons ensemble. »

Survivants du suicide

Dans mon premier livre *Talking to Heaven*, j'ai consacré un chapitre au suicide vu d'une perspective spirituelle. Depuis lors, beaucoup de gens m'ont posé de nombreuses questions au sujet de ceux qu'ils aimaient et qui s'étaient suicidés. Le thème le plus courant de leurs questions concerne l'endroit où se trouve la personne qui s'est suicidée. Traîne-t-elle dans une sorte de purgatoire ou va-t-elle directement en enfer à cause de son geste ? Les survivants de personnes qui se sont ôté la vie se sentent souvent coupables, comme s'il y avait quelque chose qu'ils auraient pu faire pour prévenir l'acte dramatique. Cette culpabilité, bien que mal placée, est tout à fait compréhensible.

Le suicide est un problème complexe et plusieurs raisons sous-tendent une telle action. En général, les esprits de ceux qui se sont suicidés disent regretter leur geste. De nombreuses âmes qui se suicident dans une vie se sont aussi suicidées dans une vie antérieure. Ces âmes reviennent pour tâcher de vaincre leurs tendances suicidaires, mais elles se voient souvent incapables d'accomplir ce qu'elles avaient prévu. Elles reviendront encore pour avoir une nouvelle occasion de maîtriser cette leçon.

Et puis il y a les personnes qui sont aux prises avec un déséquilibre mental ou biochimique qui se suicident. Stacey était parmi ces dernières. Ces gens ne sont pas pleinement conscients des décisions qu'ils prennent. Quand ils arrivent de l'autre côté, ils se retrouvent dans une espèce d'hôpital où ils peuvent recevoir l'aide dont ils ont besoin.

Certaines âmes reviennent trop rapidement dans la dimension physique. J'ai traité de cette idée dans *Reaching to Heaven*. Ces âmes n'ont pas été suffisamment préparées dans le royaume spirituel pour revenir sur terre pleinement conscientes des leçons à vivre et, en arrivant ici, elles se rendent compte qu'elles sont revenues trop tôt. Elles savent qu'elles ne sont pas à leur place et elles ne sont pas prêtes à passer toute une vie dans cet état.

Quand une personne s'est ôté la vie, elle a beaucoup à apprendre une fois rendue de l'autre côté avant de pouvoir accéder aux royaumes supérieurs des cieux. Quand la personne prend conscience de son geste, elle peut enfin demander de l'aide. Des guides spirituels sont toujours là pour aider ceux qui en ont besoin. C'est toujours à chacun de savoir apprendre de ses erreurs pour mieux progresser dans le monde de l'esprit. Et c'est pourquoi je dis toujours aux gens de continuer à prier pour ceux qui ont trépassé. Vos prières non seulement les réconfortent, mais elles les aident à continuer à progresser dans leur cheminement spirituel.

L'amour ne connaît pas de limites

Les humains savent que l'amour existe, mais bon nombre d'entre eux ne savent pas ce qu'est l'amour. Pensez à toutes les fois où vous vous êtes dit ou que vous avez dit à quelqu'un : Je t'aime. J'aime mes enfants. J'aime mon travail. Je suis certain que nous pouvons tous donner une foule d'exemples d'actes d'amour ainsi que de la profondeur de notre amour pour quelqu'un ou quelque chose, mais pourrions-nous décrire précisément ce qu'est l'amour ? On a beau le ressentir, le penser, le romancer, l'expérimenter, pourtant quand on nous demande de le décrire, on reste bouche bée. Pourquoi nous est-il si difficile de décrire l'amour ? Probablement parce que c'est trop simple à comprendre.

L'amour, c'est tout. L'énergie de l'Univers. Le divin, le non-visible, la force unificatrice qui tient tout ensemble. Il est en nous, autour de nous et il nous relie les uns aux autres. L'amour appartient à tout le monde et à toute chose. Il ne connaît pas de limites. Aucune croyance, idéologie religieuse ou politique ni aucun préjugé ne peut le contrôler ou le manipuler. L'amour est la seule chose *vraie* qui existe et dont nous sommes tous faits. Mais il nous est souvent difficile de le reconnaître en nous ou dans les autres.

Nous faisons tous partie de cette conscience unique de l'amour. Quand nous comprendrons que chacun est constitué de ce même élément divin, alors nous pourrons ouvrir la porte à la force et à l'énergie de Dieu dans tous les aspects de notre vie. Plus nous libérons nos jugements plus nous respectons l'autre pour ce qu'il est, un enfant de Dieu, et plus notre vibration spirituelle devient claire et pure. Plus nous nous alignons avec l'amour, plus nous nous rapprochons de Dieu ou de notre conscience divine. Chacun de nous, sur terre, peut utiliser l'énergie divine de l'amour. Aussi incroyable que cela paraisse, en honorant et en respectant les autres, c'est nous-mêmes que nous aimons. Mais peu de gens acceptent d'adhérer inconditionnellement à cette perception de l'amour. Nous ne voulons en effet que donner et recevoir l'amour en pièces détachées et nombreux sont ceux qui ne donnent que dans l'espoir de recevoir quelque chose en retour. Ce genre d'amour est fait de conditions. L'amour dont je vous parle est inconditionnel. C'est la générosité même, un don ultime qui comprend et englobe tout. Il ne s'agit pas d'une sorte d'investissement à partir duquel on s'attend à un dividende.

L'amour est essentiel à toute évolution spirituelle. En tant qu'êtres de lumière, nous sommes reconnus non pas par l'étendue de notre intelligence ou de notre fortune, ni par notre statut politique ou social, mais par notre seule capacité d'aimer. L'intelligence du cœur va loin au-delà de ce royaume mortel.

J'ai remarqué dans mes séances que lorsqu'un esprit se manifeste dans une vibration d'amour, le message est toujours pur et clair. L'information est transmise sans qu'on ait besoin de faire d'effort. Une impression de joie et de sérénité imprègne la communication. Comme j'explique à mes clients, c'est le lien d'amour qu'il y a entre ceux-ci et l'être cher décédé qui aide l'esprit à communiquer. Et il est toujours impressionnant d'entendre un esprit décrire tout l'amour qu'il y a au royaume spirituel. Souvent un esprit mentionne combien il aurait pu progresser sur le plan spirituel s'il avait utilisé plus d'amour dans sa vie terrestre. Plusieurs esprits parlent du besoin d'aimer les autres et de s'aimer eux-mêmes. Ils répètent constamment : *Il n'est jamais trop tard pour commencer à aimer*.

J'aimerais maintenant vous parler d'une séance qui a eu lieu il y a quelques années. Elle concerne un vieux couple : Margaret, Margie pour ses proches, et Bart, Buddy pour les intimes. Margie et Buddy s'étaient connus à l'école secondaire et ils ont ensuite passé le reste de leur vie ensemble. Ils ont été mariés pendant cinquante-deux ans. À mon avis, la vie de Margie et de Buddy illustre à merveille la grande capacité d'amour des êtres humains. Buddy et Margie s'aimaient d'un amour inconditionnel et leur exemple a permis à d'autres de comprendre qu'avec l'amour, tout est possible. Leur histoire montre comment vivre de manière positive, comment avoir une vie pleine et épanouissante sans se préoccuper des opinions des autres, de leurs peurs ou de leurs illusions qui sont souvent des obstacles à l'amour. Au lieu de vivre selon les attentes de la société, Margie et Buddy ont vécu selon les règles de leur cœur. Leur amour confirme ce que je disais plus tôt : l'amour englobe tout, même la mort et avec l'amour, on n'est jamais seul.

Comme la plupart des couples mariés, ce tandem unique avait eu sa part de hauts et de bas qui font partie de la vie. Ils avaient eu droit à deux guerres mondiales, à des faillites, à des maladies et des décès, à des enfants et à des petits-enfants. Ils avaient eu plusieurs emplois, maisons, vacances, de bons moments et d'autres moins bons, et tout ce qu'il peut y avoir entre les deux. Après la séance avec Margie, je suis resté avec elle pendant quelques heures, sans vouloir la quitter. Il y avait chez cette femme une grande douceur mêlée d'une certaine étrangeté. Elle était, et elle est toujours, une grande dame et une maîtresse de vie incontestable.

Je me souviens qu'elle m'a dit : « James, vous devez ralentir votre rythme, vous ne pouvez pas plaire à tout le monde. Cessez de vous préoccuper de ceux qui ne croient pas en ce que vous faites. Ce sont leurs limites qui les empêchent de voir la vérité. » Je repense souvent à ses paroles. J'ai beaucoup appris de Margie, comme de nombreux autres avant moi. Après la séance j'avais l'impression d'avoir reçu de Margie beaucoup plus que je ne lui avais donné. Je me sentais illuminé par sa présence.

Lorsque je me suis assis avec elle, je ne pensais pas qu'elle avait besoin d'une séance. Elle semblait si équilibrée. Je ne pensais pas que quoi que ce soit du monde spirituel puisse changer son regard sur la vie. Je savais qu'elle n'était nullement désespérée. Elle voulait simplement s'entretenir une fois de plus avec celui qui lui avait appris à aimer et qu'elle considérait comme son âme sœur : Buddy qui était décédé deux ans plus tôt d'un cancer du poumon. Quant à celui-ci, il était là, de l'autre côté, et il attendait de pouvoir parler à sa Margie. Je me souviens aussi qu'elle a défroissé les plis de sa robe dans un geste d'une grande dignité avant que nous ne commencions la séance.

— Il y a un homme debout à votre gauche. Il aimerait vous tenir la main.

— Voilà bien mon Buddy. Il voulait toujours me tenir la main. Il ne change pas, dit-elle en ricanant.

— Il porte un complet marron, poursuivis-je. Il dit qu'il ne voulait pas que vous l'éclipsiez alors il a pris soin de bien s'habiller. Il est très gentil. Il rit, lui aussi. Il me montre une médaille épinglée à son veston.

— Est-ce qu'il a toujours cette foutue médaille ? (Margie se tourna vers la gauche et s'exclama :) Mais Buddy, je l'avais mise dans le coffre en cèdre. Pourquoi ne l'as-tu pas laissée là ?

J'attendis qu'il réponde. Je vis qu'il tenait un bouquet de fleurs pour Margie.

— Il veut vous offrir des fleurs, des iris violets.

L'expression résolue de Margie disparut aussitôt et des larmes se mirent à couler le long de ses joues.

— Ce sont mes fleurs préférées. Il m'en achetait toujours pour souligner les anniversaires. Nous en avons même planté quelques semaines avant qu'il ne meure. Il me manque, vous savez.

— Oui, je comprends, dis-je en ressentant sa tristesse.

Margie changea de sujet.

— Vous savez, cette médaille il l'a reçue pour son courage lors de la Seconde Guerre mondiale. Il a sauvé un bataillon complet. (Elle tourna la tête et baissa les yeux au sol. Elle semblait contempler quelque chose. Soudain, elle releva la tête et s'écria :) Comme il était fou... Mais c'était lui. Il essayait toujours d'aider les gens, même s'il ne savait pas comment, il essayait toujours.

— Buddy veut que vous sachiez qu'il y a des gens merveilleux dans le monde de l'esprit. Il a rencontré plusieurs de vos amis. Il a vu Mae ainsi que vos parents, votre père et votre mère. Il dit qu'ils sont toujours les mêmes. Votre père a retrouvé la vue.

— Mae, s'écria Margie. C'est ma sœur. Voilà dix ans qu'elle est morte. Mon père a perdu la vue dans un accident à l'usine où il travaillait. Le pauvre, il a tellement souffert. Je suis très heureuse de savoir qu'il peut voir à nouveau. Il y a si longtemps… Pourtant on dirait que c'était hier.

— Buddy dit qu'il vous rend très souvent visite. Il dit qu'il était là quand vous avez entendu la chanson *Blue Moon* et qu'il aurait voulu danser avec vous.

— C'était notre chanson préférée. Chaque fois que nous l'entendions, il m'invitait à danser, comme la première fois où nous nous étions rencontrés.

Margie regarda au loin en se rappelant le bon vieux temps.

— J'ai entendu cette chanson l'autre soir à la radio. Vous savez, dit-elle en me regardant, je savais qu'il était là, près de moi et qu'il voulait danser. Je le sentais. Je pouvais même distinguer l'odeur de son parfum. J'ai presque senti qu'il me touchait la main, mais je me suis dit que c'était mon imagination de vieille dame.

— Il était là, lui dis-je. Il dit que c'est vraiment arrivé comme vous le dites. Il veut que je vous dise qu'il a l'impression d'être retombé en enfance. En passant, il vous a vue jeter des pilules à la poubelle récemment. Il rit et ajoute qu'il vous reconnaît bien là !

— Oh ! Oui. Celles pour la tension artérielle, dit Margie en riant à son tour. Je me suis dit que j'avais vécu si longtemps sans ces pilules… D'ailleurs, je ne pense pas qu'elles feraient une grande différence. Je pense que les médecins ont encore beaucoup à apprendre. Ils ont tendance à prescrire trop de médicaments.

Dieu a tout prévu. Je me sers d'herbes depuis des années et j'ai quatre-vingt-sept ans.

Nous avons continué pendant quelque temps sans regarder l'heure. Margie était un personnage extraordinaire. Buddy lui a rappelé des détails concernant leurs enfants et leurs petits-enfants. Il a parlé des voyages qu'ils avaient faits ensemble, des lévriers qu'ils élevaient, et du plaisir de vivre qu'ils avaient partagé. Ils se sont dit qu'ils s'aimaient malgré leurs défauts réciproques.

— Trop de gens vivent dans la peur et les préjugés, me dit Margie. Il faut passer par-dessus les désaccords mineurs dans une relation de couple et se concentrer sur l'amour. C'est la seule façon de survivre et de grandir.

Margie et Buddy ont parlé de la simplicité de leur union contrairement à d'autres qui sont mises en péril par toutes sortes de complications.

La séance avait été éclairante et très touchante sur le plan émotionnel. J'avais beaucoup appris lors de cette rencontre. Vers la fin, une chose m'avait profondément ému.

— Votre mari aimerait que vous transmettiez ses salutations à Hank.

— Oh, Hank. Oui, bien sûr. Il n'est pas comme toi, Buddy, un peu lent, mais il est d'une grande bonté. Et d'ailleurs, il peut tout réparer dans la maison. C'était une bonne idée, Buddy.

J'ai eu une vision de Las Vegas et j'ai demandé à Margie si cela signifiait quelque chose.

— Oui. C'est là que Hank et moi nous sommes mariés.

Je ne comprenais pas. C'était Buddy, son mari, non ?

— Oui, oui. Buddy est mon mari, et Hank aussi. Une vieille dame avec deux maris ! me confia-t-elle avec un sourire.

» Buddy et moi avons été mariés pendant plus de cinquante ans. Nous savions qu'un jour l'un de nous serait seul. Nous nous aimions vraiment beaucoup. Buddy était rarement malade, mais quand nous avons appris qu'il avait le cancer, nous savions que c'était la fin. Buddy ne voulait pas que je finisse mes jours seule. Il disait que s'il ne pouvait pas être là pour s'occuper de moi, il voulait qu'il y ait quelqu'un pour me tenir compagnie. Alors nous avons regardé du côté de notre groupe de gens retraités. (Margie ricana comme si elle se souvenait d'une blague.) Nous avons trouvé trois hommes qui, selon nous, pourraient faire l'affaire. Tous les trois étaient veufs. Buddy et moi avons discuté de leurs qualités et de leurs défauts. Nous pensions que Fred était trop nécessiteux, et Joe, trop religieux. Car je ne suis pas une personne religieuse. Je crois que Dieu est dans notre cœur, pas dans les églises. Quoi qu'il en soit, Hank était l'homme à tout faire au centre des retraités et nous nous entendions bien. Ses sentiments pour moi étaient sans doute un peu différents de ceux que j'avais pour lui, puisque j'avais toujours mon Buddy. Quoi qu'il en soit, Buddy lui a demandé s'il voudrait bien s'occuper de moi quand il ne serait plus là. Hank a accepté et quelques mois après le décès de Buddy, nous nous sommes mariés à Las Vegas. Les dames du centre pensent que Hank est un vieux cochon. Ha ! Si seulement elles savaient.

J'étais très étonné d'apprendre que Buddy avait fait tous les arrangements nécessaires pour que Margie ait un compagnon quand il ne serait plus de ce monde. C'était une grande leçon d'amour et de partage, sans compter qu'il fallait vraiment savoir lâcher prise. Ni Margie ni Buddy ne s'étaient préoccupés de ce que les autres pourraient penser. Ils n'ont pas laissé leur orgueil ou leur ego faire obstacle à leur amour.

La dernière chose que Buddy avait dite à Margie était : « La prochaine fois que tu entendras *Blue Moon*, imagine-moi debout devant toi en train de te prendre la main pour t'inviter à danser. »

Buddy avait vraiment su saisir l'instant. Et je pense que leur danse tout comme leur amour n'aura jamais de fin.

Mise à jour

La dernière fois que j'ai parlé avec Margie, elle m'a dit que son mari et elle avaient déménagé à Las Vegas. Margie avait toujours cru qu'elle était chanceuse au jeu et elle sentait que Buddy lui donnait un coup de main avec les machines à sous. Hank et elle passent donc leurs jours à voyager. « Il est devenu mon meilleur ami. Nous aimons faire les mêmes choses et nous avons du plaisir à être ensemble. On pourrait dire que nous sommes de bons compagnons de vie. » En terminant notre conversation, Margie m'a rappelé une dernière chose. « Je pense que Hank, Buddy et moi serons ensemble dans l'au-delà et j'en suis fort heureuse. »

Nos guides là-haut

L'un des privilèges que j'ai à m'occuper de communications avec l'au-delà et de conseiller ceux qui vivent un chagrin, est que cela me permet d'évoluer aux confins du profond et du sacré. Quand je m'ouvre aux dimensions spirituelles, je ne sais jamais qui entrera en contact avec moi ni qui se manifestera à moi. La plupart de mes séances contiennent des détails qui attestent l'authenticité de la communication qui s'établit entre le client et un être cher de même que des indications qui confirment qu'un état de conscience survit effectivement à la mort physique. Et il arrive parfois que d'autres êtres se manifestent lors d'une séance, par exemple, pour donner des conseils utiles pour aider un client à élargir sa conscience spirituelle. Ainsi, il y a de nombreuses années, j'ai vécu un de ces moments exceptionnels qui a non seulement changé la façon de voir la vie de ma cliente, mais la mienne aussi. Tandis que j'écris ces lignes, je réalise que ce qui s'est passé lors de cette séance ne s'adressait pas seulement à la femme qui est venue me voir en cet après-midi du printemps de 1993, mais qu'il s'agit de quelque chose à partager avec le reste du monde.

J'espère que vous réfléchirez à ce qui suit avec un esprit ouvert. Si ces concepts vous font vibrer, appliquez-les à votre propre vie et voyez comment ils transformeront vos préjugés et ce que vous croyez savoir. Il s'agit peut-être de la clé que vous cherchez pour découvrir le bonheur et pour mieux vous comprendre. Je crois que cette séance montre bien que seul l'amour et le pouvoir de l'amour peuvent nous libérer des pièges du passé pour nous permettre de vivre dans l'unité, la plénitude et la sérénité. Comme pour toutes les séances que je raconte dans mes livres, j'essaierai de vous transmettre non seulement l'information détaillée de la session, mais aussi de réitérer les émotions qui ont transpiré entre les deux dimensions.

La cloche sonna à treize heures cinquante-cinq. Je venais de finir d'avaler un sandwich au thon et j'étais en train de me concentrer avant l'arrivée de ma cliente. Elle arrivait cinq minutes plus tôt que prévu. Le bruit de la sonnette me ramena à la réalité et je courus à la porte. Une femme blonde et séduisante se présenta comme étant Susan. Quand elle sourit, je remarquai sa dentition blanche et parfaite, comme son visage parfait et sa taille de mannequin. Je l'invitai à passer au salon et à se mettre à l'aise.

Quand je lui eus expliqué comment fonctionne la communication avec le monde des esprits, j'ai commencé à ressentir une certaine « densité » de l'énergie dans la pièce. Cela arrive souvent. J'ai remarqué que l'énergie d'une pièce commence à changer quand je m'apprête à faire une séance, parfois même avant l'arrivée du client. Je crois qu'il s'agit là de l'énergie des « travailleurs spirituels » qui viennent assister à la manifestation de la communication spirituelle.

Je demande habituellement à mes clients de ne pas me donner d'informations avant la séance. Je préfère en effet ne pas teinter mes pensées avec les désirs et les attentes des clients. Dans le cas présent, par contre, Susan avait un grand besoin de me parler. La plupart des clients sont nerveux quand ils arrivent parce qu'ils n'ont jamais rien fait de tel. Susan s'est assise en disant : « J'espère que vous pouvez m'aider, James. J'ai d'horribles cauchemars. Je prie avant de m'endormir, mais cela ne semble pas suffisant. J'ai l'impression que je ne suis jamais seule dans ma chambre ; je sens que l'on m'épie. C'est vraiment très inquiétant. »

Je l'ai rassurée en lui disant que tout irait bien et je suis entré dans un état méditatif. J'ai approché l'énergie autour d'elle et j'ai immédiatement senti la présence d'une dame avec un accent allemand.

— Trudy vous envoie son amour. Elle veille sur vous. Ne vous inquiétez pas, rien de mal ne vous arrivera.

J'ai appris que Trudy était la grand-mère de Susan et qu'elle avait vécu en Allemagne au début du siècle et qu'elle croyait au monde des esprits.

— Elle dit qu'elle travaille maintenant dans le monde de l'esprit avec ceux qui arrivent après avoir fait l'expérience d'un handicap physique lors de leur passage sur terre. Elle fait de son mieux pour les aider à s'adapter à leur nouvelle vie de liberté dans les dimensions spirituelles.

Susan n'était pas surprise puisque de son vivant, Trudy s'était occupée de thérapie physique dans un hôpital.

Puis, Trudy m'a dit : « La pièce est pleine à craquer. Il y en a d'autres ici qui veulent parler avec Susan. Voilà longtemps qu'ils attendent ce moment. »

Nous avons remercié Trudy et j'ai attendu que me viennent d'autres impressions du monde spirituel.

Après un court moment, j'ai vu un homme qui semblait un peu perdu. Il tenait sa tête de la main gauche.

— Il y a un homme derrière vous. Son visage est d'un blanc immaculé et il se tient le côté gauche de la tête, tout près de l'oreille. Il a l'air un peu zombie comme cela à me dévisager. Je lui envoie des pensées, mais il ne veut pas répondre, ou il ne le peut pas.

Susan parut perturbée par cette remarque.

— C'est étrange, poursuivis-je, je vois une plage. On dirait que c'est la nuit. La lune est pleine. Je la vois réfléchie sur l'eau. Je vois la silhouette de l'homme. Il regarde par la fenêtre. Il regarde l'eau.

» Cela me rappelle la plage de Malibu, dis-je en regardant Susan.

— Oui, continuez, je vous prie, dit-elle avec une nervosité tangible.

— Il marche et se dirige vers une bibliothèque. Il se retourne. Sa bouche est ouverte comme s'il voulait dire quelque chose. Il frappe quelque chose de sa main. Je ne sais pas ce que cela signifie. On dirait maintenant qu'il crie. Il tombe en se tenant la tête. Tout ce que je vois maintenant, c'est une mare de sang sur le tapis. Sa tête baigne dans une mare de sang.

— C'est mon cauchemar ! s'écria Susan. Je vous en prie, faites que cela *cesse* ! Je vous en supplie.

J'étais bouleversé. Les détails étaient encore si clairs dans ma tête, j'avais l'impression de regarder une photo. Je savais que je venais d'être témoin d'un meurtre et je me sentais très bizarre. La plupart du temps, quand je suis témoin d'un décès, je ne me trompe pas parce que je suis un observateur et non un participant.

Or, dans le scénario actuel, je me sentais impliqué et perturbé.

Après quelques instants, Susan se moucha et dit :

— Pourquoi a-t-il fallu que cela arrive ?

Je fis de mon mieux pour la rassurer en lui expliquant que l'événement faisait partie du passé et que rien de mal ne pouvait lui arriver. Puis j'ai vu apparaître une bague, pas une bague ordinaire, mais trois anneaux entrelacés en un seul. Je demandai à Susan si cela signifiait quelque chose.

— Oui. Nous les avons achetés à Big Bear, quand nous nous sommes rencontrés et nous les avons utilisés pour nous marier.

— Je ne sais pas ce que cela signifie mais j'entends un mot qui ressemble à « Bobo ». Oui, je pense que c'est cela. Est-ce que vous y comprenez quelque chose ?

— Oui, c'est mon mari. Il s'appelle Bobby, mais je l'appelais toujours Bobo. Il n'y avait que moi qui l'appelais ainsi. Il me manque. Il me manque tellement.

La vision précédente s'était dissipée et j'étais rempli de la compassion de cet homme mêlée à une grande émotivité.

— Ce Bobo semble plutôt malheureux. Je suis désolé, mais il semble très perdu, comme si on l'avait oublié. J'ai l'impression qu'il pleure sans arrêt. Je sens que je ne peux continuer avant qu'il ne cesse de pleurer. Il y a une telle tristesse en lui. Il sent qu'il vous a laissé tomber.

Susan regarda vers moi et se mit à parler directement à Bobo.

— Je suis là, chéri. Tu sais que je suis toujours là pour toi. Et que je le serai toujours.

— J'ai l'impression qu'il est couché, sur un lit, dans la position fœtale. La couverture sur le lit m'apparaît jaunâtre et elle est ornée de petites fleurs roses et rouges. Je vois aussi des coussins rouges.

— Mais, c'est mon lit ! s'exclama Susan. J'ai un couvre-lit comme cela avec des cache-oreillers rouges. Oh ! Mon Dieu ! Est-ce là que se trouve Bobo ? Bobo, est-ce bien toi dans le lit ?

— Bobo était-il un homme dominateur, qui voulait tout contrôler ? demandai-je. Parce qu'il me semble qu'il était un peu rustre et qu'il voulait toujours que les choses soient faites à sa façon. Il n'acceptait pas qu'on lui tienne tête.

— Oui, James, oui, je suppose que c'est juste. Mais moi j'ai toujours su comment m'y prendre avec lui. C'est drôle, j'étais la seule personne avec laquelle il ne s'emportait jamais. Mais au travail ! Vous auriez dû le voir ! Un vrai tyran. Il congédiait ses employés pour un rien.

— Il parle du show-business. Était-il dans l'industrie du cinéma ?

— Il était dans le domaine de la musique. Agent. Alors nous connaissions beaucoup de gens du show-business.

C'est alors qu'une pièce d'information intrigante me fut révélée.

— Il me donne le nom de Kristine ou Kristel, avec un K. Connaissez-vous cette personne ? demandai-je à Susan.

Susan fixait le mur près de son pied gauche. Elle avait les larmes aux yeux. Elle me regarda et me murmura :

— Oui. Je comprends. Et alors ?

— Il passe son temps à dire qu'il est désolé. Que vous aviez raison. Il s'en veut. Il vous a laissé tomber. Il veut que vous sachiez qu'il vous aime.

— Alors c'est vrai ? demanda Susan.

— Oui, il dit que c'est vrai et qu'il est vraiment désolé. Vous le saviez.

Susan éclata en sanglots.

— Oh ! Je le sentais, mais je ne voulais pas y croire. Comment a-t-il pu me faire cela ? Ne savait-il pas combien je l'aimais ? J'aurais pu avoir n'importe quel homme, mais c'est avec lui que j'avais choisi de faire ma vie.

— Connaissez-vous cette femme ? demandai-je.

— Oui, je l'ai rencontrée il y a quelque temps. Elle n'était pas aux funérailles. Certains m'ont dit qu'après la mort de Bobo, elle est retournée dans l'Est avec sa famille.

La séance a continué et Bobo a avoué avoir eu une liaison avec une collègue de travail appelée Kristine. Il a expliqué qu'il l'avait rencontrée lors d'une soirée et qu'ils avaient été attirés l'un vers l'autre.

Susan avait eu vent de l'affaire après le meurtre de son mari.

— Je ne voulais pas y croire.

— Il me donne aussi le nom de Dan ou Danny. Connaissez-vous quelqu'un de ce nom ?

Susan n'arrivait pas à voir de qui il pouvait s'agir. Je lui répétai le nom en insistant sur le fait qu'elle devait le connaître.

— Votre mari est catégorique. Il est persuadé que vous le connaissez.

— Non, je suis désolée, ce nom ne me dit rien.

— Bon, mais rappelez-vous-le. Vous aurez probablement affaire à cette personne plus tard.

Ce genre de situation arrive souvent lors des séances. Habituellement la personne qui a demandé la séance a des attentes précises et elle n'est pas toujours prête à recevoir de l'information nouvelle ou différente.

— Il me dit que Danny sait tout et qu'il se trouve actuellement sur une plage au Mexique. Il va revenir du Mexique. Est-ce que tout ceci signifie quelque chose pour vous ?

Mais Susan ne comprenait pas ce que son mari lui disait. Plusieurs mois plus tard, cependant, elle comprendrait parfaitement le sens de ce message de son défunt mari.

Il y avait maintenant plus de cinquante minutes que je me concentrais à fond et je commençais à me sentir fatigué. Je me souviens d'avoir levé les yeux vers Susan et d'avoir vu une femme avec l'âme brisée. Je me souviens très bien avoir pensé que je devrais m'arrêter. J'étais déjà fatigué et je ne voulais pas risquer de m'endormir devant une cliente. Je me mis à avoir très chaud et à sentir un tourbillon d'énergie autour de moi. L'énergie s'allégeait dans la pièce, au point où le salon sembla s'éclaircir : les couleurs étaient devenues plus vives. Des jets de lumière bleus, violets et dorés tourbillonnaient dans le salon. Soudain un homme aux yeux bleu foncé entra en moi et je m'évanouis.

Lorsque j'ai rouvert les yeux, Susan était debout devant moi. Elle me souriait en me tendant un verre d'eau.

— Est-ce que ça va ? demanda-t-elle.

Il ne pouvait s'agir de la même femme que j'avais vue quelques instants plus tôt et qui était alors si triste.

— Merci, James. Merci beaucoup. Vous êtes extraordinaire. C'est vraiment incroyable. Vous m'avez aidée à comprendre. Tout est clair maintenant.

Je ne comprenais pas ce qu'elle disait ; j'avais l'impression d'être dans un épisode de *Star Trek*.

— Je ne comprends pas.

Elle m'expliqua ce qui s'était passé. Pendant que j'avais été inconscient, un esprit qui la guidait s'était manifesté à elle. Ce genre de chose est très rare dans les séances que je fais.

— Est-ce que cela vous ennuierait que je rembobine la cassette pour écouter ce que votre guide vous a dit ?

— Bien sûr que non, répondit-elle.

J'appuyai sur le bouton et entendis soudain une voix profonde et mélodieuse remplie de compassion. Le ton n'avait rien de désagréable bien au contraire. Je me suis déjà entendu alors que j'étais en transe et que plusieurs de mes propres guides s'étaient manifestés, mais jamais je n'avais entendu cette voix auparavant.

« Salutations, très chère. Je suis là, aujourd'hui, pour consoler ton âme en peine. Ta bonté et ta compassion ont touché le cœur de ce jeune homme, comme c'est le cas depuis des siècles. Vous avez beaucoup cheminé ensemble. Votre parcours vous a menés sur la voie de la célébrité et sur celle de l'humilité. Vous avez cheminé par temps de guerre et par temps de paix. Ensemble, vous avez exploré de nombreuses facettes de l'expérience humaine. Vous avez partagé des vies de mari et femme, de mère et fille, de père, fils, sœur et frère. Depuis l'éternité, vous enfilez un collier aux perles de diamant faites de votre amour. Voilà que vous avez encore une fois partagé les dimensions du temps et de l'espace. Votre association n'est pas seulement physique, mais elle est aussi d'ordre spirituel. Les partenaires de vie ne se limitent pas à être mari et femme. Parents et enfants, amis et amants sont aussi des partenaires qui œuvrent pour l'accomplissement et la croissance.

» Récemment, cette âme que tu connais sous le nom de Bobby est revenue sur la terre avec un pacte que vous aviez conclu tous les deux, il y a de cela plusieurs vies. Tu as été et tu es toujours son professeur. Ce sont des rôles qui vous conviennent bien à tous les deux et dans lesquels vous vous sentez très à l'aise. Cette fois-ci, ton partenaire a revécu d'anciens scénarios comme il l'a fait dans de nombreuses autres vies. Encore une fois, son manque de confiance en lui a forcé son ego à chercher ailleurs l'amour et la sécurité au lieu de trouver en lui-même sa propre source de lumière. Il ne comprenait pas que son cœur avait trouvé son havre de paix avec toi, celle qu'il avait épousée. Il a plutôt choisi d'avoir une liaison avec une femme qu'il avait connue et aimée dans une vie antérieure. Mais c'était alors un amour non réciproque. Il sentait donc un besoin irrésistible de séduire et de conquérir le cœur de cette femme dans cette vie-ci et il voulait à tout prix réussir. Il dit qu'il se rend compte maintenant qu'il avait avec toi l'amour parfait ; mais son ego l'a empêché de voir cette vérité. Et il a été tué par un tiers qui a lui aussi usé de contrôle et de manipulation pour arriver à ses fins. Ton mari était avec cette femme, dans la maison de celle-ci quand il a été tué. C'était son épreuve et, comme par le passé, elle s'est avérée fatale.

» Tu as le cœur lourd et cette lourdeur s'impose non seulement à toi, mais aussi à tous ceux que tu côtoies dans les dimensions physique, spirituelle, mentale et émotive. Je parle non seulement de ceux qui existent sur la terre, mais aussi de nous tous dans les dimensions spirituelles. Tous ceux qui te connaissent et qui t'aiment sont troublés par ton agonie, et notamment celui que tu tiens responsable de ta douleur. Quant à toi, ma chère, il t'est difficile de croire que cette personne que tu as aimée et envers qui tu as tenu parole ait pu te délaisser pour une autre. Tu te sens trahie. Et tu trouves injuste que sa vie soit déjà terminée alors que toi, tu doives continuer à vivre seule, sans lui. Ce que tu vois maintenant est la réflexion de ce que tu as d'abord vu en toi-même. Nous projetons toujours nos pensées, nos sentiments et nos préoccupations. Il ne tient qu'à toi de voir le monde différemment en te ravisant sur ce que tu souhaites voir. La tentation de se laisser aller à la colère, à la dépression ou encore à l'excitation provient de l'interprétation que nous faisons des stimuli externes de notre environnement. De telles interprétations sont toutefois basées sur une information incomplète.

» On cherche souvent l'amour chez son partenaire, ses enfants, ses parents et ses amis. On sent qu'il est plus facile d'aimer les autres que de s'aimer soi-même. Cela nous satisfait jusqu'à un certain point, mais c'est un leurre. Il existe, dans ton monde terrestre, un pouvoir illusoire : la peur. Celui qui n'est pas vrai avec lui-même ressent la peur. Notre peur de ne pas être aimé en retour nous empêche de grandir et de croître dans l'amour complet. Cette peur est aussi imposée aux autres, particulièrement à ceux qu'on aime. Les autres n'ont pas à changer pour que nous ayons la tranquillité d'esprit. C'est à l'intérieur de nous-mêmes qu'il faut d'abord trouver cette paix. Si notre esprit est en état de bien-être, d'amour et de paix, c'est ce que nous projetterons et en conséquence, ce que nous vivrons. Si par contre, nous sommes remplis de doutes et de craintes de toutes sortes, ce sont ces émotions que nous projetterons et c'est ainsi que nous semblera la réalité. Celui qui est habité par la peur voit la vie d'une perspective faussée. Ne cherche pas chez les autres ce qui n'est pas en toi.

» Ton partenaire devait apprendre à s'aimer lui-même, mais il n'avait aucune idée de ce que cela signifiait. Il a repris ses vieilles habitudes de contrôle et de manipulation pour rendre les autres impuissants. Tu as voulu l'aider à apprendre à reconnaître l'intimité en lui-même. Il a déjà éprouvé des difficultés par le passé avec cet aspect de lui-même et dans cette vie, il essayait justement de vaincre ces tendances. Pour défier ces aspects de lui-même, il fallait qu'il prenne ses responsabilités, mais il s'est laissé aller à ses habitudes sans penser à l'effet qu'elles auraient sur les autres. Il y a une grande différence entre dire : "Voilà ce que je veux faire" et "Voilà ce que je dois faire". Souvent, ce qu'il faut faire pour être complet, entier, éclairé et radieux, diffère de ce que nous voudrions faire.

» En arrivant ici, ton partenaire spirituel a pu réévaluer sa vie et ses tâches terrestres. Certains progrès ont été accomplis. Mais il est obsédé par le fait de ne pas avoir fait tout ce qu'il avait prévu. Il est esclave de son esprit terrestre. Il ne peut se pardonner d'avoir ruiné ta vie autant que la sienne. Cette âme, comme d'autres qui viennent ici, a réalisé trop tard l'importance que revêt chaque journée, chaque moment et chaque expérience sur la terre pour parvenir à une meilleure compréhension. Il souhaiterait avoir pris le temps de vivre selon son cœur plutôt qu'avec sa tête, d'avoir pu voir sa valeur en termes de compassion plutôt qu'en termes d'argent.

» Ton partenaire ne peut trouver en lui cet amour et surtout il ne le sent pas de ta part. Tu ne veux pas lui pardonner. C'est ton choix. Mais sache que le fait de retenir ton amour retarde non seulement ta progression vers la plénitude spirituelle, mais aussi celle d'un homme à qui tu ne peux pardonner. Il a besoin de ton amour et de ta compréhension pour le guider. Pour vraiment guérir, ton partenaire doit se pardonner à lui-même. Il a besoin de savoir que tu peux lui pardonner avant de pouvoir se pardonner lui-même. Le pardon est le véhicule utilisé pour corriger les malentendus et pour nous aider à vaincre la peur. Le pardon, c'est l'amour en action.

» Tandis que tu es assise là, tu as l'impression de ne pas avoir été à la hauteur. Dans l'engagement que tu as pris dans le monde spirituel, tu as promis de l'aider à résister à la tentation des pièges terrestres, mais ses souvenirs d'avidité et de luxure ont eu raison de lui et il a succombé. Tu n'as pas failli à ta tâche. Tu ne pouvais donner à cet homme qu'autant d'amour qu'il était capable de recevoir de toi. Tous les deux, vous avez déjà travaillé sur cela dans le passé et vous y retravaillerez encore. Chacun de vous a progressé et progressera encore, mais il faudra que ce soit dans l'amour. Tu dois maintenant le libérer et le laisser à ses pérégrinations et à ses créations. Il finira par comprendre cet aspect de lui-même.

» Tes cauchemars provenaient du fait que tu ressentais la culpabilité de ton mari, sa médisance et la haine qu'il se vouait à lui-même pour avoir causé toute cette douleur. Beaucoup d'âmes arrivent ici avec cette mentalité terrestre. Elles essaient de manipuler les gens et les choses ici comme elles le faisaient sur la terre, mais tout cela n'a aucun effet ici. Personne ne peut contrôler les autres. L'amour est la seule puissance. Pardonne-lui pour qu'il puisse se pardonner lui-même. Paix et sérénité, très chère. Je suis toujours à tes côtés. »

L'enregistrement terminé, je me suis tourné vers Susan en poussant un long soupir. Nous nous sommes quittés après nous être étreints l'un l'autre et en nous promettant de garder le contact.

Mise à jour

Le meurtrier de Bobby a été appréhendé. Dan, l'amant de l'autre femme a été retrouvé au Mexique, comme Bobby l'avait dit dans son message à Susan. Celle-ci a d'ailleurs pris très au sérieux les paroles de son guide spirituel. Elle a pardonné à son mari et elle s'est pardonné à elle-même, et elle continue à exprimer ses sentiments. Elle a commencé à voir ses amis et elle est même sortie quelques fois avec d'autres hommes. Comme elle m'a dit au téléphone : « Pour la première fois, tout va bien dans ma vie. Bobby me manque, mais je sais que nous serons de nouveau réunis. Entre-temps, j'ai un ange gardien qui m'aime et qui me guide dans mon cheminement spirituel. »

Les victimes de meurtres

Quand un être cher est victime d'un meurtre, les membres de sa famille et ses amis sont habituellement en colère, amers et pleins de reproches, comme c'était le cas pour Susan. Toutes ces émotions font partie du processus du chagrin. C'est compréhensible. La colère se transforme en culpabilité, puisqu'il y en a toujours qui se disent qu'ils auraient pu faire quelque chose pour empêcher un tel crime. S'il y a un procès, alors le chagrin n'a pas le temps de s'amenuiser. Il est constamment ranimé, au fur et à mesure que les preuves s'accumulent et que les témoins sont entendus. Il s'agit d'une période horrible pour tous ceux qui y sont impliqués. D'une part, vous voulez que le procès finisse pour pouvoir passer à autre chose mais, d'autre part, vous tenez à ce que justice soit faite en bonne et due forme. Un meurtre nous plonge non seulement dans un état de choc, mais souvent la famille et les amis sont tourmentés par des pensées concernant les dernières minutes de vie de la victime.

Quand une personne est soudainement éjectée de son corps physique, dans une mort violente, par exemple, l'esprit peut ne pas se rendre compte immédiatement qu'il a trépassé. Il peut errer dans le monde terrestre comme dans un rêve. Il peut aussi devenir nerveux et agité en s'apercevant qu'il ne fait plus partie du corps physique. Il arrive que ces âmes se perdent et qu'elles s'attachent à la terre. Cependant, une fois que l'âme se sera ajustée au monde de l'esprit, un parent ou un guide spirituel viendra l'assister. Il ressort des communications que j'ai eues avec des victimes de meurtres, une bonne part de confusion de même que beaucoup d'inquiétude pour ceux qui restent.

Les meurtres se produisent pour plusieurs raisons. D'abord, il peut s'agir du karma, d'une dette à rembourser. Ou encore, l'état de conscience du meurtrier peut être à un niveau tellement bas qu'il n'a aucune conscience spirituelle. Le fait de tuer ne le fait même pas sourciller. En outre, une personne peut choisir délibérément d'interférer avec la vie de quelqu'un d'autre, le résultat étant le meurtre. Le chagrin que l'on a pour une victime de meurtre peut s'avérer un processus extrêmement difficile. Soyez patient. Sachez que cela prendra du temps. Rappelez-vous que le pardon peut vous aider à passer à travers vos propres émotions difficiles.

Les amis

On entend souvent le dicton : on ne choisit pas sa famille, mais on peut choisir ses amis. En réalité et bien que cela soit difficile à croire, on choisit les deux : sa famille et ses amis. Tous ces gens ont voyagé dans le temps avec nous. Même les amis que nous ne connaissons que pendant une partie de notre vie, dans l'enfance par exemple, et avec lesquels nous n'avons plus de contact, ont déjà été avec nous et le seront probablement à nouveau. Les amis, comme la famille, font partie de notre groupe spirituel et ce sont tous des âmes sœurs. Nous comptons sur nos amis pour qu'ils soient là pour nous, dans les bons moments comme dans les moments difficiles, et particulièrement quand nous avons du chagrin.

Un ami est quelqu'un à qui l'on peut se confier en toute liberté. On sait qu'il n'a à cœur que notre bien et qu'il prendra le temps de nous écouter et de nous aider. Un ami est celui qui nous encourage et qui nous guide. L'amitié fait partie des trésors de la vie.

Perdre un bon ami, c'est comme perdre un bras et notre désarroi peut être très profond. On ne s'attend pas à ce que nos amis meurent. On pense au contraire qu'ils seront toujours là, près de nous. Ainsi, lorsqu'un ami meurt, il nous semble que notre bouée de sauvetage a disparu. On s'arrête et on pense à notre vie. Les souvenirs du passé resurgissent. On se demande comment sera l'avenir sans la présence de notre ami. La mort d'un ami peut nous paraître tellement incongrue que nous nous mettons aussitôt à réévaluer notre vie et notre propre mortalité. N'oubliez pas que nous avons choisi d'apprendre de nos amitiés. Et surtout, qu'elles nous ont permis d'aimer et de nous rendre utiles à maintes occasions.

Il y a longtemps, j'ai perdu un grand ami. Je ne pouvais pas croire qu'il n'était plus là. Cela a été un véritable choc pour moi. Nous avions partagé tellement d'expériences ensemble que j'avais cru que notre amitié durerait toujours. J'ai été dévasté d'apprendre qu'il était malade, mais je suis resté près de lui jusqu'à la fin. Peu après, il m'est revenu en esprit. Cela m'avait beaucoup soulagé de savoir qu'il n'était pas perdu et que tout allait bien pour lui. Je pense que nous voulons tous être rassurés et savoir que nos amis sont bien, là où ils se trouvent.

Je veux partager avec vous ce qui suit. C'est arrivé lors d'un vol entre Los Angeles et New York. Ce cas illustre bien la véritable signification de l'amitié. Je venais de m'installer dans mon siège et je jetai un coup d'œil à la personne qui se trouvait à mes côtés. C'était une femme d'une cinquantaine d'années, bien maquillée et aux cheveux d'un rouge flamboyant. Elle me salua d'un signe de tête et se présenta. Elle s'appelait Ruby.

— Êtes-vous celui que l'on voit à la télé et qui parle aux morts ?

— Oui, répondis-je.

Ruby mentionna quelque chose au sujet d'une personne appelée Lillie qui m'aurait assigné le siège près du sien. Incertain de ce qu'elle voulait dire, je me contentai de sourire.

— Je reviens des funérailles de Lillie. C'était ma meilleure amie.

Sentant qu'elle avait besoin de parler, je me résignai à écouter Ruby. Je ne me doutais guère que ce serait pour moi le meilleur voyage en avion que j'avais jamais fait.

Ruby me raconta comment son amie Lillie et elle s'étaient connues une trentaine d'années plus tôt. Ce fut le début d'une longue et belle amitié entre les deux femmes.

— Nous adorions toutes les deux coudre, dit Ruby. Lillie aimait faire des poupées de chiffon. Quant à moi, je faisais leurs robes. Nous avons fait près de deux cents poupées que nous avons offertes à des petites filles qui se trouvaient à l'hôpital. Lillie disait que les poupées remonteraient le moral des fillettes et qu'elles les aideraient à guérir.

Ruby me raconta qu'elles étaient toujours ensemble, de véritables inséparables. À tel point que les gens pensaient qu'elles étaient des sœurs. Elles se sont mariées à un mois d'intervalle et chacune avait épousé un homme appelé Paul. Elle m'expliqua qu'elles s'étaient toujours aidées mutuellement dans les moments difficiles et qu'elles avaient aussi partagé les bons moments de la vie.

Elle m'expliqua :

— J'étais là quand elle a appris qu'elle avait la leucémie et nous avons pleuré ensemble. J'espérais qu'elle puisse vaincre son cancer, mais nous savions toutes les deux que ce ne serait pas le cas. Je suis allée la voir à l'hôpital chaque jour pour lui tenir la main.

— Comment allez-vous faire maintenant qu'elle n'est plus là ? demandai-je.

— Je vais faire quelque chose que Lillie aurait aimé, répondit-elle énergique. Je vais réparer les vieilles poupées que nous avons faites il y a si longtemps et je vais les donner à des petites filles qui en ont besoin.

Puis elle ajouta :

— Je rêve souvent de Lillie. Je la sens près de moi, aussi. Je lui demande de m'aider et de me guider au besoin. C'est rassurant de savoir que je peux être avec elle de cette façon-là. Mais elle me manque quand même.

Quand l'avion a atterri, j'ai fait mes adieux à Ruby en lui souhaitant bonne chance. Je me suis dit : *Comme c'est beau de voir Ruby honorer la mémoire de son amie ainsi.*

Je suis resté assis tandis que les gens se pressaient de sortir de l'avion. Quand je me suis aperçu qu'il ne restait plus que moi, j'ai pris mon sac et me suis dirigé vers la porte. En passant dans l'allée, j'ai aperçu, par terre devant l'un des sièges, une petite poupée sans doute oubliée par mégarde. Quelle coïncidence, pensai-je. Je pris la poupée et l'examinai. J'eus un sursaut en voyant qu'elle n'avait plus d'yeux. Son sourire était intact. Je relevai la tête. Je savais que je venais de recevoir un cadeau du monde spirituel et je me demandai s'il ne s'agissait pas de Lillie. N'était-ce pas une évocation de l'amour durable entre deux amies.

Conseils pour apaiser votre chagrin

- Permettez-vous de vivre le processus du chagrin dans son entier.
- Communiquez ce que vous ressentez. Parlez-en à vos amis ou aux membres de votre famille. Ne refoulez jamais vos émotions en vous disant que vous devriez vous maîtriser. S'il vous est difficile de parler avec ceux que vous connaissez, il pourrait être bon de consulter un thérapeute ou de vous intégrer à un groupe de soutien. Il faut absolument que vous exprimiez ce que vous ressentez et ce que vous pensez.

• Prenez la vie un jour à la fois. Ne vous obligez pas à tout faire en même temps, y compris les tâches ménagères. Demandez à un ami de vous aider avec les choses pratiques. Les tâches simples comme payer les factures, faire les réparations ou aller faire l'épicerie peuvent s'avérer accablantes. N'ayez pas peur de demander de l'aide.

• Soyez bon et patient envers vous-même. Votre chagrin sera sporadique. Certains jours vous paraîtront plus faciles que d'autres. À certains moments, vous vous surprendrez à fixer le vide, à vous sentir encore sous le choc et aussi très seul.

• Il est normal d'exploser de temps en temps. Que ce soit les larmes ou la colère, laissez-vous aller, mais ne vous faites pas de mal, ni à vous ni aux autres.

• Si vos enfants sont jeunes, parlez-leur de la perte. Eux aussi souffrent et ils ont du chagrin. Encouragez-les à parler de ce qu'ils ressentent. Dites-leur qu'ils ne sont pas seuls, que vous êtes tous ensemble et que vous vous en sortirez ensemble. Rassurez-les en leur disant que vous serez là avec eux et que vous ne les quitterez pas.

• Laissez-vous consoler par vos enfants s'ils choisissent de le faire. Cela pourrait s'avérer très salutaire autant pour eux que pour vous.

• Avec le temps, faites un effort pour reprendre le contact avec les autres. Ne vous isolez pas. Allez au cinéma ; allez dîner avec des amis.

• Prenez soin de vous. Gâtez-vous. Cela peut vouloir dire jardiner ou acheter des plantes pour la maison.

• Vous pouvez choisir d'adopter un animal de compagnie. Souvent quand on s'inquiète pour un autre, que ce soit une personne ou un animal, on s'attarde moins au passé. Les animaux sont d'excellents compagnons et leur amour inconditionnel vous réconfortera.

• Commencez un journal dans lequel vous pourrez écrire sur l'être cher, que ce soit votre partenaire de vie ou votre ami. Vous voudrez sans doute vous rappeler certains événements significatifs ou simplement exprimer vos émotions au jour le jour.

• Reconnaissez votre mérite et ce que vous venez de vivre. Évaluez vos forces et vos faiblesses. Est-ce que votre expérience pourrait servir à en aider d'autres ? Avec le temps, il se peut que vous vouliez tendre la main à d'autres personnes qui vivent un chagrin.

• Ne sautez pas trop vite dans de nouvelles relations. Cela pourrait n'être qu'une façon de masquer votre douleur et votre peine. Laissez-vous le temps et donnez-vous l'espace nécessaire. Quand vous serez prêt, vous le saurez.

• Considérez cette expérience comme une occasion de vous ouvrir à votre vie spirituelle.

• Laissez la porte ouverte à l'amour. Vous ne ferez de mal à personne et ne trahirez personne en aimant à nouveau. Votre partenaire est dans le monde de l'esprit. Il ou elle ne voudrait que votre bien, votre bonheur complet.

5

TROP JEUNE POUR MOURIR

Chacun de nous revient sur les rives de cette terre pour une raison précise. Et, quand notre mission est accomplie, nous repartons. Certains d'entre nous sont là pour vivre une longue vie, alors que d'autres n'ont besoin que d'une courte expérience de vie avant de retourner au royaume spirituel des cieux. Le choix est fait avant que nous n'incarnions notre corps physique. Quand nous considérons la vie sous cet angle et que nous admettons que le temps et l'espace sont des dimensions terrestres, quand nous avons saisi que nous sommes des êtres éternels, nous pouvons mieux comprendre l'essence de la vie et de la mort.

La mort d'un enfant est probablement la pire perte qu'une personne puisse endurer. Comment peut-on en effet se préparer au choc de perdre son fils ou sa fille, son petit-fils ou sa petite-fille ? Demandez à n'importe quel parent, père ou mère, et il vous répondra probablement : « Je ne pourrais pas survivre » ou « Je ne serais plus la même personne » ou encore « Je serais complètement anéanti pour le reste de ma vie ». Rien ne peut se comparer à la douleur indescriptible de celui qui perd un enfant ni au désespoir qui s'ensuit. Et, bien qu'en général les parents survivent, cette perte les transforme à jamais.

Quand un enfant meurt, les parents doivent affronter l'incompréhensible : *mon enfant ne devrait pas mourir avant moi.* Ils souffrent énormément, se sentent coupables et responsables de la mort de leur enfant. *Qu'est-ce que j'aurais dû faire pour prévenir sa mort ?* Ils se sentent impuissants, inadéquats, inutiles. Ils pensent qu'ils ont failli à leur devoir parental. Au lieu de se considérer comme des parents, ils deviennent *des parents d'enfants décédés.* Ils ne peuvent plus penser clairement. Peu importent l'affection et les soins que les parents donnent à leurs enfants, si ceux-ci meurent, ils se sentent toujours coupables de ne pas les avoir suffisamment protégés. Outre l'impression que l'enfant est mort avant son heure, son décès semble toujours anormal et les parents finissent par croire qu'ils sont à blâmer.

La connexion parent-enfant

Le lien qui unit un enfant à ses parents est plus intime que toute autre sorte de lien ou de relation. Un enfant est l'expression la plus complète de l'amour d'un parent. Nos enfants naissent comme des extensions de nous-mêmes. Une nouvelle mère se prépare pour la naissance de son enfant, elle surveille sa croissance et sa santé dans son ventre et escorte cette nouvelle vie jusqu'à ce que l'enfant vienne au monde. Nous sommes les yeux protecteurs de nos enfants, nous les protégeons de tout ce qui les menace ou qui pourrait éventuellement leur faire du mal. Nous comptons sur nos enfants pour qu'ils continuent dans les générations futures, bien après que nous serons partis ; ils sont notre espoir et notre source d'immortalité.

La connexion parent-enfant a tellement de fils et de ficelles que le lien va bien au-delà des aspects biologique, émotionnel et mental. Car cette connexion prend naissance dans la dimension spirituelle, lorsque les âmes choisissent et décident d'être les unes avec les autres. C'est ainsi qu'il y a entente préalable entre l'âme à naître et ses parents. Avec le temps, j'ai remarqué que plusieurs de ces arrangements répondaient à un besoin de croissance dans les domaines de l'amour de soi et du pardon de soi. Parfois c'est l'enfant qui aide le parent à apprendre l'amour inconditionnel. Parfois c'est le parent qui décide de vivre une certaine expérience comme la mort de son enfant, pour pouvoir aider quelqu'un d'autre dans l'avenir. Quelles que soient les raisons qui les sous-tendent, toutes les expériences de vie constituent des leçons de nature spirituelle.

Comme je l'ai déjà mentionné dans mes livres *Talking to Heaven* et *Reaching to Heaven*, chacun de nous fait un cheminement spirituel. En tant qu'étincelles de lumière individuelles, nous faisons tous partie de la grande source de lumière, l'énergie de la force de Dieu. Chaque âme doit suivre sa propre voie pour apprendre à mieux connaître la divinité de son être. Ainsi, lorsqu'un enfant quitte prématurément le monde physique, c'est une décision qui provient de son âme. Il peut arriver qu'une âme ne termine même pas le processus de la naissance. Souvent les âmes partent de manière horrible et inexplicable. L'important est de ne jamais oublier *que personne ne meurt vraiment*. Les parents seront de nouveau réunis avec leurs enfants, comme ils l'ont été dans de nombreuses vies antérieures. Rappelez-vous que l'esprit d'un enfant vit dans une dimension *mentale* et spirituelle et que cet esprit est toujours conscient des pensées et des sentiments de ses parents.

La mort prénatale

Sur le plan physique, la grossesse d'une femme représente l'espoir et le rêve. La femme fusionne avec son partenaire pour créer une nouvelle vie. Une femme enceinte sent un lien spécial avec l'enfant qu'elle porte, un lien qu'elle est la seule à ressentir. Bien que le père soit aussi lié à cette nouvelle vie, ce n'est que la mère qui jouit du lien unique avec l'être qui se forme en elle. Tout ce qu'elle ressent, tout ce qu'elle pense et dit, tous ses rêves parviennent à l'être qui se développe en elle par la voie spirituelle. Une femme enceinte a de grands espoirs et certaines inquiétudes aussi concernant l'enfant qu'elle porte.

Quand l'enfant meurt avant sa naissance, lors d'une fausse couche par exemple, la femme se sent non seulement trahie, mais elle se sent surtout coupable, comme si elle était directement responsable de la mort de son enfant. Après tout l'enfant est mort dans son corps, et elle se blâme de ne pas avoir été un havre sécuritaire pour cet enfant à naître. Son chagrin peut aussi la porter à se critiquer sévèrement et de manière excessive. Elle peut avoir des remords torturants. Il peut même arriver, dans les cas les plus graves, que certaines femmes se sentent comme des meurtrières. À tout le moins, la femme se sentira en conflit avec elle-même, elle se sentira confuse et perdue dans ce chaos et son chagrin sera énorme. Bien sûr le père aussi est bouleversé. Il peut s'en vouloir, par exemple, de ne pas avoir su mieux prendre soin de la mère et de l'enfant.

Quand un bébé meurt prématurément, les parents se sentent lésés du privilège d'élever un enfant et d'avoir un héritier. Pour empirer la tragédie, ils doivent aussi affronter l'embarras de la famille et des amis. Trop souvent l'entourage pense qu'une telle perte est immatérielle puisque le bébé n'est jamais né et qu'il n'avait donc pas vécu. Même le personnel médical et hospitalier se montre souvent plutôt indifférent et tient très peu compte des effets dévastateurs d'un décès prénatal. Quelle manque de délicatesse de dire à une future mère qu'une partie d'elle-même est morte, mais que ça ne fait rien, puisqu'elle pourra tenter sa chance à nouveau. Je pense qu'il faut reconnaître qu'une fausse couche est toujours un événement extrêmement douloureux pour les parents.

Dans de nombreux cas, le traumatisme de la fausse couche ou encore des complications prénatales qui se terminent par la mort du fœtus, affecte la confiance de la femme quant à de futures grossesses. Elle peut douter de sa capacité de mener à terme une autre grossesse. Elle aura peur de perdre encore un enfant. Il est à souhaiter que la femme puisse comprendre et accepter la situation pour ce qu'elle est, sans plus. Il vaut mieux qu'elle se sente en bonne forme et confiante sur les plans physique et émotionnel avant d'entreprendre une nouvelle grossesse.

D'un point de vue spirituel, on m'a dit qu'il s'agissait là non seulement d'une leçon pour la mère, mais peut-être aussi d'un détour de la nature pour établir des énergies plus stables et durables dans le corps de la femme en prévision des futurs habitants de son corps. En d'autres mots, ce qui arrive sur le plan physique peut être le résultat ou l'aboutissement d'une œuvre entreprise dans une dimension spirituelle ou éthérée.

Quand ils vivent une fausse couche, les parents doivent d'abord reconnaître leur chagrin. Le choc et la culpabilité peuvent durer plus longtemps que prévu. Les parents peuvent finir par penser qu'ils n'étaient pas destinés à élever des enfants et l'expérience peut les traumatiser au point où ils ne voudront plus avoir d'enfants dans l'avenir.

L'avortement, par contre, vient avec sa propre panoplie de problèmes politiques et sociaux qui ne font qu'ajouter à la culpabilité et aux remords de la femme. Je crois, quant à moi, qu'aucune position politique sur l'avortement n'est vraiment pertinente. Je pense qu'il s'agit d'un problème d'ordre spirituel. Une femme ressentira les mêmes émotions suite à un avortement qu'après une fausse couche, sauf que dans le premier cas, elle se blâmera plus sévèrement. Le fait qu'une partie de la société la considère comme une meurtrière ajoute davantage à sa blessure. Souvent une femme ne se rend pas compte de son chagrin. Et, dépendant de ses croyances, la perte peut la mener à une dépression qui peut durer des années.

Quelles que soient ses raisons pour choisir l'avortement, il s'agit toujours, pour la femme, d'une leçon d'amour, d'acceptation et d'estime de soi. Je ne compte plus les fois où les esprits ont déclaré que l'âme *n'est pas* détruite par l'avortement parce qu'elle n'habite pas entièrement le fœtus en développement. L'âme est au courant de l'avortement à venir et lorsque l'intervention a lieu, l'âme retourne dans les dimensions spirituelles supérieures pour se préparer à prendre le prochain véhicule disponible, un qui sera mieux adapté pour le voyage terrestre.

J'ai rencontré beaucoup de femmes qui vivaient dans la honte, le dénigrement et dans la peur à cause de la perception sociale de l'avortement. Dans certains cas, même, leurs vies avaient littéralement été détruites. Quand une femme se fait avorter, qu'elle l'admette ou non, elle vit le chagrin d'une perte. Je lui recommande toujours de consulter pour qu'elle puisse exprimer et discuter de ce qu'elle ressent dans un environnement sécuritaire. Trop de femmes passent leur vie à souffrir, et parfois plusieurs vies à souffrir. Or, il n'est pas nécessaire qu'il en soit ainsi. Au lieu de condamner les femmes, la société pourrait les aider à comprendre les responsabilités inhérentes au don de vie. Nous devons aussi réaliser que *Dieu ne fait pas d'erreurs*. Chaque expérience a sa raison d'être et toutes les expériences servent à notre croissance spirituelle.

Le syndrome de la mort subite du nourrisson

Une autre cause de mort prématurée chez l'enfant est le syndrome de la mort subite du nourrisson aussi connu sous le nom de « mort au berceau » qui survient habituellement au cours de la première année de vie. Il n'y a malheureusement aucun signe précurseur de cette tragédie. Aux États-Unis seulement, huit à dix mille décès par année sont attribuables au syndrome de la mort subite du nourrisson. La plupart de ces décès surviennent entre minuit et neuf heures du matin et l'une des causes possibles pourrait être la position dans laquelle se trouve le bébé. Jusqu'à ce jour, la science médicale n'a pas trouvé de meilleure explication à ce syndrome tragique.

Quand j'avais environ dix ans, la mère de mon meilleur ami, Scott, était enceinte. Elle s'appelait Connie et c'était la première femme enceinte que je voyais. Un après-midi, après avoir fini notre entraînement de foot, Scott et moi sommes restés sur la passerelle à regarder passer les voitures en attendant que ses parents viennent nous chercher. Quand ces derniers sont arrivés dans leur vieille Buick, j'ai eu une de mes premières intuitions. De l'angle où j'étais, là-haut, je pouvais voir à travers le pare-brise jusque sur le siège avant de la voiture. Je me souviens très bien avoir regardé le gros ventre de la maman de Scott. Je me souviens encore qu'elle portait, ce jour-là, une robe avec un imprimé de type léopard. Quand j'ai regardé son ventre, j'ai eu une impression bizarre, presque un malaise et j'ai pensé que quelque chose n'allait pas là-dedans.

Un mois plus tard naissait un bébé normal et en bonne santé. J'avais alors complètement oublié l'épisode de cet après-midi-là et l'impression de malaise que j'avais eue. Mais deux semaines après la naissance du bébé, j'ai téléphoné à Scott. C'est son père qui a répondu et il m'a dit que le bébé était mort. J'étais en choc. J'ai laissé tomber le récepteur et j'ai crié. C'était la première fois que j'entendais parler de la mort d'un bébé. Et puis, cette impression bizarre et inconfortable que j'avais eue m'est revenue. Au fond de mon cœur, j'espérais ne pas avoir causé quoi que ce soit. J'ai demandé à ma mère si je pouvais aller chez Scott, j'aurais voulu faire quelque chose, mais elle m'a dit : « Ce n'est pas le moment. » Je me souviens être allé dans la cour pour voir la maison de Scott par-delà la clôture. Un camion noir sur lequel on pouvait lire le mot *Morgue* était garé devant leur maison. Je savais que le camion était là pour ramener le corps sans vie du bébé. J'ai couru à ma chambre, je me suis jeté sur mon lit et j'ai pleuré.

Quand j'ai vu la mère de Scott quelques jours plus tard, elle avait l'air terrible. Je voyais bien qu'elle avait pleuré et, étrangement, je sentais qu'elle se blâmait pour la mort de son bébé. Je ne pouvais pas lui parler de ce que j'avais ressenti cet après-midi-là, quelques semaines plus tôt. Moi-même, je ne comprenais pas ce que cela signifiait. Mais j'étais reconnaissant des paroles réconfortantes de ma mère : « Tout est entre les mains de Dieu. »

Quand un enfant meurt au cours des premiers mois de sa vie, le lien qui s'est formé entre ses parents et lui est rompu soudainement. Si l'enfant meurt à l'hôpital, le parent doit rentrer à la maison et affronter la chambre vide du bébé. Dans le cas du syndrome de la mort subite du nourrisson, l'enfant meurt à la maison et les parents sont seuls pour affronter sa mort. Il n'y a pas de signes avertisseurs, aucune mise en garde. Un instant l'enfant est en bonne santé et l'instant d'après, il ne bouge plus. Le choc et l'incrédulité sont énormes. Il arrive parfois qu'un parent nie la mort de son enfant. Il cherche désespérément une réponse, une raison pour ce décès mais n'en trouve pas. En plus d'avoir à répondre aux questions des médecins et des autorités sur la mort de leur enfant, les parents continuent à se questionner : *Qu'aurais-je dû faire ? Qu'ai-je fait de mal ? Comment aurais-je pu prévenir sa mort ?* Après les funérailles, les parents doivent encore affronter des moments pénibles : ranger les vêtements du bébé, ses jouets, les biberons et autres effets. Le vide et la solitude s'installent, particulièrement pour la mère. Pendant longtemps, le fait de voir d'autres femmes enceintes, ou d'autres mères avec leur bébé, fait resurgir, sans préavis, la douleur de la perte. Et cela peut durer des années.

Le chagrin de la perte

Le chagrin des parents qui ont perdu un enfant est très différent des autres types de chagrin. La mort d'un enfant représente une multitude de pertes dont la perte des rêves et des aspirations que les parents avaient pour cet enfant. Quand un enfant meurt, leurs objectifs et désirs sont engloutis dans un gouffre sans fin, un abysse de promesses non tenues. En conséquence, les parents vivent avec une panoplie de « j'aurais dû » et de « si seulement ». Même au cours du processus du chagrin et quand ils commencent à guérir de leurs blessures, le vide créé par la mort de leur enfant n'est jamais comblé.

Nombre de parents qui viennent me voir en veulent à Dieu de leur avoir enlevé leur enfant. Ils considèrent sa mort comme une punition et se demandent comment un Dieu aimant peut faire une chose pareille. J'ai entendu des parents éplorés maudire Dieu et l'Univers. Quant à moi, je ne peux que leur exprimer ce que j'ai appris par mon travail avec le monde de l'esprit : qu'il n'y a pas de Dieu vindicatif et rancunier.

Pour entreprendre son cheminement vers la guérison, chaque parent doit d'abord passer par les phases du processus du chagrin en commençant par le choc, la négation et la colère. Souvent les parents sont fâchés contre tout le monde, y compris les amis, la famille et le personnel médical. Ils regardent les enfants des autres et ne comprennent pas pourquoi ceux-ci sont encore en vie alors que les leurs ne le sont pas. Un jour ils se sentent bien, mais le lendemain, ils sont au désespoir. Beaucoup de parents éplorés veulent passer à travers le processus du chagrin trop rapidement. Ils ont l'impression qu'ils auront moins mal, mais en réalité, ils ne font que prolonger la souffrance et l'agonie.

Le chagrin que cause la perte d'un enfant est un événement déchirant. La patience est essentielle. Prenez autant de temps qu'il vous faut. Il n'y a aucune règle ni aucun calendrier à suivre pour atténuer la douleur. Le chagrin s'apaise de lui-même et de manière différente pour chacun. De plus, le temps qu'il faut pour que la douleur devienne moins aiguë, moins intense, varie aussi pour chacun. La guérison ou le soulagement de la douleur dépendent en partie de trois choses : d'abord de la relation parent-enfant, puis, de l'état de santé physique et mentale du parent et, troisièmement, du réseau de soutien dont il dispose (famille, amis, voisins, etc.).

Quand un enfant meurt, le plus difficile pour les parents est d'en parler, mais il est important qu'ils puissent exprimer ce qu'ils ressentent. Le père, surtout, peut avoir plus de difficulté à parler de ce qu'il ressent et il se peut qu'il ne manifeste aucune émotion relativement à la perte qu'il a subie. Mais il a, lui aussi, besoin d'être encouragé à exprimer ses sentiments. Si les parents refoulent leurs émotions et leurs sentiments pendant trop longtemps, leur union risque d'éclater ou de subir d'autres conséquences malsaines des chagrins non exprimés. Avec le temps, chaque parent se rendra compte que l'intensité de la souffrance s'atténue. Cependant, on a beau s'occuper à toutes sortes de choses, on ne se remet jamais du décès d'un enfant. Mais on peut trouver des moyens pour y survivre. Les récits qui suivent proviennent de parents qui ont dû affronter la perte d'un enfant. Ils décrivent, dans leurs propres mots, leur chagrin et comment les rêves qu'ils avaient pour leurs enfants se sont douloureusement éteints. Certains d'entre eux cherchent maintenant à venir en aide à d'autres parents qui vivent une situation semblable. D'autres ont entrepris un cheminement intérieur et ont trouvé en eux-mêmes une force spirituelle dont ils n'avaient jamais soupçonné l'existence. Ces parents disent qu'ils ont maintenant une connexion plus étroite avec la source Universelle et ils expliquent comment la relation avec leur enfant leur a donné l'occasion d'apprendre sur l'amour. J'ai choisi ces cas pour montrer que même dans les pires tragédies, on peut trouver une occasion de croître. Je souhaite sincèrement que les parents puissent accéder à une certaine paix malgré leur chagrin et qu'ils puissent reconnaître que leur vie a été bénie par l'âme de leur fils ou de leur fille quel que soit le temps que leur enfant ait passé sur la terre.

Rien n'est accidentel

L'histoire suivante nous vient d'une très belle personne, une femme nommée Joerdie qui a perdu son fils lors d'une explosion et de l'incendie de sa maison. Joerdie et son mari, Eric, ont participé à une démonstration que j'avais donnée lors d'une croisière sur la Méditerranée, organisée avec l'aide du Dr Brian Weiss, il y a plusieurs années. Voici comment elle décrit ce qu'elle et sa famille ont vécu.

C'est à peine si je me souviens de ce qu'était la vie avant le 17 décembre, 1997. Avant cette date, tout me paraît flou ; maintenant tout est clair et rempli de lumière et d'amour. La mort soudaine de notre fils a changé la vie de bien des gens : celle de son père, la mienne, celle de son frère, de sa femme et de sa fille ainsi que celles d'autres personnes qui l'aimaient et même la vie des gens qui ne l'ont pas connu. Quand Ian est passé dans la dimension spirituelle, il nous a ouvert des portes pour nous permettre de découvrir et de goûter la vie éternelle de l'esprit. Il nous a aidés à comprendre que nous sommes des êtres spirituels qui vivons une expérience humaine.

La nuit précédant la mort de Ian, une de mes grandes amies m'est apparue en rêve. Elle était complètement vêtue de blanc et elle m'a dit de méditer sur trois choses à mon réveil : (1) La mort n'est jamais accidentelle. (2) Il n'y a pas de coïncidences. (3) Seul l'amour est vrai. Le lendemain matin, j'ai raconté ce rêve à mon mari et je lui ai dit combien mon sommeil avait été paisible. C'est ce soir-là que le médecin de la salle d'urgence nous a dit que notre fils Ian avait succombé à ses blessures. Je savais que Ian n'était pas vraiment parti. Je sentais que son esprit avait été libéré dans un lieu d'amour et de paix. Je savais qu'il était mieux là qu'il ne l'avait jamais été au cours de cette vie.

Le jour après l'explosion et le feu, mon fils Scott, le cadet de Ian, nous a dit qu'il avait l'impression que le fait que nous ayons lu les livres et écouté les cassettes du Dr Brian Weiss était sans doute le moyen que l'Univers avait trouvé pour nous aider à affronter la mort de Ian. Malheureusement mon mari, Eric, n'avait pas eu ce privilège. Quelques semaines plus tôt, Scott et moi avions vu James

Van Praagh à l'émission de télévision *The Larry King Show* et j'avais commandé son livre *Talking to Heaven*. Le livre nous attendait quand nous sommes revenus des funérailles de Ian. C'était pour moi, un autre cadeau de l'Univers. Scott et moi avons lu et relu ce livre. L'information sur le processus de guérison nous a beaucoup aidés. J'espérais que mon mari le lirait lui aussi et j'ai été très soulagée quand il a commencé à le lire. Ce fut le début de son éveil spirituel.

Quand nous avons appris que James et le Dr Brian Weiss offraient une série d'ateliers à l'occasion d'une croisière sur la Méditerranée, Eric et moi avons décidé de nous inscrire. Ce voyage a changé notre vie.

Avant que ne commence l'atelier de James, quelque chose d'étrange est arrivé. J'étais assise dans l'auditorium avec des centaines d'autres personnes. J'ai baissé les yeux et j'ai trouvé une photo de Ian sur mes genoux. C'était une photo que je gardais dans mon portefeuille, mais je ne me souvenais pas d'avoir sorti mon portefeuille de mon sac à main. C'était une photo d'école, du temps où Ian était au primaire. Il portait un T-shirt troué. Je me souviens de lui avoir demandé : « Est-ce que tu n'aurais pas pu choisir autre chose pour la photo scolaire ? » Personne sur le bateau à part Eric et moi n'avait jamais vu cette photo.

Pendant l'atelier, nous avons écouté James parler de la vie après la mort et j'ai senti que nous avions bien fait de venir. Puis James a commencé à communiquer avec les esprits. Nous nous trouvions à plusieurs rangées de la scène parmi des centaines de personnes et James a transmis plusieurs messages à des gens de la salle. Puis il a dit quelque chose de tout à fait extraordinaire.

— J'ai un jeune homme ici qui me montre un T-shirt troué. Est-ce que quelqu'un dans la salle comprend ce que cela signifie ?
Au début, je ne savais pas quoi faire. Puis, je me suis levée. Je me suis dit : Maintenant je sais pourquoi il avait choisi ce vieux T-shirt.
James est descendu de scène et il s'est approché de nous.
— Ce jeune homme me tend un collier de perles. Y comprenez-vous quelque chose ?
Je n'arrivais pas à y croire. Pourtant je comprenais très bien. La nuit précédente, j'avais rêvé que Ian m'offrait des perles de sagesse pour que j'én fasse un magnifique collier. Je l'avais noté ce matin même dans mon journal.
— Est-ce votre fils ?
Les larmes aux yeux, je fis signe que oui.
— Votre fils me montre des notes, des notes de musique ainsi qu'une guitare. Il joue de la guitare ?
— Oui, répondis-je. Ian avait joué de la guitare dans un groupe pendant des années.
— Je sens que votre fils est mort subitement, poursuivit James. Je vois une explosion et un incendie.
Il s'arrêta un moment avant de continuer :
— Il dit qu'il avait peur de mourir dans un feu.
— Ian a toujours eu peur du feu, lui dis-je.
— Votre fils avait des dons de voyance. Il avait eu une prémonition concernant sa mort. Je dois dire que Ian était à la fois un diable et un ange.
Oui, Ian était certainement comme cela.
James sembla écouter le silence dans la salle avant d'ajouter :
— Il me dit qu'il a dû quitter cette vie tôt pour des raisons de croissance et d'évolution spirituelle. Comprenez-vous ce que je dis ?
J'acquiesçai d'un signe de tête.

— Il dit aussi que vous êtes un médium et que vous pouvez vous-même contacter le monde des esprits. Il dit que vous devez faire plus attention et mieux écouter.

James nous a transmis beaucoup d'informations qui ne pouvaient venir que de Ian, lui-même, mais c'est ce dernier élément qui m'a le plus surprise. Je rêvais régulièrement de Ian et je lui parlais dans mes rêves, mais je ne m'étais jamais considérée comme un médium.

Puis, James a dit : « Votre fils cst très heureux. Il est en paix et veut que vous aussi soyez heureux à nouveau. Il dit qu'il aimerait que vous puissiez voir comme c'est beau là où il se trouve maintenant. »

Deux soirs après cette séance, j'ai commencé à recevoir des messages de Ian et d'un homme du nom de Glenn qui m'a dit qu'il avait rejoint le monde spirituel une semaine après Ian. Je ne connaissais pas Glenn, mais je venais tout juste de rencontrer sa sœur Joan sur le bateau. En parlant, Joan m'avait dit que Glenn et Ian auraient sans doute pu être amis. Elle a aussi confirmé toutes les informations que Glenn m'avait transmises. Nous nous sommes aperçus que Glenn et Ian étaient de bons amis dans le monde spirituel et qu'ils avaient passé de nombreuses vies ensemble. Depuis ce jour, je reçois régulièrement la visite de Glenn et de Ian.

Les mots apaisants que nous avons reçus de notre fils par l'entremise de James nous ont imprégnés, Eric et moi, d'un sentiment de calme et d'une impression de renouveau. Nos vies ont été changées à jamais. Ce que nous considérions auparavant comme des problèmes, nous paraissait maintenant comme autant d'occasions de croissance spirituelle à saisir. Par ailleurs, mon mari a maintenant une approche plus spirituelle de la médecine (son travail) et de la vie en général. Nous considérons maintenant le passage de notre fils Ian sur terre comme un véritable cadeau. En apprenant à ne pas craindre la mort, désormais nous n'avons plus peur de la vie. L'illusion que nous avions de contrôler les événements a cédé la place à l'amour et à la sagesse de l'Univers. D'entrer en contact avec l'étincelle de Dieu en nous, nous a permis de venir en aide à d'autres et cette aide a été transmise à d'autres encore. Bien sûr, notre fils nous manque, mais son esprit est toujours avec nous. Nous pouvons lui parler quand nous le voulons et autant que nous le voulons.

Mise à jour

Joerdie m'a dit : « Avant la mort de Ian, on pourrait dire que ma vie était sombre et qu'elle manquait de lumière. Je m'inquiétais pour tout et pour rien et j'étais pleine de préjugés. J'avais toujours peur de manquer de quelque chose. Je vivais comme une automate et j'étais très peu sensible à l'essentiel. » Après la mort de son fils, et à travers son processus de chagrin, Joerdie a changé sa façon de voir la vie, elle a changé sa perspective. Comme elle le dit elle-même : « J'ai maintenant une relation avec Dieu qui est fondée sur la compréhension et sur l'amour inconditionnel de *tout* ce qu'est la vie. Plus l'univers me révèle des choses sur nos vies antérieures, mieux je comprends ma vie présente. Grâce à mes communications avec Ian, j'ai appris qu'il s'était suicidé dans la vie qui avait immédiatement précédé celle-ci et qu'il était revenu cette fois pour terminer ce qu'il avait entrepris alors. Ian avait écrit sur le suicide quand il avait quinze ans. C'était à cet âge qu'il s'était suicidé dans sa vie précédente. Il dit qu'il ne pouvait plus supporter les abus sexuels qu'il subissait. Le jour après sa mort, j'ai appris qu'il avait aussi été abusé sexuellement dans cette vie-ci. J'étais en état de choc et très en colère. Mais, cette fois, Ian avait réussi à transformer cette expérience en une occasion pour développer sa compassion pour les sans-abri, adultes ou enfants. » Joerdie termina notre conversation en ajoutant qu'elle continue d'apprendre de ce fils qui habite désormais le monde de l'esprit. « Il m'enseigne toujours l'amour et la compassion. »

Un appel téléphonique au ciel

J'ai vu le traumatisme et la dévastation que cause, pour les parents, la mort d'un enfant, mais cette perte a un effet perturbateur sur tous les membres d'une famille, comme vous pourrez le constater dans le récit bouleversant qui suit. Heureusement pour Bill et Donna ainsi que pour leurs enfants, Ryan et Keri, la mort tragique du jeune Chris les a tous rapprochés. Le récit poignant et douloureux de Donna en a aidé plus d'un à faire face à cette même douleur déchirante.

> Notre cauchemar a commencé une nuit alors que mon mari Bill et moi avons été réveillés par la sonnette à quatre heures du matin. Sautant du lit, le cœur battant à toute allure, nous sommes allés répondre à la porte. Quand nous avons ouvert, nous avons vécu le cauchemar que craignent tous les parents. Deux policiers à l'expression sombre se tenaient devant nous. Nous savions qu'il s'agissait de mauvaises nouvelles. J'avais les jambes molles. Ils nous ont dit que notre fils Christopher avait été impliqué dans un grave accident de voiture à quelques rues seulement de chez nous. Il s'était apparemment endormi au volant, la voiture avait

dérapé et elle avait percuté un arbre. Les ambulanciers avaient emmené notre fils à l'hôpital local. J'avais la tête qui tournait et l'estomac à l'envers quand j'ai couru m'habiller. Avant de partir, instinctivement, j'ai pris mon chapelet sur ma table de chevet. J'ai commencé à prier dans la voiture. « Oh ! Mon Dieu ! Comment est-ce possible ? Je vous en prie, prenez soin de mon fils. S'il vous plaît, ne le laissez pas mourir, pas mon bébé. Seigneur, aidez-le, je vous en supplie. » Bill, pour sa part, pensait qu'il s'en sortirait. « Après tout, il y a tellement d'accidents ; et la plupart des gens s'en sortent très bien. » Je ne sais pas comment il pouvait conduire, il semblait tellement absent.

Nous discutions de ce qui avait dû se produire. Chris et ses amis étaient allés à Magic Mountain la veille pour fêter la fin de leur cours secondaire. La remise des diplômes devait avoir lieu la semaine suivante. Il était rentré vers l'heure du dîner et nous avait raconté les incidents cocasses de la journée. Il était probablement fatigué, mais Chris était toujours si plein d'énergie et si actif, que je n'avais pas été surprise quand il nous avait dit qu'il irait chez un de ses amis après le dîner. La dernière chose que je lui avais dite était : « Ne rentre pas trop tard, c'est jour d'école demain. » « Je sais. Ne t'inquiète pas, avait-il répondu. » Il m'avait embrassée et nous avait souhaité une bonne soirée comme il le faisait toujours. Nous savions qu'il prendrait sans doute quelques bières chez son ami et peut-être qu'avec l'heure tardive et le mélange fatigue-alcool, il s'était endormi au volant. L'humidité et le brouillard n'avaient probablement pas aidé. Il était si près de la maison, à deux rues à peine, avait dit le policier. Si seulement il avait pu rester éveillé quelques minutes de plus. Il n'avait pas l'habitude de rentrer si tard, aux petites heures du matin, parce qu'il savait que nous serions fâchés. Je m'en voulais de ne pas m'être réveillée vers minuit pour l'appeler sur son téléavertisseur. Il me rappelait toujours immédiatement.

En arrivant à l'hôpital, nous étions paniqués. Les médecins nous ont dit qu'ils essayaient de sauver Chris et qu'ils nous tiendraient au courant. L'attente interminable avait commencé. La réalité s'installait. Nous avons prié comme jamais auparavant. Je ne sais pas combien de fois j'ai récité mon chapelet. Finalement, un médecin est venu nous voir. Il était blême et il avait l'air épuisé. Je savais ce qu'il dirait avant même qu'il n'ouvre la bouche. « Chris a subi de graves blessures à la tête et à l'abdomen. Nous n'avons pas pu arrêter l'hémorragie. Il a combattu vaillamment et de notre côté, nous avons tout fait pour le sauver. » Mais notre fils est mort. « Je suis vraiment désolé, a-t-il dit. » Jamais je n'oublierai ces mots. La douleur que j'ai ressentie alors est indescriptible. D'ailleurs, en y repensant, je me demande comment il se fait que je n'en sois pas morte. Je suis tombée dans les bras de Bill, et nous nous sommes accrochés l'un à l'autre. Nous étions en état de choc. Le médecin nous a demandé si nous voulions voir notre fils. Bill a dit qu'il ne s'en sentait pas la force. Mais moi j'ai accepté tout de suite. J'étais là quand Chris est venu au monde et j'avais besoin d'être là aussi pour son départ. J'ai lu quelque part que, dans les moments de grand stress, le cerveau libère une substance chimique qui anesthésie nos émotions et nous protège de la douleur. Eh bien, dans mon cas, la substance devait déjà faire effet : je me sentais complètement zombie. J'avais l'impression de me déplacer dans un monde où tout s'était arrêté. Je me suis assise près du corps de mon fils. Je lui ai pris la main et j'ai caressé son beau visage, ce visage que je ne reverrais plus jamais au cours de cette vie. J'ai repensé au jour de sa naissance et je me suis dit qu'il n'y avait plus d'avenir pour lui. Il aurait toujours dix-huit ans pour moi. Je voulais m'imprégner de tous les détails de son visage, de ses mains, de son torse, de ses pieds. Je ne voulais rien oublier. J'ai regardé ses dents, celles du bas qui étaient croches et j'ai pensé à l'appareil d'orthodontie que nous venions de faire faire. J'ai regardé le grain de beauté qu'il avait au-dessus du sourcil, celui qu'il avait voulu se faire enlever. Comment se pouvait-il que sa vie soit finie ?

Bill avait changé d'idée et il était entré dans la chambre. Je ne l'avais jamais vu si angoissé et si tourmenté. C'est à peine si je le reconnaissais. Il se tenait debout, comme en transe. Chris et lui étaient si proches l'un de l'autre ; si semblables. Je me demandais comment il pourrait se remettre de la mort de son fils.

Quand nous sommes sortis de l'hôpital, le soleil brillait et les gens commençaient leur journée. Une journée comme tant d'autres. Bill et moi avons marché jusqu'à la voiture comme deux automates. Puis nous nous sommes dirigés vers la maison. Vers une vie qui ne serait plus jamais la même. Une vie sans notre plus jeune. « Je ne sais pas comment nous allons faire sans Chris », ai-je dit à Bill.

Bill avait déjà téléphoné aux gens de la famille et aux amis depuis l'hôpital. Ils arriveraient bientôt à la maison. Il fallait commencer à planifier les funérailles, une tâche qui me semblait impossible dans l'état d'esprit où nous étions. Le pire c'était qu'il faudrait dire aux plus grands, à Keri et à Ryan, que leur frère était mort. Nous étions une famille unie et je savais qu'ils seraient tout aussi dévastés que nous. Raconter les détails s'avéra particulièrement pénible. Keri pleurait sans arrêt et Ryan ne cessait de crier : « Non, non, pas Chris, en frappant de ses poings sur son lit. »

Les jours suivants m'ont paru irréels. Je remercie Dieu pour tout le support et l'amour que nous avons eus de nos parents et amis. Nous avions tous besoin les uns des autres. Tout le monde aimait Chris et nous avons tous souffert de le perdre. Les funérailles se sont très bien déroulées. L'église était pleine et c'était particulièrement réconfortant de voir autant d'amis de Chris. Nombre d'entre eux nous ont dit qu'ils n'oublieraient jamais son beau sourire et le don qu'il avait de toujours les faire rire. Certains de ses amis nous ont confié que Chris les avait aidés à traverser des moments difficiles et qu'il avait su les conseiller. Je ne savais pas qu'il avait touché la vie d'autant de gens. Après la réception, nous nous sentions mieux, mieux que nous ne l'avions été depuis cette terrible nuit quatre jours plus tôt.

Mais le chagrin imprégna les jours qui suivirent et nous nous sommes sentis à nouveau dévastés. C'était encore pire qu'avant. Je ne pouvais pas croire que Chris était mort. Je passais mon temps à répéter : « Chris est mort. Chris est mort. » Je comptais les jours depuis l'accident et chacun était plus difficile que le précédent. Il y avait toujours un jour de plus que je n'avais pas vu mon fils. Je me disais qu'un beau jour cela ferait quarante jours, soixante-dix jours, cent jours et que les jours deviendraient des années. Je ne me sentais pas la force de supporter cela.

Tout était si tranquille à la maison sans Chris. Quand il était là, il y avait toujours du bruit : son pas, sa voix, son rire, ses plaisanteries, le téléphone qui sonnait, et bien sûr le reggae, sa musique préférée. À eux deux, Keri et Ryan n'avaient jamais été aussi bruyants que Chris. Comment un seul enfant pouvait-il faire toute cette différence ? Chaque fois que je faisais quelque chose pour la dernière fois, comme laver les derniers vêtements qu'il avait portés, changer les draps de son lit, ranger sa chambre, annuler ses rendez-vous chez le dentiste, chaque fois, j'étais accablée, anéantie. Tout le monde me parlait des souvenirs et ce mot me donnait des frissons. Je détestais ce mot parce que c'était tout ce qu'il me restait de mon fils. Les souvenirs des dix-huit années de vie de Chris ne suffiraient jamais à me consoler. Je me suis mise à tout écrire ce que je me rappelais de lui, de peur d'oublier.

Bill avait repris son travail, mais il fonctionnait sur le pilote automatique. Il avait du mal à se concentrer et à prendre des décisions. Quand il rentrait, le soir, il avait l'air complètement ravagé. Il faisait pitié et j'aurais bien voulu pouvoir le consoler, mais je n'avais rien à donner, rien à offrir. Je n'avais plus de force. Keri et Ryan sont retournés à leurs études, bien qu'ils eussent eux aussi du mal à fonctionner. Heureusement, ils avaient de bons amis pour les soutenir.

J'ai passé des journées assise à penser et à imaginer les derniers moments de Chris. J'avais besoin de réponses. Avait-il souffert ? Était-il conscient ? M'avait-il appelée ? Et puis, les questions plus philosophiques : Était-ce bien son heure ? Serait-il quand même mort s'il était resté à la maison ce soir-là ? Était-ce prédestiné ? Ryan avait dit quelque chose d'étrange après le service. Il nous a raconté que Chris lui avait dit qu'il avait eu une vision de ses funérailles en regardant le tapis dans sa chambre, une semaine environ avant l'accident. Il avait vu son cercueil, les fleurs et des gens qui pleuraient. Je me demandais ce que cela pouvait signifier. Avait-il eu une prémonition ? Avait-il pressenti sa mort ?

J'avais du mal à prier. J'avais l'impression que Dieu m'avait abandonnée. Pourtant, je savais que Dieu était avec moi. Mes pensées et mes émotions étaient contradictoires. Je me sentais seule. J'avais toujours prié pour la santé et la sécurité de ma famille. Chaque jour. Qu'est-ce qui n'avait pas fonctionné, cette fois ? À l'hôpital, Bill et moi avions prié comme jamais auparavant, mais nos prières n'ont pas été exaucées. En tant que catholique, j'ai toujours cru en la vie éternelle. Ma foi m'avait aidée à vivre la mort de ma mère de même que celle de mes grands-parents. Mais cette fois, c'était différent. La foi ne suffisait pas. J'avais besoin d'être rassurée et de savoir que mon fils était au ciel. J'avais besoin de le savoir bien et heureux, entouré de gens qu'il connaissait. Je voulais savoir s'il m'entendait quand je lui parlais. Je voulais savoir s'il était dans la maison avec nous. Était-ce lui qui éteignait parfois les lumières ? Était-ce lui qui actionnait le mécanisme électrique de la porte de garage ? Était-il vraiment là quand nous sentions sa présence ?

Je priais malgré le vide que je ressentais. Je priais Dieu de prendre soin de lui. Je priais Dieu pour qu'il permette à Chris de nous faire signe s'il était près de nous. Je croyais que Chris était auprès de Dieu pour toujours et que dans sa grande miséricorde, Dieu exaucerait mes prières.

Je passais mes journées à lire des livres sur le chagrin, les anges, les expériences aux frontières de la mort et sur la communication avec ceux qui ont trépassé. Ces lectures m'ont aidée puisque le savoir est libérateur. Quelques mois après la mort de Chris, j'ai vu une émission de télévision intitulée : *The Other Side* dans laquelle James Van Praagh, un médium spirituel, expliquait son don de pouvoir communiquer avec ceux qui étaient morts. J'avais lu des choses à ce sujet, mais de voir la démonstration du phénomène m'a vivement impressionnée. Les détails qui ressortaient des séances avec les invités de l'émission étaient pour moi des preuves suffisantes que James communiquait vraiment avec les esprits. J'ai vu James à la télé plusieurs fois par la suite. Chaque fois, j'enregistrais les émissions et je les écoutais avec Keri et Ryan. Ces émissions nous ont donné beaucoup d'espoir. Et nous avons décidé d'essayer de joindre James pour obtenir, nous aussi, une séance.

Puis nous avons appris à la radio que James ferait bientôt une démonstration à Los Angeles. Bill et moi y sommes allés. Il y avait environ deux cents personnes dans la salle et ce fut vraiment une expérience extraordinaire. Les gens pour qui James communiquait avec le monde des esprits étaient choisis au hasard et les messages qu'ils recevaient de ceux qu'ils aimaient leur apportaient espoir, amour et soulagement. Encore une fois, les détails que James transmettait confirmaient l'authenticité des communications.

Après la démonstration, nous avons téléphoné pour fixer un rendez-vous. Tout était complet pour les mois à venir, mais nous étions prêts à attendre. Après un certain temps, nous avons reçu un appel du bureau de James pour nous informer qu'il y avait eu une annulation. Le lendemain, pleins d'impatience, nous nous sommes rendus tous les quatre à son bureau. Nous étions à la fois excités et nerveux. Bill et moi avions prié pour une communication claire avec Chris. James nous a ouvert la porte et nous a tout de suite mis à l'aise avec ses bons mots et son attitude sympathique. Il nous a invités à nous asseoir et après une courte prière, il a commencé la séance.

— Votre mère était là et elle l'a aidé à passer de l'autre côté.

Il enchaîna :

— Vous l'appelez Chris et non Christopher.

Je fis signe que oui.

— D'accord. Laissez-moi vous transmettre ses pensées. Je dois vous dire quelque chose auparavant. Votre mère est drôle. Elle est penchée au-dessus de lui et elle lui dit d'être sérieux et de cesser de plaisanter. Elle lui dit de ne pas faire le fou, que c'est sérieux pour vous.

Nous avons ri nerveusement. James a continué.

— Chris aime faire des blagues. Il aime jouer des tours et être le centre d'attraction. Il dit que vous êtes venus pour lui. Ah ! le malin. Il est vraiment drôle. Il veut jouer. Grand-maman hoche la tête en voulant dire qu'il y a des choses qui ne changent pas !

— C'est vrai, dis-je.

— Qui est-ce qui regardait une carte ? Avez-vous consulté une carte routière dans la voiture ?

— Oui, oui, répondis-je. J'ai consulté la carte pour venir.

— Votre fils essayait de vous aider. Il dit que vous vous perdez toujours.

James s'arrêta un instant avant de poursuivre.

— Chris est venu avec des amis qu'il a rencontrés là-bas. Qui est Jonathan ou John ? Il est dans le monde de l'esprit avec Chris et il a environ dix-neuf ans. Il est mort d'une overdose de drogue. Vous ne le connaissez pas mais vous allez rencontrer ses parents. Peut-être est-ce déjà fait.

— Non, pas encore, dis-je en hochant la tête.

— A-t-il eu des problèmes de véhicule ? Une auto ou une motocyclette ?

— Oui, répondis-je.

— A-t-il heurté quelque chose ?

— Oui, dis-je encore une fois.

— S'agit-il d'un arbre ? Je vous en prie, on me montre un arbre. Comme s'il avait foncé sur un arbre.

— Oui.

— Je sens l'inconscience. Votre fils était inconscient lorsque c'est arrivé. Je sens que d'une certaine façon, c'était sa faute. Il a dû assumer la responsabilité de l'accident. C'était une leçon sur la responsabilité et cela lui a aussi appris combien la vie était précieuse.

— Il s'est endormi au volant. Il était très tard.

— Il dit qu'il a été très chanceux de vous avoir pour parents parce que vous avez toujours su le comprendre. Il dit que c'est ça l'amour : de laisser l'autre être lui-même, de le laisser suivre sa propre voie et de lui faire comprendre que vous serez toujours là, que vous l'aimez et que vous le laissez grandir. Il continue à grandir de l'autre côté. Je sens que vous avez eu des problèmes avec lui. Il ne le faisait pas exprès. Il cherchait partout l'aventure et les sensations fortes. Il me donne l'impression d'avoir eu besoin de discipline et de règlements. Est-ce vrai ?

— Oui, dis-je en souriant. C'est tout à fait exact.

— Il a dû rester dans sa chambre parce qu'il n'obéissait pas aux consignes. Et plus vous aviez de consignes, pire c'était. Il est rebelle.

Nous avons tous ri en pensant à Chris et à ses rébellions.

— Il dit qu'il est désolé de vous avoir causé autant de problèmes et de chagrin. Il veut aussi que vous sachiez qu'il apprend ce qu'est l'amour là, dans le royaume spirituel. Il vous aime tous beaucoup. Et il apprécie que vous soyez venus ce soir. Il vous remercie.

Moi aussi j'étais très heureuse d'être là.

— Est-ce que vous faites quelque chose avec des étagères, des tablettes ? demanda James.

— Oui ! m'écriai-je en riant.

James rit à son tour.

— Il dit : « Bon Dieu qu'elle les remplit ces tablettes ! » Il vous voit faire. Vous préparez une belle demeure pour votre famille. Vous comprenez ? L'esprit est avec vous, vous comprenez ?

— Oui. Nous venons de déménager et j'ai encore beaucoup de choses à ranger.

Puis James se tourna vers ma fille, Keri.

— Est-ce vous qui avez mis un chapelet dans son cercueil ?

— C'est ma mère, répondit Keri.

— Avez-vous gardé une rose des funérailles ?

— Oui ! répondit-elle.

— L'avez-vous mise dans une boîte ou dans une bible ?

— Dans une boîte.

— Et lui avez-vous écrit quelque chose lorsqu'il est mort ? Une lettre ou un poème que vous auriez lu lors du service, à voix haute ou basse ?

— Pas au service, mais je lui ai lu quand j'étais seule, répondit Keri.

— Mais vous l'avez écrite, n'est-ce pas ? C'était pour expliquer vos sentiments envers lui.

— Oui, c'est juste, répondit Keri étonnée.

— Il a reçu votre lettre et il apprécie que vous lui ayez écrit. Vous disiez : Je t'aimerai toujours. Il en a été très ému.

Keri avait les larmes aux yeux en entendant ce dernier commentaire.

— Il ne vous a pas toujours témoigné son affection. Il gardait ses émotions pour lui. N'est-ce pas ?

— Oui, répondit-elle.

— Mais il vous a toujours aimée. Vous avez touché son cœur. Il dit qu'il garde toutes les larmes qu'il pleure pour vous et qu'il vous les offrira un jour. Touchant, très touchant.

Puis James a demandé à Keri :

— Avez-vous une boîte à musique ou une boîte à bijoux ?

— Oui, une boîte à bijoux.

— Est-ce que vous venez de l'avoir ?

— Oui ! répondit Keri abasourdie.

— Eh bien ! Devinez de qui elle vient ? En fait, c'est un cadeau de Chris. C'est peut-être votre mère ou quelqu'un d'autre qui vous l'a donnée, mais en réalité elle vous a été offerte par Chris. Vous savez, l'esprit peut inciter les gens à acheter des choses.

— J'ai vu cette boîte à bijoux dans un catalogue, expliqua Keri, et je me demandais si je devais oui ou non l'acheter et j'ai finalement décidé de la commander.

— Il vous souhaite bonne chance dans vos études, continua James. Votre frère est très fier de vous. Il dit que vous avez toujours étudié sérieusement. Vous faisiez vos devoirs et vos leçons pendant que lui perdait son temps.

— Oui ! C'est vrai dit Keri en riant.

— Lequel d'entre vous avait une Volkswagen ? demanda James.

— Nous en avions chacun une, répondit Ryan.

— Il veut que je vous mentionne la Volkswagen. Il dit que vous allez comprendre.

— Wow ! s'exclama Ryan.

James se tourna vers Ryan.

— Votre frère et vous avez un lien très spécial. Je dois vous le dire. C'est comme si vous n'aviez pas besoin de mots pour savoir ce que l'autre pense. Il veut que vous sachiez que ce lien va au-delà du lien familial. Vous avez vécu ensemble dans des vies antérieures et vous avez appris plein de choses ensemble. Vous êtes revenus dans cette dimension physique pour vivre d'autres expériences encore. Vous savez, c'est un peu comme si vous alliez à la même école et que vous suiviez certains cours ensemble. Il y a entre votre frère et vous un amour qui va au-delà du temps. Comprenez-vous ?

— Oui, répondit Ryan en hochant la tête.

— Il me dit que vous l'avez maudit quand il est mort, poursuivit doucement James. Il dit que vous étiez en colère et très bouleversé. Que vous vous frappiez la tête contre les murs. Vous vous rappelez ?

— Oui, répondit Ryan.

— Votre frère s'en voulait beaucoup pour l'accident et c'est sa colère que vous avez ressentie. Il dit que ce n'était pas vous, d'accord ? Vous appelait-il Ry ?

— Oui, en effet.

— Dites à Ry que je ne l'ai pas fait exprès. Est-ce possible qu'il avait bu ?

— Oui, plutôt.

— Oui, je sens qu'il avait bu. C'est l'impression qu'il me transmet et je dois vous le dire. Je sens que c'était sa faute et qu'il en prend l'entière responsabilité. Avez-vous sa casquette ?

— J'en ai plusieurs, répondit Ryan.

— Mais vous n'aimez pas les porter ?

— Je ne veux pas les abîmer.
— Il dit que vous les considérez comme des reliques. Avait-il des trophées ?
— Nous les avons toujours, répondis-je cette fois.
— Avez-vous encore un de ses blousons et des T-shirts ?
— Oui.
— Il y a certaines choses que vous ne voulez pas donner. Vous ne voulez pas que d'autres les touchent ou les utilisent. Or, Chris pense au contraire que vous devriez donner ses effets personnels pour qu'ils puissent servir à d'autres. Ainsi, il est heureux de voir que Ryan porte certaines de ses chemises. Avez-vous toujours besoin d'une nouvelle voiture ? demanda James à Ryan.
Ce qui nous a tous fait rire.
— Il dit qu'il vous aimera toujours et qu'il vous protégera toujours. Il aimerait que vous tiriez une leçon de sa bêtise. Il dit qu'il a toujours eu l'impression que vous vouliez le protéger mais que dorénavant, c'est lui qui veillera sur vous.
» Ne vous approchez pas des motocyclettes, poursuivit James à l'intention de Ryan.
— J'adore les motos, répondit Ryan. J'en ai deux.
— Votre frère dit de faire attention sur les surfaces mouillées. Soyez prudent, vous pourriez glisser. Ne roulez que sur les chemins de terre, pas sur les voies asphaltées. Je suis désolé, Ryan, mais c'est ce qu'il dit.
— C'est vrai que j'ai glissé à cause d'une flaque d'eau et que j'ai failli tomber, mais habituellement, je roule effectivement sur des routes en gravier.
— Chris va essayer de vous aider à acheter une voiture.
— Super ! s'exclama Ryan content.
James se tourna vers Bill.

— Votre fils vous joue des tours au travail.

— Je sais, répondit Bill.

— Avez-vous une photo de lui sur votre bureau. Et avez-vous remarqué quelque chose qui aurait été déplacé ou perdu ?

— J'ai parfois l'impression que sa photo se déplace. Je dois toujours la remettre à sa place, le matin.

— C'est Chris qui s'amuse, répondit James en souriant. Il dit qu'il vous tapote l'épaule et qu'il essaie de faire basculer votre fauteuil.

— Il me semblait bien aussi que je le sentais qui me touchait le dos, dit Bill en hochant la tête.

— Et les lumières, est-ce qu'elles s'éteignent sans raison apparente ?

— Oui, il fait toujours cela. Il l'a toujours fait.

— C'est bien lui, il vient de le confirmer, dit James. Il dit que vous et lui avez une bonne communication et qu'il vous apparaît aussi dans vos rêves.

— Oui. J'ai des rêves très nets de lui.

James regarda Bill pendant un moment.

— Je vous vois entouré de couleur lavande. Très spirituel. Inspirant. Je vois de la spiritualité tout autour de vous. Il dit que vous allez faire encore plus de travail spirituel.

— Oui, dit Bill. Je m'occupe de guérison énergétique.

— Avez-vous raté quelque chose avec un chèque ou un chéquier ? Parce que votre fils rit à belles dents. Il dit qu'il vous a fait gaffer.

— Oui ! En effet ! dit Bill en riant.

— Avez-vous un système d'alarme à la maison ou au bureau ?

— Oui. Aux deux endroits.

— Le système a fait défaut récemment.

— Oui. Au bureau, le système s'est déclenché il y a quelques jours, et j'ai dû m'y rendre. Mais je ne

voyais rien qui pouvait expliquer pourquoi le système s'était déclenché.
— Chris était avec vous dans la voiture.
Stupéfaits, nous avons continué à écouter James nous parler de notre fils.
— Avez-vous un téléavertisseur ? Il dit qu'il s'amuse aussi avec celui-ci. Vous a-t-on appelé sans que vous ne compreniez pourquoi ?
— Eh oui ! répondit Bill, en riant toujours.
— Devinez qui vous a joué ce tour ?
Bill hocha la tête de gauche à droite.
— Chris inscrivait toujours son code quand il voulait me joindre. Un soir que nous étions sortis pour fêter un anniversaire, j'ai reçu un appel avec le code de Chris. Je ne pouvais le croire. C'était comme s'il voulait me dire qu'il était là avec nous.
— Oui ! Il était là ! Il dit de ne pas être aussi paternel, vous pouvez être enfant aussi !
Bill avait les larmes aux yeux.
— Il veut que vous sachiez que ce n'est pas aussi douloureux que vous le croyez. Il me remercie de vous aider. Il va bien et il a du bon temps là-bas. Il dit qu'il reviendra dans la dimension physique un de ces jours.
» Est-ce que Chris était enfant de chœur ? demanda James.
— Oui, il l'était.
— Connaissez-vous un prêtre qui est mort récemment ? Parce qu'il a rencontré, là-bas, un homme plus âgé, peut-être un pasteur ou un ministre du culte avec qui il a servi la messe alors qu'il était enfant.
Bill était abasourdi.
— Le révérend Gallagher, le pasteur de notre église, est décédé depuis peu. Chris avait été enfant de chœur pour lui.

— Avez-vous fait ou fait faire quelque chose en mémoire de Chris ?

— Oui, nous avons mis sur pied une fondation de bourses d'études en son nom.

— Et un arbre. Y a-t-il un arbre d'impliqué dans tout cela ? Il me parle d'un arbre...

— Ryan a planté une croix au pied de l'arbre que Chris a percuté. Les gens y déposent régulièrement des fleurs.

— D'accord. Avez-vous des questions ? nous demanda alors James.

— Comment se passent les journées de Chris ? demanda aussitôt Bill. Qu'est-ce qu'il fait ? Est-ce qu'il travaille ?

— Ne pensez pas à leur monde en termes de jour et de nuit, répondit James. Ce n'est pas comme cela. Il n'y a que la lumière du jour. Pas de nuit. Par ailleurs ils n'ont pas besoin de manger ni de dormir, d'accord ? Chris se tient avec des amis de son âge et ils font ce que font les jeunes de leur âge. Par ailleurs, il vous aide tous et il apprend aussi beaucoup. Étudiait-il ?

— Oui, répondit Bill. Il aurait reçu son diplôme de l'école secondaire une semaine après l'accident.

— Il dit que c'est difficile à expliquer, enchaîna James, mais il apprend à connaître différents aspects de son âme. Il fait du travail, là-haut, qui l'aidera à progresser dans son cheminement spirituel. Il apprend actuellement la charité. Il dit qu'il aide les petits bébés. Il aide à placer les bébés qui trépassent. Il les amène à des gens qui s'occuperont d'eux. Il dit qu'il travaille aussi avec de jeunes enfants qui ne se rendent pas compte qu'ils ont trépassé, des enfants qui meurent dans des accidents de la route. Parfois, quand les gens meurent subitement, ils ne s'en rendent pas compte tout de suite. Il dit que c'est en faisant ce genre de choses qu'il peut accomplir sa mission.

— Est-ce que ça lui demande beaucoup d'énergie pour venir ici ? demanda Bill.

— Il dit que c'est différent de ce que vous pouvez imaginer. Il dit que c'est lourd en effet, mais que l'amour que vous avez pour lui l'aide à se rendre jusqu'ici et lui permet de rester pendant quelque temps. C'est comme d'essayer de rester assis au fond d'une piscine de trois mètres de profondeur. Les esprits n'ont pas besoin de venir ici-bas, le monde terrestre ne fait pas partie de leur environnement naturel.

James se tourna ensuite vers moi.

— Avez-vous dressé une sorte d'autel pour Chris, après sa mort, avec des bougies, des photos, des fleurs et une croix ?

— Oui, j'ai mis quelques photos dans le vaisselier avec une bougie et des fleurs.

— Vous êtes-vous assise sur son lit pour penser à lui et prier ? Pleuriez-vous ?

Je répondis que oui.

— Il veut que vous sachiez qu'il va bien. Vos prières ont été exaucées. D'accord ?

— Merci, dis-je soulagée.

C'est alors que James a dit quelque chose qui nous a tous surpris.

— Est-ce que vous avez déjà eu un chien ? Parce qu'il dit être avec un chien. Était-ce son chien à lui ? Il y a quelque chose de spécial entre lui et ce chien. Il dit qu'ils sont ensemble. Est-ce une question que vous vous posiez ? Il dit que c'est quelque chose à quoi vous aviez pensé.

J'ouvris grand les yeux.

— Oh ! Oui ! C'est incroyable ! Notre chien Brandi a été tué quatre jours avant Chris, sur la même rue !

Nous l'aimions tous beaucoup. J'espérais qu'ils seraient réunis. Chris était particulièrement attaché à Brandi. Je dois vous dire aussi que j'avais dit à Chris que s'il mentionnait Brandi au cours de cette séance, je saurais qu'il s'agissait bel et bien de lui.

Un grand sourire illumina le visage de James.

— Bravo ! Bon, alors, terminons avec une prière. Merci mes amis, merci à vous tous, pour votre aide et votre assistance dans cette communication et pour vos messages d'amour, de joie et de paix. Merci de nous avoir rassurés. Nous vous remercions, chers guides de nous avoir aidés, ce soir, à transformer les pensées en messages. Nous vous demandons d'aider chacun ici présent dans son cheminement sur la voie de l'amour et de la lumière. Merci et que Dieu vous bénisse.

Après la séance, nous nous sommes embrassés les uns les autres. En rentrant, ce soir-là, nous avons parlé des messages que Chris nous avait transmis par l'intermédiaire de James. Nous étions exaltés, remplis d'amour et de joie profonde. C'était sans contredit la meilleure journée que nous avions eue depuis la mort de Chris. Les détails que James nous avait mentionnés étaient inouïs. C'était la preuve ultime que Chris était toujours là, près de nous. Il nous entendait quand on priait et qu'on lui parlait. Il était bien, sain, sauf et heureux. Cette séance avait été comme un appel téléphonique au ciel. Nous avions hâte d'en parler à nos amis et à la parenté.

Mise à jour

Donna et moi avons toujours gardé le contact depuis cette séance. Elle m'a dit qu'ils avaient tous progressé sur la voie de la guérison. « Notre désespoir disparaît graduellement et nous sourions plus facilement. En fait, maintenant, nous sourions plus souvent que nous ne pleurons. Chris nous manque encore énormément et il nous manquera toujours, mais le seul fait de le savoir là, près de nous et de savoir que nous pouvons lui parler nous soulage et nous réconforte. Cela nous a tranquillisés et redonné espoir. Nous savons maintenant que c'est le corps de notre fils qui est mort cette nuit-là ; son esprit, sa personnalité, son essence et son âme sont toujours bien vivants. Chris n'est pas mort, il est vivant au royaume des cieux et nous l'y retrouverons un jour. »

« Je n'ai plus peur de mourir, a-t-elle ajouté. La mort n'est pas une fin, mais plutôt une transition, un passage vers un monde meilleur, notre véritable chez-nous. Cette connaissance a amélioré ma relation avec Dieu et l'a renforcée. Parfois, Dieu nous offre un présent qui nous permet d'expérimenter quelque chose, ou il nous donne un petit coup de pouce pour approfondir notre foi. Après la mort, il y a la vie éternelle. »

« Chris continue à nous faire signe de temps en temps à sa manière, par des taquineries et des plaisanteries : il allume et éteint les lumières, ferme la radio ou l'allume, nous fait sentir des odeurs ou déplace des choses. »

Bill et Donna se sont inscrits à mes ateliers sur le Développement du psychisme. Chaque jour, ils continuent à apprendre sur leur propre spiritualité. Bill a aussi développé ses dons de soulagement énergétique et il vient en aide à beaucoup de gens. Ils partagent leur expérience avec d'autres, qui comme eux, ont perdu un être cher, dans l'espoir de les soulager et de les réconforter comme ils l'ont été eux.

Mon fils unique

J'ai eu le privilège de partager des moments exceptionnels et de conseiller des milliers de parents grâce à l'organisation *The Compassionate Friends* (Les amis compatissants[1]) qui est en fait un groupe de soutien formé de parents, de frères et de sœurs d'enfants décédés. Quelles que soient les preuves que nous ayons lors d'une séance de communication, les parents se sentent toujours lésés quant leur enfant meurt. Ils ont toujours cette impression qu'on leur a volé leur enfant. Une partie de leur vie disparaît à jamais avec la mort de leur enfant.

C'est Marie qui raconte l'histoire qui suit. Elle fait partie des parents que j'ai rencontrés en fréquentant l'organisation *The Compassionate Friends.* J'y ai donné un atelier à New York en 1994 et Marie était une des organisatrices de l'événement. Son fils avait péri dans un accident de la route l'année précédente et depuis ce jour fatidique, elle aide d'autres personnes éplorées.

> C'était un samedi, le 7 août 1993. Une autre journée parfaitement ensoleillée, typique de la Californie. J'étais allée rendre visite à ma sœur tandis que mon fils Peter et mon mari étaient restés dans l'est du pays. Peter venait de terminer son cours universitaire et il était à New York avec Phil, mon mari, pour des entrevues concernant un emploi dans le domaine de l'édition musicale. Je lui avais parlé au téléphone la veille et il était très excité pour l'emploi qu'il postulait et pour lequel il aurait bientôt une deuxième entrevue. Je lui avais dit : « Tu vas l'avoir ! » Je n'avais aucun doute qu'il décrocherait le job.
>
> Ma sœur et moi avions décidé de nous rendre à Carmel pour faire du lèche-vitrines. Nous devions revenir le lendemain pour la fête d'adieu des lycéens du secondaire à laquelle participait mon neveu. Mais, quand nous sommes rentrées ce

1. Traduction libre.

samedi après-midi, nous étions épuisées. Nous avons décidé de ne pas aller à la cérémonie et de commander une pizza. Nous prévoyions de regarder un film. Nous venions tout juste de mettre la cassette dans le magnétoscope quand le téléphone a sonné. Il était vingt et une heures – minuit à New York. C'était Phil. Il m'a dit que Peter était mort. Je me souviens d'avoir dit : « Mais ce n'est pas possible ! » L'impensable, l'inimaginable, était arrivé. Le choc et l'incrédulité sont tellement imprégnés dans ma mémoire que la cicatrice de ce moment terrible a façonné tout ce que j'ai pu vivre depuis.

La veille, Peter était sorti avec des amis de l'université qui étaient venus passer le week-end à New York. La température avait été moche toute la journée et à vingt-deux heures, s'ennuyant ferme, ils avaient décidé d'aller faire la tournée des bars. Quatre heures plus tard, Peter gisait sans vie le long d'une autoroute de Manhattan. Il avait été tué instantanément quand celui qui conduisait la voiture avait perdu la maîtrise du véhicule sur la chaussée détrempée. Comme une fusée, Peter avait été éjecté de la voiture par la lunette arrière. Il y avait quatre garçons dans cette voiture et trois d'entre eux s'en sont sortis avec un choc nerveux et des ecchymoses. Mon fils bien-aimé est mort sur le coup.

Peter était notre seul enfant, notre fils unique, et il y avait entre nous un lien très spécial. Toutes les mères aiment leurs fils, mais il y avait entre Peter et moi un lien exceptionnel qui faisait l'envie de plusieurs. C'est comme si nous pouvions communiquer par télépathie, en complétant les pensées de l'autre et en anticipant ses besoins. Parce que nous formions une famille de trois, il y avait toujours eu une dynamique familiale de deux contre un et, puisque le sens de l'humour de Peter était plus féroce que le mien, c'était habituellement nous deux contre Phil. Pauvre Phil, il n'avait aucune chance contre Peter et moi. Dans ma tête aussi bien que dans mon cœur, Peter n'avait aucun tort. J'étais de la pâte à modeler entre ses mains et ce, depuis qu'il avait appris à marcher, sans doute. Et il le savait très bien. Peter m'adorait. Pour lui, j'étais plus grande que nature. Il n'y avait rien, aucun problème que sa mère ne pouvait surmonter ou résoudre. Ma vie était presque parfaite. Et comme le veut le dicton, quand cela va trop bien, c'est trop beau pour être vrai, ou pour durer.

J'aime penser que Peter définissait la personne que j'étais. Certains s'insurgeront contre cette idée en disant que c'est malsain. Mais pour ceux qui ont perdu leur enfant unique, c'est une vérité profonde. Je ne veux pas dire que ma vie se résumait à Peter, parce que j'ai toujours eu une vie bien remplie. Je suis une femme d'affaires et je connais beaucoup de monde. J'ai toujours voyagé et j'ai rencontré des gens vraiment extraordinaires. Tous ces contacts m'ont apporté une grande satisfaction sur le plan personnel. Malgré toute la gloire et le prestige de mon travail, ma plus grande joie a toujours été d'être la mère de Peter. Prendre soin de lui et de pouvoir l'accompagner jusqu'à l'âge adulte a été la plus grande satisfaction de toutes.

Peter m'aimait d'un amour inconditionnel, comme un parent aime son enfant. Cela est extraordinaire en soi. Trop souvent l'amour entre deux personnes est un amour qualifié. Peter et moi étions totalement dévoués l'un à l'autre. Or, depuis mon deuil, j'ai souvent entendu des parents éplorés décrire ce genre de connexion. Il y a de ces liens parent-enfant qui transcendent toute explication. Peter parti, je me sentais dans un monde dépourvu de ce genre d'amour et d'acceptation. Malgré les amis et la famille qui m'entouraient, j'étais seule dans l'univers. Seul Peter aurait pu comprendre ma douleur et cette pensée ne faisait qu'accroître mon tourment. Je nous voyais tous les deux éperdus de chagrin et à nous débattre dans l'agonie.

Ma mère est décédée plusieurs années avant Peter. Nous étions proches toutes les deux, aussi proches que je l'étais avec Peter. Elle avait eu des ennuis de santé depuis un certain temps et à la fin, pendant une période intense de quelques jours, nous nous sommes vraiment parlé. Il est rare d'avoir l'occasion de dire au revoir aussi complètement à quelqu'un que l'on aime. Il est si souvent trop tard. Maman disait pour plaisanter que s'il y avait vraiment une vie après la mort, elle trouverait un moyen pour m'envoyer un message. Quand elle est morte en 1988, j'ai attendu un signe d'elle, mais en vain. Ma sœur, par contre, me répétait sans cesse qu'elle sentait la présence de maman partout. Cela m'irritait de penser que ma mère avait probablement décidé de passer son éternité en Californie. Elle se disait sans doute que nous nous étions tout dit et elle était déterminée à couvrir ma sœur d'attentions.

Contrairement à celle de ma mère, la mort de Peter m'a obligée à faire face à ma propre mort. C'est ainsi que la mort est devenue une obsession pour moi. Je voulais tout savoir à son sujet. J'étais convaincue que j'étais déjà morte mais que mon corps n'avait pas suivi. Les gens qui m'importaient le plus étaient ailleurs et je voulais les rejoindre le plus tôt possible. J'ai commencé à lire tout ce qui avait été écrit sur la mort. Quand j'entrais dans une librairie, je me dirigeais droit vers la section sur la mort et le trépas. Je commençais par lire les titres sur les tablettes du haut et je descendais. À la fin de la journée, j'étais presque étourdie. Tout ce que je lisais semblait confirmer mes croyances selon lesquelles la vie de Peter n'était pas finie. Mais il fallait que je sache vraiment.

À l'hiver de 1994, six mois après la mort de Peter, mon mari et moi étions allés passer le week-end à notre maison de Long Island. Nous écoutions l'émission de télévision *The Joan Rivers Show* et l'invité était un jeune médium qui faisait une démonstration de ses dons de communication avec l'au-delà. Mon mari et moi étions rivés à nos fauteuils tandis que cet homme transmettait des messages du monde des esprits aux gens de l'auditoire. Et ces derniers semblaient tous confirmer les détails qu'il leur donnait. J'ai su à ce moment-là, qu'il me fallait trouver ce James Van Praagh.

Après le décès de Peter, je me suis jointe à un groupe de soutien appelé *The Compassionate Friends* qui a des bureaux partout dans le monde. Cette organisation s'est avérée une véritable bouée de sauvetage pour moi. Quelques semaines après avoir vu James à l'émission *The Joan Rivers Show*, j'ai entendu dire, à l'une de nos réunions, que James venait à New York pour y faire une démonstration. Il avait besoin d'un endroit qui pouvait contenir plus d'une centaine de personnes. Je me suis immédiatement portée volontaire pour aider à organiser cet événement. Je me disais que ce serait une excellente occasion d'obtenir une séance privée avec lui.

Le 17 juin 1994, dix mois après la mort soudaine de Peter, mon vœu s'est finalement réalisé. Ma séance avec James était prévue pour dix-neuf heures. J'ai passé toute la journée dans un état d'impatience et d'excitation intenses. Je me sentais comme une jeune fille qui se prépare pour son premier rendez-vous galant.

James a un grand sens de l'humour, tout comme moi. Et Peter avait lui aussi un humour à toute épreuve. James s'en est tout de suite rendu compte. Pendant les deux heures que nous avons passées ensemble, James et Peter ont semblé s'entendre à merveille. Peter envoyait message après message et devenait de plus en plus présent au fur et à mesure que la séance avançait.

Dès le début, Peter avait été à mes côtés.

— Votre fils est ici, avec vous et il a un grand sens de l'humour. Il y a longtemps qu'il attend l'occasion de vous parler. Il dit que Mamie a été la première personne qu'il a rencontrée là-bas et qu'il passe beaucoup de temps avec elle.

Se pouvait-il que ce soit vraiment Peter ? me suis-je demandé.

— Il dit que vous avez plié une couverture et que vous avez eu du mal à la placer sur la tablette supérieure de l'armoire. Est-ce que vous y comprenez quelque chose ?

— Oui, répondis-je étonnée.

— Il me montre maintenant un hôpital. Avez-vous parlé à quelqu'un d'aller à l'hôpital ?

Voilà que j'étais vraiment impressionnée par ce que James me disait. Une heure à peine avant mon rendez-vous avec lui, j'avais conseillé à quelqu'un de se rendre à l'hôpital.

— Votre fils est vraiment très excité. Il me montre des boîtes partout dans la maison. Il dit qu'il était là, avec vous, quand vous avez rempli ces boîtes et qu'il vous a vue y déposer les photos.

Je ne pouvais le croire. J'avais en effet préparé des boîtes pour apporter à notre maison de Long Island.

— Il dit que vous lui manquez beaucoup, continua James. Il vous aime et vous lui manquez.

— Tu me manques aussi, mon chéri, lui répondis-je à travers mes larmes.

— Peter me montre sa chambre. Il dit que vous n'y avez rien changé. Il est content de voir ses choses là où il les avait laissées. Il me montre un miroir entouré de mots. Il y a quelque chose qui pend sur le miroir. Savez-vous de quoi il s'agit ?

— Je sais qu'il y a des diplômes accrochés au mur près du miroir, mais je ne vois pas ce qui peut y pendre. Il faudra que j'aille voir en rentrant.

Je commençais vraiment à croire que Peter était avec moi. Qui d'autre pourrait connaître tous ces détails ? pensais-je.

James continua à me transmettre les messages de Peter.

— Il dit qu'il y a des choses à faire dans la maison. Tous les magazines dans le salon, par exemple, il dit de les jeter. La porte qui grince, de la faire réparer par votre mari. Il dit que son père doit reprendre sa vie normale. Il fait dire de lui faire faire les réparations qui s'imposent dans la maison.

Comme j'aimais entendre Peter nous dire que la vie devait continuer. C'était tellement rassurant de savoir qu'il veillait sur nous ainsi.

Puis, James s'est mis à rire. Je savais que ce devait être Peter.

— Êtes-vous allée à Las Vegas ? demanda James. Ou à Atlantic City ?

— Ah ! oui, répondis-je.

— Il me montre les machines à sous. Il dit qu'il essayait de vous aider à gagner.

— Oui, je suis allée à Atlantic City récemment et j'ai joué avec les machines à sous, mais je perdais toujours. Peter n'a jamais vraiment été joueur.

Qu'est-ce qui lui faisait croire qu'il pourrait m'aider ?
— Il parle des casquettes de base-ball, continua James. Il en avait toute une collection. Voilà qu'il me montre toutes les photos qu'il y a sur le réfrigérateur. Il veut que vous placiez quelque chose qui fait du bruit dans la cuisine pour que vous sachiez quand il y est. Comprenez-vous ? Il a essayé d'attirer votre attention en déplaçant des choses dans le salon. Je vois du rouge. Votre salon est-il dans les teintes de rouge ? Comprenez-vous quelque chose à ce que je dis ?
— Oui, bien sûr.
Et je me disais : Oui. Je vais surveiller pour voir ce que tu peux faire tomber des tablettes dans le salon rouge. Bien pensé, Peter. Une bonne idée.
Il y eut un moment de silence, puis James reprit la parole.
— Il me montre des funérailles. Il était content d'y voir tous ses amis. Il a bien aimé le poème qu'ils ont lu. Il sait que c'était votre idée à vous. Et il était content que vous n'ayez pas invité sa petite amie Laurie ou Lauren ?
— Oui, beaucoup de jeunes filles sont venues pleurer la mort de Peter.
J'étais vraiment heureuse de savoir que Peter avait été là, à ses propres funérailles. Quelle journée extraordinaire !
— Il dit qu'il était avec vous sur le podium.
— Il me semblait bien avoir ressenti un mouvement d'air lorsque j'y suis montée. Je sentais sa présence.
— Il veut que vous sachiez que c'est lui qui a fait tomber le bouquet de roses, à la toute fin du service. C'était sa façon à lui de vous signifier que c'était terminé !

— Je le savais ! Il n'y avait personne près de ce bouquet et soudain, le vase est tombé comme si une main invisible l'avait renversé. Je savais qu'il devait s'agir de Peter.

James a trouvé cet incident particulièrement amusant.

À la fin de la séance, j'avais vraiment l'impression d'avoir passé la soirée avec Peter. Je suis rentrée à la maison le cœur léger avec le sentiment d'une véritable connexion. Je savais que Peter allait bien. Et je savais qu'il était tout aussi important pour lui d'entrer en contact avec moi que cela l'était pour moi. Nous avions tous les deux ce même besoin l'un de l'autre. J'en étais convaincue. Tout allait bien pour lui. Il était vivant. Quelque part.

En arrivant à la maison j'étais en paix avec moi-même. Plus sereine que je ne l'avais été depuis ce terrible appel téléphonique. Je suis allée dans la chambre de Peter pour voir le miroir et j'y ai trouvé les rubans de tous ses diplômes. Premier cycle du secondaire, deuxième cycle, puis l'université. Ce sont ces derniers qui pendaient à son miroir. Je me suis ensuite assise pour lui écrire une lettre.

Cher Peter,

Je suis allée voir James Van Praagh ce soir. Parce que je sens toujours le besoin de mettre mes pensées par écrit (des pensées qui, jusqu'à présent, étaient remplies de désespoir), je veux raconter ce qui a transpiré de cette rencontre et te dire ce que je ressens.

Premièrement, en ce moment, en cet instant même, je ne me sens pas pleine de tristesse et de désespoir et j'en suis tout étonnée. Qui plus est, je ne me sens pas seule. Je ne sais pas pourquoi, mais je suis persuadée que tu es là près de moi tandis que j'écris ces mots. Naturellement, je suis troublée quand je pense que je ne puis te toucher ou te prendre dans mes bras pour te serrer. J'aimerais encore rire et pleurer avec toi. Mais de te savoir souvent près de moi me console.

Toute la journée, hier, j'anticipais cette séance avec James. Comme une jeune fille avant son premier rendez-vous galant. C'était comme si j'allais bientôt te voir et j'avais la nette impression que toi aussi tu ressentais la même hâte, même si le temps n'existe pas là où tu es. J'avais l'impression que tu faisais les cent pas en attendant que j'arrive chez James et que nous puissions enfin être réunis. Cette rencontre avec James a été extraordinaire. Quel homme sympathique. Il dégage une telle innocence qu'on est immédiatement porté à lui faire confiance.

Avec le temps et le recul, je vais continuer à digérer ce qui m'a été transmis par James. Je suis certaine que j'aurai encore des questions à te poser, mais je voulais surtout savoir si tu allais bien. C'était ce qui m'inquiétait le plus. Et, bien que ne sachant pas du tout ce que je pouvais attendre de cette séance, tu m'as convaincue que ton esprit est toujours vivant. Alors, mon chéri, je suis heureuse de t'accueillir sous cette nouvelle forme que tu revêts. J'accepte volontiers ce type de communication jusqu'à ce que nous puissions de nouveau être ensemble. Dis à papa que je n'ai pas oublié les chutes du Niagara. Je suis bien contente aussi que tu sois avec Mamie. Dimanche, c'est la fête des Pères. Ton père sera sûrement réconforté, lui aussi, par tes messages d'amour.

Je ne peux imaginer que la vie me réserve d'autres joies. Je serai probablement au bord du désespoir

la plupart du temps. Mais ce soir, je me sens étrangement rassurée de savoir que ce qu'il y avait entre nous n'a pas disparu. Je t'en remercie. Je suis aussi très reconnaissante à James Van Praagh pour cette communication que nous avons eue.
Je t'aime Peter et tu me manques. Je vais essayer de finir ma vie de façon naturelle avec grâce et dignité. Ce qui me console, c'est que chaque jour je me rapprocherai un peu plus du moment où nous serons de nouveau réunis.

Avec amour, toujours,
Maman

Mise à jour

Marie a vécu des jours difficiles depuis la mort de son fils Peter. Il y a eu des moments où elle s'est demandé si elle passerait à travers cette épreuve. Et malgré des hauts et des bas, elle tient toujours le coup. Je lui ai parlé récemment et elle m'a dit qu'elle est passablement occupée avec son travail à temps plein et l'organisation *Compassionate Friends* à laquelle elle consacre beaucoup de temps. Elle aide d'autres parents à vivre le deuil de leur enfant. Elle a aussi pris le temps d'exprimer son chagrin par l'écriture et elle est responsable de l'édition du journal de *Compassionate Friends* pour le secteur de Manhattan. Elle prévoit en outre d'écrire un livre sur le soutien dont ont besoin les gens éplorés. Elle aimerait partager ce qu'elle a vécu ainsi que les expériences d'autres parents qui ont vu leur vie à jamais transformée par la mort de leur enfant. Quand elle ne travaille pas, Marie aime bien jardiner. « Il y a un côté très spirituel à travailler la terre, m'a-t-elle confié. En regardant pousser et fleurir mes plantes, je pense à mon fils Peter qui grandit au ciel. Je sens toujours sa présence à mes côtés lors de ces moments paisibles dans le jardin. C'est un endroit où nous pouvons communier l'un avec l'autre. »

Accidents et catastrophes

On me pose souvent des questions au sujet d'êtres chers qui sont morts dans des accidents ou des catastrophes. La première chose que l'on me demande, c'est s'ils ont souffert. La réponse est toujours : non. Au moment de l'accident, que ce soit l'écrasement d'un avion ou un tremblement de terre, l'être spirituel est rapidement libéré du corps physique. La victime peut avoir ressenti la peur ou la panique avant de mourir, mais il n'y a aucune douleur physique au moment de la mort. Le pire dans cette façon de mourir, c'est le chagrin des survivants.

Les accidents et les catastrophes semblent des phénomènes presque courants de nos jours. Peut-être est-ce parce que nous en voyons tellement d'exemples à la télévision lors des bulletins de nouvelles. Parce que cette façon de mourir est tellement soudaine et inattendue, et en termes humains, prématurée, le traumatisme des survivants est particulièrement tragique. Personne n'est jamais préparé à apprendre qu'un être cher est mort dans un accident de la route ou dans un écrasement d'avion. Cela semble tellement irréel qu'on se demande s'il n'y a pas erreur sur la personne. Peut-être vous confond-on avec un autre, un pauvre type qui aurait perdu quelqu'un dans cette tragédie.

Comme vous avez pu le voir d'après les témoignages précédents de parents dont les enfants sont morts dans des accidents, il n'est jamais facile d'affronter une perte de vie aussi soudaine et tragique. Le choc est tellement sévère que la plupart des survivants sont complètement anéantis et qu'ils se retrouvent dans un état second. Ils se demandent comment une telle chose a pu se produire et pourquoi cela leur arrive à eux, de perdre un être cher. Habituellement ils se posent ce genre de questions pendant un certain temps. Après le choc et l'hébétude, vient la culpabilité des membres de la famille. *Pourquoi ne lui ai-je pas demandé de me téléphoner s'il prévoyait de rentrer tard ? Pourquoi ne lui ai-je pas demandé de rester et de changer son billet d'avion pour le lendemain ? Pourquoi ne suis-je pas allée le reconduire au lieu de le laisser prendre le train ?*

Si vous étiez présent au moment de l'accident, vous vous sentirez coupable d'avoir survécu. *Pourquoi ma fille et pas moi ?* De telles pensées peuvent vous tourmenter et même vous rendre malade. Il se peut aussi que les membres de la famille pointent du doigt celui qui a survécu.

Quand un enfant meurt soudainement, l'union des parents subit un grand stress. Et il arrive souvent que le père et la mère se séparent ou divorcent après une telle tragédie. Sans vraiment savoir pourquoi, ils se blâment l'un l'autre tout en se blâmant eux-mêmes. Ils ne peuvent accepter la mort de leur enfant. Ils ne peuvent même pas s'en parler. Ils se sentent responsables comme s'ils en étaient la cause directe et il leur est difficile de se regarder l'un l'autre sans se rappeler la mort de leur enfant. Les souvenirs sont tout simplement trop déchirants.

Quant aux frères et sœurs, ils sentent souvent qu'ils n'ont plus les mêmes droits familiaux. Ils se demandent s'ils n'auraient pas dû périr à la place de l'autre, au lieu du frère ou de la sœur préféré. Les parents sont tellement pris par leur douleur et leur chagrin qu'ils ne portent pas assez attention à ceux qui restent. La peur imprègne aussi le quotidien des frères et sœurs. *Et s'ils voulaient se débarrasser de moi ? Peut-être que je leur rappelle trop______. Peut-être que je ne suis pas à la hauteur de leurs aspirations.* Ils se sentent vulnérables, abandonnés. C'est pourquoi il est si important, et j'insiste, que tous les membres de la famille parlent et expriment ce qu'ils ressentent.

D'un point de vue spirituel, rien n'est jamais accidentel. Comme vous avez pu le constater d'après les récits et les témoignages présentés dans ce chapitre, l'esprit a toujours quelque chose à apprendre et chacun choisit sa mort pour compléter une leçon ou un apprentissage relatif à son développement et à sa croissance spirituelle. Aussi difficile à comprendre que cela nous paraisse, à nous humains, il n'en demeure pas moins que c'est la vérité. Personne ne *meurt* par accident. C'est tragique et bouleversant, mais il s'agit d'une expérience nécessaire pour la personne qui meurt aussi bien que pour ses survivants. Tous peuvent apprendre de cette expérience et seul chacun sait quel enseignement tirer de cet événement.

Conseils pour apaiser votre chagrin

- Permettez-vous de vivre le processus du chagrin dans son entier.
- Reconnaissez votre colère, votre peur et votre anxiété. Toutes ces émotions font partie du processus normal du chagrin.
- Essayez de ne pas vous blâmer pour la mort de votre enfant. La culpabilité et les reproches ne vous ramèneront pas votre enfant et ils ne feront qu'empirer votre douleur. Sachez que vous ne pouvez pas tout contrôler dans la vie. Il y a une force supérieure qui entre en jeu.
- Parlez de votre douleur à votre conjoint et aux autres membres de la famille de même qu'à vos amis. Plus vous vous isolerez, plus vous vous sentirez vide. Forcez-vous à consulter un thérapeute si nécessaire ou à vous joindre à un groupe de soutien formé de parents qui ont vécu une situation semblable.

• Aidez les enfants de la famille à exprimer ce qu'ils ressentent. Parlez-leur le soir ou à un autre moment où ils pourront s'exprimer. Peut-être aimeraient-ils écrire un poème ou faire un dessin à la mémoire de leur frère ou de leur sœur.

• Soyez tolérant avec vos amis et votre parenté. Eux aussi ont du chagrin et ils ne savent probablement pas comment agir dans une telle situation. Ils s'en remettront sans doute à vous pour savoir comment réagir et comment faire face à la situation.

• Vous pourriez écrire une prière ou un poème ou encore choisir la musique pour le service funéraire. Voilà une merveilleuse façon d'exprimer votre amour pour votre enfant.

• Veillez à rester en bonne santé. Assurez-vous de bien manger. Pratiquez la marche, faites de l'exercice. Si vous avez de la difficulté à dormir, écoutez de la musique pour la méditation ou la relaxation. Des tisanes apaisantes peuvent aussi vous aider à vous relaxer.

• Communiquez avec votre enfant décédé par le biais de vos pensées, de vos rêves, avec des mots ou encore des photos. N'oubliez pas qu'il entend ce que vous pensez et qu'il sent votre amour et votre douleur depuis le monde spirituel où il se trouve.

• Commencez un journal pour exprimer vos sentiments et écrire ce que vous vous rappelez. Avec le temps, la force de vos souvenirs vous réconfortera.

• Célébrez les fêtes et les anniversaires en faisant quelque chose de spécial. Exprimez vos sentiments. Essayez de ne pas vous complaire dans ce qui aurait pu être. Tâchez plutôt de voir votre enfant évoluer dans la dimension spirituelle.

• Ne comparez jamais vos autres enfants à celui que vous avez perdu. Chaque enfant est unique et spécial.

• Ne vous pressez pas pour vous défaire des effets personnels de votre enfant ou pour réaménager sa chambre. Vous aurez amplement le temps de faire tout cela plus tard quand vous vous sentirez plus fort et mieux en contrôle.

• Commencez à explorer le côté spirituel de la vie. Ouvrez-vous à la grandeur de la vie. Les prières édifiantes sont toujours utiles et salutaires autant pour vous que pour l'enfant que vous avez perdu. Vous y puiserez peut-être des idées nouvelles et positives sur la vie et la conscience Universelle.

• Si une tierce personne est responsable de la mort de votre enfant, essayez, je vous en prie, de trouver le moyen de lui pardonner. Ce que vous donnez vous sera rendu. On ne connaît jamais vraiment toutes les forces impliquées ou le karma d'une situation. Essayez de ne pas juger les autres trop sévèrement. N'oubliez pas que l'amour appelle l'amour.

• Célébrez la vie de l'enfant. Vous pourriez, par exemple, participer à une œuvre de charité qui vient en aide à des enfants. Ou vous avez peut-être les moyens de mettre sur pied une fondation de bourses d'études pour aider d'autres jeunes. Votre contribution à la société est une façon de laisser un héritage à votre enfant.

• Faites quelque chose de nouveau, quelque chose que vous avez toujours voulu faire.

• Reconnaissez vos forces et canalisez votre énergie en vue de reprendre une vie normale.

• Rassurez-vous, vous allez passer à travers cette expérience.

• Sachez que vous serez de nouveau avec votre enfant quand il sera temps pour vous de quitter la dimension physique. En attendant, l'amour est le pont qui vous unit à lui.

Maman chérie

Quand tu te questionnes sur le sens de la vie et de l'amour,
sache que je suis là, avec toi ;
ferme les yeux et sens mon étreinte
dans la douceur de la brise qui caresse ton épaule.

Quand tu te demandes si tu me reverras un jour,
apaise tes doutes pour m'entendre :
je suis le murmure des cieux
qui parle de ton amour.

Quand tu perds toute notion de toi-même,
quand tu te demandes qui tu es et où tu vas,
ouvre ton cœur pour me voir :
je suis l'étincelle dans la voûte étoilée qui te sourit,
celle qui illumine la voie de ton cheminement.

Quand tu te réveilles le matin
sans aucun souvenir de tes rêves,
mais avec une impression de bien-être et de sérénité,
sache que j'étais avec toi
à combler ta nuit de ma présence.

Quand tu te languis dans les vestiges de ton chagrin,
quand la plénitude et l'intégralité te semblent inaccessibles,
pense à moi.
Sache que je suis là, avec toi,
que je te touche à travers les larmes de tes amis
qui cherchent à apaiser ta douleur.

Comme le lever du soleil qui illumine le ciel du désert,
dans la gloire saisissante de la vie, éveille ton esprit.
Pense aux moments que nous avons partagés
trop brefs mais O combien intenses,

au temps où tu ne doutais pas que nous étions ensemble
où tu ne doutais pas de ton destin.

Sache que Dieu a créé ces moments dans le temps juste pour nous.
Maman chérie, je suis toujours avec toi.

— *Joanne Cacciatore*[1]

1. Traduction libre.

TROISIÈME PARTIE

DIFFÉRENTES SORTES DE PERTES

6

LE DIVORCE : LA MORT D'UN MARIAGE

Combien d'entre nous ont vécu les déchirements d'une peine d'amour ? Quand un amour meurt, on se sent projeté dans un monde de précarité, un monde vide. On se sent perdu, on a du chagrin, mais il se peut qu'on ne reconnaisse pas les signes de son chagrin. Le mot divorce véhicule toutes sortes de connotations négatives. Personne n'aime ce terme et personne ne tient à passer par là. Malheureusement, le divorce est une réalité qui fait partie de la vie et, comme la mort, la fin d'un mariage cause un intense chagrin émotionnel et mental. Le rêve d'un avenir avec l'autre s'éteint. La maison est vide. On se sent incomplet. Celui qui divorce passe à travers la même douleur émotionnelle que celui qui devient veuf ou veuve. Il perd cette intimité de la vie qu'il partageait ; une vie qui semblait si sûre prend fin plus ou moins brusquement et il doit trouver comment aborder ce changement radical et dévastateur. Les couples qui ont des enfants sentent en outre une perte additionnelle : celle de ne plus partager les rêves et les espoirs relatifs à l'avenir de leurs enfants. Et en plus de tout cela, il leur faut faire face au reste de la famille, aux amis et à tous ceux qu'ils connaissent. Les reproches font généralement partie de la première réaction que suscite un divorce. Souvent les différents membres de la famille et les amis prennent parti et se rangent avec l'un ou l'autre des conjoints ce qui ne fait qu'empirer les choses. Ainsi vous perdez non seulement votre conjoint, mais aussi les membres de la famille qui se sont rangés de son côté. Souvent aussi, les couples mariés parmi vos amis ne vous incluent plus dans leurs cercles d'activités. Votre blessure est amplifiée, votre isolement monumental.

Malheureusement comme pour tous les types de pertes ou de deuils, un divorce n'arrive jamais au moment opportun. Les gens divorcent après avoir acheté une nouvelle maison ou une nouvelle voiture, après avoir commencé un nouvel emploi ou encore quand ils ont un bébé. Il n'est pas inhabituel que les grands changements de notre vie nous incitent à nous questionner : *La vie que je mène me permet-elle de m'épanouir ? Est-ce vraiment ce que je veux ? Suis-je heureux ?* Quand un couple atteint des objectifs individuels et que chacun sent qu'il avance dans la même direction que l'autre, alors tout va bien. Cependant, quand ils ont l'impression de ne plus avoir grand-chose en commun ou d'avoir des buts ou des objectifs divergents, le divorce semble la seule solution valable.

Le divorce est habituellement l'aboutissement de plusieurs années d'insatisfaction, voire de malheur dans une relation. Souvent l'un des deux conjoints sent qu'il n'a pas évolué dans le même sens que l'autre. L'un des deux peut avoir des buts et des intérêts différents ou encore ses rêves et ses objectifs peuvent avoir changé et il sent qu'ils ne pourront se réaliser dans l'union actuelle. L'intérêt sexuel peut disparaître ou encore les partenaires peuvent se rendre compte qu'ils n'étaient pas faits l'un pour l'autre. L'insatisfaction peut aussi résulter des diverses tensions que vit le couple sur le plan social et professionnel, avec les enfants ou face au vieillissement.

Le chagrin du divorce

Il est normal que ceux qui vivent un divorce se sentent isolés, blessés, tristes, en colère, désespérés. Il s'agit en fait des mêmes sentiments et émotions que l'on ressent quand un être cher meurt. Il est aussi naturel que le mari ou la femme se sente trahi. *Comment a-t-elle pu ? Pourquoi m'a-t-il fait cela ?* Habituellement, aussi, ils se sentent coupables. *Si seulement je lui avais dit que je l'aimais plus souvent. Si seulement j'avais passé plus de temps avec lui. Si seulement je ne l'avais pas laissé tomber.* Ce sont là des réactions courantes. Nombreux sont ceux qui considèrent le divorce comme un échec parce qu'ils croient qu'ils auraient pu faire mieux. Ils se blâment et s'imaginent toutes sortes de scénarios. *J'aurais dû savoir qu'on en arriverait là. Comment ai-je pu être aussi bête ?*

Le divorce survient habituellement quand l'un des deux partenaires a pris la décision de mettre fin à la relation. Dans sa tête, tout est fini. Bien sûr, les couples devraient consulter avant de mettre un terme final à leur relation. Après tout, ce que nous savons des relations interpersonnelles, nous l'avons appris de nos parents et si leur union à eux était remplie de problèmes et de difficultés, notre expérience d'une relation saine et aimante sera plutôt limitée. Si nous n'avons eu que très peu de support émotionnel pendant notre enfance, il se peut que nous ne sachions pas comment aider et soutenir quelqu'un d'autre sur le plan émotionnel. Si par ailleurs, nous avons été abusés, physiquement ou psychologiquement, il se peut que nous transférions à l'autre la douleur intérieure que nous portons. Mais il est possible de nous défaire de ce qui nous a été enseigné, et il est toujours sage de consulter avant de prendre la décision ultime de divorcer.

Pourtant, quand l'un des deux conjoints décide de mettre fin à la relation, il s'agit habituellement d'une décision mûrie. Si l'un des deux partenaires se sent insatisfait, il deviendra probablement intransigeant et il aura sans doute des attentes irréalistes envers l'autre. Dans le cas où l'un des deux partenaires se rend compte que la relation ne lui convient plus, il a trop souvent tendance à intérioriser ses sentiments et à ne pas les exprimer verbalement. C'est alors que toute communication est rompue à tel point que les reproches et la colère sont les seules émotions qui restent. Toute réconciliation, même avec le concours des meilleurs thérapeutes, est hautement improbable.

Si vous êtes celui ou celle que l'on quitte, vous vous sentirez sans doute profondément blessé. Vous vous demanderez probablement ce que vous avez fait de mal, où vous avez failli. *Je ne suis pas assez bon.* En général, celui qui est laissé vit des moments particulièrement difficiles pendant lesquels son estime de soi diminue à son niveau le plus bas. Dans certains cas, aussi, la personne nie que la relation est terminée et elle tente désespérément de s'y accrocher. Malheureusement cela ne fait que prolonger la souffrance puisque la négation ne fait que réprimer et refouler les sentiments de colère et de honte.

Les liens karmiques

Sur le plan physique, le divorce ressemble à la mort. On se sent complètement désorienté, blessé, outré, humilié. La plupart d'entre nous considèrent le divorce sur un plan purement physique. Mais, sur le pan spirituel, il y a beaucoup plus. J'ai parlé à beaucoup de gens, plusieurs années après leur divorce, et tous s'entendent sur une chose : *Le divorce s'est avéré l'une des expériences clés de leur croissance.*

D'un point de vue spirituel, le divorce survient à cause des obligations karmiques entre deux âmes. En effet, comme je l'ai mentionné plus tôt, les âmes se réincarnent ensemble au cours d'une vie donnée pour apprendre et accomplir une mission définie plus tôt, dans une autre dimension. Il arrive souvent en effet, lorsque nous rencontrons l'âme sœur, par exemple, que nous ayons l'impression d'avoir déjà rencontré cette personne quelque part. Intuitivement, nous sommes attirés par cette personne. Les résultats de cette attirance sont multiples. Il y a des unions spirituelles, comme celle de Margie et de Buddy, que nous avons vue dans un des chapitres précédents, et dans laquelle les deux esprits perpétuent l'amour inconditionnel aussi bien que leur appréciation d'eux-mêmes. Mais, le contraire arrive aussi. C'est ainsi que certaines unions sont vouées à l'échec. On a beau savoir que la relation ne nous convient pas vraiment, mais on se sent tellement attiré par l'autre qu'on ne comprend pas toujours ce qui se passe. Cela signifie habituellement qu'il s'agit d'une union karmique qui doit être résolue et que la leçon ne peut être apprise sans qu'on ne s'y engage. Par exemple, des âmes peuvent choisir de faire réussir ou échouer une relation à cause de désirs qui sont nés dans une vie antérieure. Il se peut en outre que l'échec d'une union définie antérieurement entre deux âmes nécessite plus d'une vie. Il peut s'agir d'une leçon sur l'amour de soi ou sur l'indépendance, ou encore sur la manière de surmonter des différends et de devenir autonome et sûr de soi. Il arrive souvent aussi qu'une âme doive s'acquitter d'une obligation contractée dans une vie antérieure, comme vous le verrez d'après le récit personnel que je vous ferai un peu plus loin et qui concerne la nature des obligations qui peuvent exister entre deux âmes. Et malgré que l'on remplisse les obligations définies dans des vies antérieures, cela ne signifie pas pour autant que nous vivrons heureux à jamais.

L'évolution spirituelle fait partie de la destinée terrestre de toutes les âmes. Et chaque âme progresse et évolue à son rythme particulier. L'échec d'un mariage résulte habituellement de l'attitude inconsciente de l'un des deux conjoints. Il est important de tenir compte de cette notion quand on essaie de comprendre la nature du divorce. Avec un peu de recul et une perspective plus universelle, nous pouvons mieux comprendre que nous avons *choisi* notre partenaire afin de progresser dans notre cheminement spirituel. Si nous continuons à lui en vouloir après le divorce, alors, nous reviendrons dans une autre vie et nous répéterons la même erreur jusqu'à ce que nous apprenions à aimer vraiment.

C'était prédestiné

J'ai moi-même vécu une expérience navrante et pénible lorsque j'ai divorcé. Comme dans le cas de la mort, je ne pense pas que l'on s'en remette vraiment complètement. Mais, avec le temps, on peut apprendre à reconstruire sa vie de manière positive et épanouissante.

J'ai rencontré Karen pendant mes études universitaires. Je n'oublierai jamais cette soirée. J'ai commencé l'université à la mi-session et j'avais besoin d'obtenir des crédits immédiats alors je me suis joint à la troupe de théâtre qui montait la pièce *Side by Side by Sondheim*. J'avais pour tâche d'avertir les techniciens de scène du moment où ils devaient changer ou déplacer les décors. Je devais aussi éclairer, au moyen d'une lampe de poche, les sorties que devaient emprunter les comédiens pour quitter la scène.

Lors de ma première répétition, je surveillais la scène de près pour savoir quand éclairer les escaliers pour que la première comédienne puisse quitter la scène. Je tenais fermement ma lampe de poche quand j'ai vu une petite blonde aux yeux bleus et aux joues pleines monter sur scène. En la voyant, j'ai eu la chair de poule. Je ne pouvais la quitter des yeux. Quand elle s'est mise à chanter, j'ai eu l'impression qu'un chœur d'anges célestes était descendu sur terre. J'avais du mal à me contenir. Jamais je n'avais vu femme aussi belle ; avec une telle innocence, si ouverte. J'ai aussitôt senti une sorte de connexion avec elle. Un lien différent de tout ce que j'avais connu jusqu'alors. Je me souviens m'être dit : *Un jour, je vais l'épouser*. Précisons qu'à cette époque je ne connaissais rien du karma ni de l'existence des vies antérieures et que j'ignorais tout des phénomènes psychiques. J'avais tout simplement l'impression d'avoir déjà rencontré cette femme.

J'ai appris à connaître Karen au fil des répétitions. Au début, elle ne semblait pas s'intéresser à moi, mais avec le temps, les choses ont changé et nous avons commencé à échanger des sourires lorsqu'elle sortait de scène et que je l'escortais de mon jet de lumière. Elle était rassurée de me savoir là parce qu'elle souffrait de diplopie ou double vision à cause d'un accident de voiture qu'elle avait eu jadis.

Nous nous sommes rapidement liés d'amitié et bientôt nous étions toujours ensemble : pour déjeuner, pour dîner, nous discutions, nous parlions de notre passé, de notre enfance, de nos études et de nos projets d'avenir. Quelques mois plus tard, nous avons commencé à nous fréquenter plus sérieusement. Nous avions du plaisir à être ensemble. Nous allions au cinéma, voir des spectacles, nous allions en pique-nique, nous lisions et étudiions ensemble. C'était ma première relation sérieuse et j'étais au septième ciel.

C'est ainsi que nous avons passé notre première année d'université et l'été qui s'ensuivit. J'habitais à environ soixante-dix kilomètres de chez Karen alors, pendant les vacances, j'allais la voir chez elle, dans le nord de l'État de New York. Comme la plupart des parents, les siens avaient tendance à surprotéger leur fille. C'était comme s'ils voulaient la soustraire à ma présence bien que je fisse toujours de mon mieux pour être charmant et plein d'attentions lors de mes visites. Je me disais que lorsqu'ils me connaîtraient mieux, ses parents me feraient confiance et qu'ils seraient heureux que nous soyons ensemble. Mais ils ne m'ont jamais donné aucun signe de leur approbation.

Après cet été-là, Karen n'est pas revenue à l'université. Il semble que l'accident de voiture dont elle avait été victime avait eu des conséquences plus sérieuses qu'on ne l'avait d'abord cru. Elle souffrait de maux de dos et les médecins lui avaient recommandé de se reposer le plus possible. Notre relation commençait à se dégrader et la distance entre nous est devenue de plus en plus importante, tant au sens pur qu'au sens figuré. Avec le temps, nous avons cessé de nous voir et j'en ai eu le cœur brisé. Je ne pouvais pas croire que c'était fini. Après tout, j'avais vraiment pensé que j'épouserais cette fille. Je me sentais trahi.

Faisons maintenant un saut dans le temps et rendons-nous une douzaine d'années plus tard. J'avais quitté New York pour la Californie. Je venais de commencer un emploi à temps plein comme coordinateur de projet chez *Paramount Studios*. Outre la paperasse que je brassais dans le département des contrats, je me trouvais dans un monde complètement nouveau : j'avais commencé à exploiter mes dons de voyance.

C'était un peu plus de deux ans après que Brian Hurst m'avait révélé que j'étais un médium. Je faisais de la méditation et de la communication spirituelle tous les soirs après le travail. La liste d'attente pour un rendez-vous avec moi atteignait trois mois et cette popularité ne s'était développée que par le bouche à oreille, alors je me disais que cela devait signifier quelque chose. J'avais toujours hâte de participer à ces soirées et je me trouvais chanceux de pouvoir communiquer ainsi avec le monde des esprits. Chaque soir je faisais le pont entre la dimension humaine et la dimension spirituelle. Plus je m'aventurais dans le monde des esprits, plus je me gorgeais de pensées spirituelles sur l'amour et la bonté et plus je voulais partager ces idées avec un grand nombre de personnes. J'avais l'impression qui si je pouvais partager ces idées avec le monde entier, notre terre deviendrait un monde magique. Lorsque je voyais l'incroyable transformation sur le visage de celui ou de celle qui venait de communiquer avec son enfant décédé ou tout autre être cher, lorsque je ressentais l'énergie de lumière et d'amour dans la pièce, je savais que j'avais trouvé ma voie, ma vocation.

Quand j'ai réalisé tout cela, je me suis également mis à me poser des questions sur la relation que j'avais eue avec Karen. Depuis toutes ces années, je n'avais jamais cessé de penser à elle. J'étais obsédé et hanté par son souvenir. Il me semble que plus je prenais conscience de la dimension psychique, plus je pensais à Karen. C'était très étrange. Comme s'il nous restait encore quelque chose à compléter. Ces idées et ces pensées devenaient de plus en plus fortes et de plus en plus fréquentes. Je me demandais constamment : *Comment va-t-elle ? Que fait-elle ?*

Un jour, le souvenir de Karen est devenu tellement obsédant que j'ai décidé de faire quelque chose. J'ai téléphoné à l'assistance annuaire de New York pour obtenir son numéro. Malheureusement, la téléphoniste ne trouva rien sous son nom, du moins pour les trois quarts du territoire de l'État de New York. J'étais frustré. Je sentais tellement que je devais entrer en contact avec elle. J'ai levé les yeux au ciel et j'ai dit à voix haute :

Mes chers amis, s'il est prévu que je revoie Karen un jour, pour apprendre de cette femme, ou pour accomplir quelque chose, je vous en prie, faites qu'elle m'appelle.

J'en ai encore des frissons rien que d'y penser. Je trouvais que ma requête était un peu bizarre, mais j'étais rendu au bout de mon rouleau et si c'était prévu dans l'ordre des choses, cela arriverait. Deux semaines plus tard, j'ai eu la réponse à mon étrange demande. C'était un mardi matin, à six heures. Le téléphone a sonné. J'ai descendu l'escalier en courant jusqu'à la cuisine pour répondre. Je me disais qu'il devait s'agir d'une urgence, d'un décès ou de quelqu'un de grièvement blessé. Inutile de vous dire que j'ai, moi aussi, les mêmes pensées que quiconque dans un tel cas. Quoi qu'il en soit, j'ai répondu au téléphone en hésitant, incertain de vouloir apprendre une mauvaise nouvelle. Cependant, après quelques secondes fertiles en imagination, j'ai entendu le son de cette belle voix angélique que je n'avais pas entendue depuis douze ans.

— Bonjour James. James Van Praagh, c'est Karen... Nous avons étudié à l'université ensemble. Te souviens-tu de moi ?

Si je me souvenais d'elle ? Quelle question ! Si seulement elle avait su ! J'ai failli m'évanouir. Je n'arrêtais pas de penser : *Est-ce une blague ? Est-ce bien vrai ? Est-ce que je rêve ?* J'étais, pour ainsi dire, en état de choc. Le monde magique et mystique des esprits avait entendu et répondu à ma demande avec un *Oui* haut et clair.

— Bonjour James. C'est bien toi ? Est-ce que tu m'entends bien ?

— Oui, Karen. Comment vas-tu ? Je n'arrive pas à croire que c'est toi au bout du fil.

J'étais abasourdi et complètement trempé de sueur.

— C'est étrange, il y a longtemps que je pense à toi et plus encore depuis deux semaines. J'ai rencontré quelqu'un la semaine dernière qui connaît ton frère et je lui ai demandé ton numéro de téléphone. J'espère que tu ne m'en veux pas de t'avoir appelé.

Je faisais de mon mieux pour demeurer calme.

— Oh ! Mais c'est super que tu me téléphones, m'écriai-je. Moi aussi je pensais à toi. Comment vas-tu ? Qu'est-ce que tu deviens ? Où habites-tu ?

Je ne pouvais m'arrêter. J'aurais voulu rattraper les douze dernières années. Puis, j'ai posé une question de trop. Une question que je n'aurais pas dû poser puisque malgré mon effervescence, j'ai senti une grande crainte. Je ne voulais pas entendre la réponse qui allait venir.

— Je vais très bien. Je suis mariée maintenant.

Voilà, j'avais entendu ! Oh non ! Ce mot que je voulais justement ne pas entendre. Mon cœur se serra.

— Mariée ? dis-je avec une certaine froideur. Mariée ! répétai-je d'une voix aiguë, comme si le seul fait de répéter ce mot que je craignais tant pouvait nous ramener douze ans en arrière.

— Oui, depuis deux ans. Mon mari travaille dans le domaine des communications. Et toi, comment vas-tu ? Que fais-tu de ton temps ? Tu sais j'ai beaucoup pensé à toi depuis douze ans.

J'ai senti une lueur d'espoir quand elle m'a dit avoir pensé à moi, elle aussi.

— Oh ! Je ne fais pas grand-chose. J'ai déménagé à Los Angeles pour écrire des textes pour la télé. Je travaille actuellement chez *Paramount*, dans le département des contrats et des projets.

Je ne voulais rien mentionner de mon travail dans le domaine du psychisme. Je ne voulais surtout pas lui faire peur alors que nous venions tout juste de nous retrouver. Je me disais que nous pourrions sans doute être amis. Je ne voulais pas qu'elle pense que j'étais devenu bizarre en lui racontant que j'étais un médium.

Nous avons parlé pendant une trentaine de minutes. Elle m'a expliqué comment elle était devenue un personnage bien en vue dans le mouvement chrétien de la renaissance. J'étais encore plus content de ne pas lui avoir tout dit en apprenant cette nouvelle.

— C'est en me rappelant le bon vieux temps que je me suis mise à penser à toi, ajouta-t-elle.

Nous avons continué à parler et à rire en nous rappelant des amis communs et les bons moments que nous avions partagés. Nous étions à l'aise au téléphone et je me suis senti rassuré de la complicité que nous partagions encore après toutes ces années. Nous avons donc échangé nos numéros de téléphone en promettant de nous rappeler dans un proche avenir.

Pendant les deux semaines qui ont suivi, Karen et moi avons passé plusieurs heures à parler au téléphone ensemble. J'étais un peu confus. Puisqu'elle était mariée, nous ne pouvions, dans ma tête, que demeurer amis. Mais j'étais si content de la retrouver que je ne voulais rien faire pour mettre mon bonheur en péril. Je me disais que ce n'était en fait qu'une bonne amitié.

Cependant, cette amitié a pris un tour un peu plus sérieux lorsque Karen est venue me voir en Californie. *Était-ce possible ?* Je ne pouvais pas le croire et je me demandais si le monde des esprits ne me jouait pas un vilain tour. Deux semaines plus tard, Karen arriva avec sa valise. Le temps s'arrêta.

Quelque chose s'est produit au moment où nous nous sommes revus. Nul besoin d'être médium pour le savoir. Il y avait entre nous une sorte d'électricité. À tel point qu'il nous était presque gênant de nous regarder. Bien que nous sachions que nos sentiments l'un pour l'autre étaient vrais et sincères, nous nous rendions compte que cette réunion ne pouvait être que dangereuse.

Ce soir-là, nous sommes allés dîner à un restaurant du centre-ville. Tandis que je la regardais, je me suis aperçu qu'elle avait à peine vieilli. Elle avait toujours la même grâce et son même sens de l'humour. En même temps, j'avais toujours une impression de malaise, de quelque chose qui clochait. Karen me parla de sa vie dans l'église et m'expliqua qu'elle sentait qu'il lui manquait quelque chose. C'est alors que je lui ai tout dit. Il fallait que je sois honnête avec elle.

— Je suis un médium, lui ai-je dit d'un trait en plissant les yeux, prêt à recevoir ses reproches ou du moins une réprimande.

Étonnamment, elle me regarda avec de grands yeux et me dit : « Toi aussi ? Oh ! Dieu merci ! Je pensais que j'étais la seule ! »

Quel soulagement ! Nous nous sommes donc mis à nous raconter les détails de nos dons de voyance et de nos expériences psychiques.

— Dans l'église à laquelle j'appartiens, nous ne qualifions pas ce phénomène de spirituel, m'expliqua Karen.

Notre soirée s'avéra éclairante et bizarre à la fois. C'était comme si nous avions été deux âmes apparentées qui se trouvaient enfin réunies. Ma seule pensée était : *Qu'est-ce qu'on fait maintenant ?*

La semaine suivante, Karen et moi avons discuté de tout. Elle m'a avoué qu'elle avait temporairement quitté son mari. « Je ne sens plus cette connexion qui nous unissait auparavant. » Elle disait qu'elle avait besoin de quelqu'un de plus attentif et qui pouvait lui apporter un meilleur soutien, quelqu'un qui s'intéresse aux mêmes choses qu'elle. Je pense que c'est là que j'entrais en scène. Il était clair que nous nous aimions encore et nous voulions sincèrement passer plus de temps l'un avec l'autre. Je me rappelle avoir levé les yeux au ciel et avoir entendu la mise en garde suivante : *Prends garde à ce que tu souhaites !*

Karen n'est jamais retournée dans l'Est. Elle se sentait libre à nouveau. Libre et vivante. Elle ne voulait pas retourner à l'église. Mais je voulais m'assurer que sa décision de rester était fondée sur un véritable changement d'attitude de sa part et non simplement sur son désir d'être avec moi. Je ne voulais pas qu'il y ait de répercussions dans nos karmas. En même temps, je n'étais plus aussi sûr de vouloir entreprendre une relation amoureuse avec Karen, de vouloir m'engager vis-à-vis d'elle bien que je sentisse toujours que j'étais fait pour être avec elle. Karen a entamé une procédure de divorce et elle s'est installée chez moi. Nous avons vécu ensemble pendant plusieurs mois et chaque jour semblait meilleur que le précédent. Toutes sortes de choses se produisaient, des coïncidences étranges qui me portaient à croire que nous étions faits pour vivre l'un avec l'autre.

Un de mes amis aida Karen à trouver un emploi dans une compagnie figurant sur la prestigieuse liste de *Fortune 500* et Karen s'adapta facilement à son nouveau mode de vie. Comme tous les couples, nous apprenions à mieux nous connaître. La dimension spirituelle était un élément important de notre union et Karen commença à participer à mes soirées de méditation. J'aimais beaucoup être avec elle mais il y avait toujours ce petit quelque chose qui clochait et que je n'arrivais pas à identifier. Souvent, quand je devais partir pour un certain laps de temps, Karen devenait anxieuse, suffisamment en tout cas pour avoir des idées suicidaires. Elle me disait alors des choses comme : « Je t'en prie, ne pars pas. J'ai peur. Je ne sais pas, et si je me faisais mal ? »

Avec le temps, cette anxiété s'est transformée en cauchemars. Des cauchemars récurrents au sujet de son église qu'elle avait quittée et de son inexplicable sentiment d'avoir été abandonnée. Nous avons trouvé une excellente thérapeute que nous avons consultée tous les deux. Celle-ci a beaucoup insisté sur les problèmes liés au sentiment d'abandon de Karen. La thérapie fut couronnée de succès et Karen sembla à nouveau en bonne forme. Les cauchemars ont commencé à disparaître graduellement.

Notre union et notre intimité devenaient chaque jour de plus en plus fortes. Dans ces circonstances, le mariage semblait aller de soi, c'était l'aboutissement normal. Quelque chose en moi me poussait à épouser Karen, comme si c'était prédestiné. Vous pensez sans doute que puisque je suis un médium, j'aurais dû savoir ! Eh bien, comme toute personne, j'ai mes propres leçons à expérimenter. De plus, lorsque j'essaie de communiquer avec les esprits pour mon propre compte, mes émotions teintent mon jugement comme je l'ai déjà expliqué dans un chapitre précédent.

Quand j'ai demandé à Karen de m'épouser, j'ai senti une certaine appréhension chez elle. Je pensais qu'elle craignait un second mariage étant donné que le premier n'avait pas duré. Pourtant, j'avais toujours l'impression que cela faisait partie de notre destin. J'ai demandé l'aide du monde des esprits et je leur ai dit : *Mes amis, si ce mariage doit avoir lieu, veuillez nous faire signe.*

À partir de ce moment, nous sommes restés ouverts aux signes qui pourraient venir vers nous. Les mois ont passé et nous avons décidé de choisir nos alliances, mais nous avons eu de la difficulté à trouver ce que nous voulions. Un jour, après avoir vu ce qui semblait être des milliers d'alliances, nous sommes entrés dans un magasin de Santa Monica en Californie. Un homme à l'accent italien nous y a accueillis très amicalement. Il s'appelait Leo. Nous lui avons expliqué ce que nous voulions. Il nous a souri et nous a conduits devant une vitrine. Karen et moi nous sommes regardés. C'était exactement ce que nous cherchions. C'était incroyable. Nous avons demandé au bijoutier de les faire préparer pour que nous puissions venir les chercher la semaine suivante.

Le dimanche suivant, nous étions chez une amie, pour un barbecue, et nous lui avons dit que nous avions trouvé nos alliances mais qu'il nous restait encore à trouver la bague de fiançailles assortie. Celle-ci nous conseilla d'aller voir un de ses amis qui était propriétaire d'une bijouterie. Elle nous a donné son nom et son adresse. Le lendemain quand j'ai composé le numéro de téléphone de la boutique en question, j'avais la vague impression qu'il s'agissait d'un numéro que je connaissais. J'expliquai ce que je cherchais au préposé qui nous suggéra de nous rendre sur place. C'était à Santa Monica. J'étais abasourdi. C'était le même endroit où nous étions allés la semaine précédente. Quand j'ai demandé au préposé s'il connaissait Leo, il m'a expliqué que c'était son père. Je me suis dit qu'il devait s'agir là d'un signe du monde spirituel.

Le dimanche après-midi suivant, Karen et moi nous promenions dans un centre commercial. Je lui ai dit :

— Pourquoi ne regarderait-on pas pour une robe de mariée, aujourd'hui ?

— Je ne pense pas que nous trouverons ce que je veux dans un grand magasin, me répondit-elle.

— Qu'est-ce que tu veux ? lui demandai-je.

— Une robe avec de la dentelle ivoire, signée Jessica McClintock. Je l'ai vue dans un magazine.

Avec cela en tête, nous sommes entrés chez *Macy's*, nous avons pris l'escalier roulant et nous nous sommes rendus au salon de la mariée. En arrivant à l'étage, nous avons tout de suite vu un mannequin qui portait une magnifique robe de dentelle ivoire.

— La voilà ! s'exclama Karen en s'arrêtant net.

— Bon ! Tu vois ! dis-je rayonnant.

— Elle est magnifique, mais je ne suis pas certaine qu'ils aient ma taille.

Nous avons cherché l'étiquette. C'était effectivement une robe signée Jessica McClintock et de la bonne taille ! Nous nous sommes regardés étonnés. Était-ce un autre signe ? Nous avons trouvé une vendeuse pour qu'elle vérifie le prix.

— C'est la dernière qu'il nous reste et elle est en solde aujourd'hui.

Je pense que c'est à ce moment-là que j'ai été persuadé que notre mariage était bel et bien prédestiné.

La cérémonie a eu lieu à Malibu, dans la magnifique demeure d'un de nos amis avec vue sur l'océan. C'était une cérémonie toute simple et nous avions nous-mêmes composé les vœux que nous avons échangés ce jour-là. Je pense que l'un des signes les plus importants que nous ayons eus était sans doute le suivant. Tandis que nous récitions nos vœux, deux colombes sont venues voltiger au-dessus de l'endroit où nous étions rassemblés et elles sont restées tout près jusqu'à la toute fin. C'était vraiment une expérience mémorable qui restera à jamais gravée dans mon cœur.

Karen et moi sommes partis pour une courte lune de miel et nous avons rapidement repris nos activités normales. Un peu après j'ai eu l'impression d'avoir vraiment accompli quelque chose. Je ne sais pas comment l'expliquer, sauf que j'avais le sentiment d'avoir complété quelque chose.

Nous avons acheté une maison et avons pris plaisir à l'aménager et à la décorer. Nous avons adopté deux chiens et donné refuge à plusieurs chats errants. Mais rien ne pouvait combler le vide qui sévissait toujours entre nous. Après nous être installés dans notre nouvelle demeure, notre relation a commencé à se désintégrer. Comme pour beaucoup d'autres couples, chacun des individus apprend et évolue à un rythme différent et c'est, je crois, ce qui nous est arrivé. Je pense que nos buts personnels nous menaient dans des directions différentes, et avec chaque jour qui passait, nous nous éloignions un peu plus l'un de l'autre. Nous avons consulté et avons suivi une thérapie qui a duré des mois, et après une myriade d'exercices et de tentatives de réconciliation, j'en suis venu à la conclusion que notre mariage était terminé. Il avait duré un an et demi. D'une part j'avais toujours l'impression d'avoir accompli quelque chose même si je ne savais pas exactement de quoi il s'agissait et, d'autre part, je ressentais une grande tristesse devant la tournure des événements.

Un apprentissage en soi

Peu importe lequel des deux conjoints entreprend les procédures du divorce, il faut toujours deux personnes pour réussir un mariage ou pour le faire échouer. Au fur et à mesure que notre union se désintégrait, Karen et moi avons tous les deux ressenti de la colère et de la culpabilité. C'était l'une des périodes les plus difficiles de toute ma vie. À certains moments je me disais : *Mais je ne connais pas cette personne*. Jusqu'à un certain point, ma vie n'avait plus aucun sens. J'avais l'impression d'avoir tout fait pour que notre mariage fonctionne mais il ne fonctionnait toujours pas. J'ai commencé à me poser des questions : *Est-ce que tout cela fait partie de notre cheminement spirituel ? Et qu'en est-il alors des signes que nous avions eus du monde des esprits ?* J'étais vraiment déconcerté puisque j'avais cru avoir reçu la bénédiction du monde des esprits pour ce mariage. Or voilà que nous nous séparions.

Pour pouvoir apprendre de toute cette expérience, il fallait que j'assume la responsabilité de mes décisions. J'ai commencé par me demander pourquoi je voulais divorcer.

Pourquoi suis-je si frustré par ce mariage ?

Est-ce que je me sens triste, seul et déprimé ?

Ai-je l'impression que la connexion qu'il y avait entre Karen et moi n'existe plus ?
Avons-nous les mêmes buts ?
Respectons-nous nos différences mutuelles ?
Avons-nous des problèmes de contrôle ?
Suis-je heureux ?
Mon âme est-elle bien nourrie ?

Cette dernière question était, pour moi, la plus importante d'entre toutes. Et malheureusement la réponse était *non.* On ne peut rester dans un mariage lorsqu'on sent qu'il y a des privations aux niveaux émotionnel, physique, mental ou spirituel. En réfléchissant bien, je me suis aperçu que nous étions deux âmes qui avaient besoin d'apprendre l'une de l'autre. Il fallait que je considère la situation comme une occasion de croître même si tout cela me paraissait insensé pour l'instant. Au-delà de la douleur et de la souffrance, il me fallait trouver l'amour et la joie. Je devais trouver le bonheur en moi-même.

Plusieurs mois plus tard, je suis allé voir un guérisseur clairvoyant du nom de Michael Tamura qui m'avait été chaudement recommandé par un ami. Michael est un homme sage qui possède un grand sens du discernement. Dès que j'ai fait sa connaissance, j'ai senti qu'il avait un grand don de clairvoyance.

Lors de notre première rencontre, Michael m'a assuré qu'il ne m'avait jamais vu et qu'il n'avait jamais entendu parler de moi. J'étais soulagé puisque je pourrais mieux me fier à ce qu'il me dirait s'il n'avait aucune idée de qui j'étais. Michael commença en fixant un point au-dessus de ma tête et en déplaçant ses mains dans un mouvement longitudinal.

— Vous avez été marié, non ? me demanda-t-il.

— Oui, répondis-je.

— Une fille pas très grande, les cheveux blonds et bouclés, n'est-ce pas ?

— Oui, c'est exact.

De toute évidence, il était sur la bonne voie.

— Oui, je vois son énergie autour de vous. Elle s'accroche encore à vous en quelque sorte. Ensemble, vous venez de vous acquitter d'une dette karmique, c'est-à-dire une obligation contractée dans une vie antérieure. Je vois que vous avez rompu votre mariage et je comprends pourquoi.

Enfin, me suis-je dit, quelqu'un qui allait pouvoir m'expliquer et me dire pourquoi nous nous étions mariés. Toute clarification était la bienvenue.

— Continuez, je vous en prie. J'aimerais en savoir davantage sur ce point.

— Voyez-vous, m'expliqua Michael, dans une vie antérieure, Karen et vous étiez des gitans. Vous voyagiez en charrette et vous vous arrêtiez dans les différents villages que vous traversiez. Au cours de cette vie, qui semble être la dernière que vous ayez vécue ensemble, Karen vous a supplié de l'épouser et vous lui aviez promis de le faire. Mais quelques jours avant votre mariage, vous avez pris peur et vous vous êtes enfui. Elle était si découragée et elle s'en voulait tellement qu'elle a mis un terme à sa vie. Elle a bu un poison qui l'a tuée. C'est ainsi qu'est née la dette karmique dont je vous ai parlé. Entre vos différentes vies, vous avez promis de vous occuper des répercussions de cette dette. Comprenez-vous ?

— Oui, parfaitement.

— Il vous a fallu surmonter votre peur de l'engagement et en même temps aider Karen à croire en sa propre force.

Les mots de Michael résonnèrent au plus profond de mon âme. J'avais l'impression de regarder dans un miroir et d'y voir ma vie. J'ai finalement compris pourquoi j'avais eu ce besoin incontournable d'être avec Karen après notre liaison à l'université. La perspicacité de Michael m'a aussi éclairé sur le sentiment d'abandon que Karen traînait toujours, sa tendance à s'isoler et ses idées suicidaires. Il fallait qu'elle puisse revivre ces mêmes sentiments pour pouvoir enfin les surmonter et progresser. Elle devait apprendre à croire en elle, et je devais l'y aider. Cette séance avait certes mis les choses en perspective. L'esprit nous avait incités à nous unir dans cette vie-ci pour remplir nos obligations karmiques. Il ne tenait plus qu'à nous maintenant de savoir tirer profit de cette leçon. J'étais soulagé de savoir que j'avais enfin accompli ce que j'avais promis de faire. Et je n'avais plus aucun doute quant à mon choix de divorcer. Je sentais que nous avions complété ce que nous avions à accomplir et que nous étions libres désormais de continuer l'un et l'autre.

Avec le recul, je puis dire que mon mariage et mon divorce avec Karen paraissent peut-être simples, mais la leçon à tirer de cette situation n'était pas du tout évidente. En tant qu'êtres humains, nos pensées et nos émotions, nous empêchent souvent de voir clair dans nos vies. N'y a-t-il pas une expression qui dit : *Il faut s'ôter de son propre chemin.* Or, c'est exactement ce qu'il faut faire. Il faut savoir laisser tomber les attitudes telles : « J'ai raison, tu as tort. » Il est tout à fait normal d'avoir du chagrin quand on divorce. D'ailleurs ce chagrin est essentiel pour qui veut s'en sortir. Trop de gens ne comprennent pas que toutes les émotions que suscite le divorce font partie du processus normal du chagrin. Une fois que nous avons compris cela, nous pouvons à nouveau laisser couler la vie plutôt que d'essayer de nous accrocher au passé.

Du point de vue psychologique, le fait de se retrouver à nouveau célibataire peut être source d'insécurité et d'angoisse pour plusieurs. La crainte la plus évidente concerne la perte de stabilité financière. Vous vous retrouvez soudainement avec un seul revenu, et vous ne pouvez plus faire de dépenses extravagantes. Si vous avez des enfants, c'est encore plus inquiétant. Souvent la personne qui divorce doit trouver un revenu d'appoint, ce qui risque d'accroître son ressentiment et de l'affaiblir encore davantage sur le plan émotionnel. Puis il y a toutes les responsabilités qu'il faut endosser seul. La personne divorcée vit le même processus du chagrin que celui ou celle qui perd un être cher à sa mort. Elle se sent isolée et cherche à s'éclipser dans la négation. Elle se dit : *Ça ne peut pas m'arriver à moi.* Elle nie ses sentiments. En effet, si on ne les ressent pas, peut-être qu'ils n'existent pas vraiment. Je crois, en outre, qu'une bonne partie des problèmes de notre société proviennent d'émotions et de sentiments qui ont été niés. Des actes de violence jusqu'aux abus de toutes sortes résultent de sentiments négatifs qui ont été profondément réprimés et déniés.

Quand vous vous sentez isolé, seul, indifférent et insensible, je vous recommande fortement de chercher de l'aide auprès de vos amis ou encore d'un groupe de soutien. Il vous faut vous libérer de vos émotions négatives. Il ne faut pas vous accrocher à vos blessures, à votre colère ou à votre ressentiment. Toutes ces émotions n'ont pour effet que de vous faire sentir misérable et inadéquat. Au lieu de laisser ces sentiments s'envenimer, essayez plutôt de combler le vide en vous. Si vous pouvez reconnaître que vous avez perdu quelque chose, vous aurez au moins fait le premier pas vers un mieux-être. Il faut que vous compreniez qu'il y aura de nombreux ajustements à faire tout au long du chemin.

En tendant la main aux autres, vous entreprenez la cicatrisation de vos blessures et l'apaisement, voire la guérison de votre chagrin. Quand vous parlez à quelqu'un que vous respectez et en qui vous avez confiance, quand vous exprimez ce que vous ressentez, vous goûtez une sorte de soulagement. Cette forme de purgation est toujours salutaire. Par ailleurs, quand vous discutez de vos sentiments avec une autre personne, celle-ci vous renvoie une image nouvelle de la situation, une autre perspective. Le regard d'un autre peut vous aider à voir un problème sous un angle différent et à démêler ce que vous ressentez et peut-être à conclure ou à mettre fin à une situation.

Les enfants et le chagrin

Entre nos différentes vies, Karen et moi avions accepté de résoudre notre karma. Une fois cette mission accomplie, nous n'avions plus besoin d'être ensemble. Cependant, chaque situation est unique. Le karma de nombreux couples inclut des enfants. Rappelez-vous que chacun des membres d'une famille choisit les conditions dans lesquelles il vient au monde, y compris les enfants des parents qui divorcent. Néanmoins, quand les parents divorcent, ils devraient aussi considérer les sentiments et les inquiétudes de leurs enfants de même que leurs états psychologiques et émotionnels. Les enfants sont souvent laissés pour compte dans les rouages complexes du divorce.

Quand le couple divorce, la plupart des enfants ont déjà vécu des mois, voire des années de conflits familiaux. Et parce qu'ils sont beaucoup plus sensibles que les adultes, les enfants comprennent toutes les pensées, les nuances, les émotions ainsi que les actions visibles et non visibles. Ils enregistrent tout dans leur subconscient. Dès l'âge de trois ans, l'enfant portera les marques des cicatrices émotionnelles laissées par un divorce. Alors, n'allez pas croire que les jeunes enfants sont insensibles à ce qui se passe autour d'eux. Leurs pensées et leurs émotions sont enfouies loin dans leur psychisme et elles peuvent passer inaperçues aux yeux des adultes qui les entourent.

Les enfants plus âgés ont tendance à paniquer et à se demander ce qui leur arrivera si leurs parents se séparent. Quelles que soient les disputes et les querelles, les abus et les bouleversements, les enfants préfèrent toujours la présence rassurante des deux parents, le père et la mère. Les enfants ne verbalisent pas ce qu'ils ressentent, mais ils se sentent évincés, dépossédés. *Où irai-je ? Qui s'occupera de moi ?* Il en va de même lorsqu'un des parents meurt. Les enfants ressentent la perte, mais ils ne savent pas comment verbaliser leurs sentiments. Chez eux, tout est intériorisé et amplifié. Les enfants se sentent souvent en cause, comme si c'était leur faute en quelque sorte et ces sentiments de culpabilité peuvent influencer le reste de leur vie. Parfois, ces émotions non exprimées se manifestent dans des comportements destructeurs.

Les enfants du divorce peuvent aussi se sentir pris au milieu d'une situation sur laquelle ils n'ont aucun contrôle. Ils aiment leurs parents, mais ils sentent qu'ils doivent prendre parti, en choisir un au détriment de l'autre. Imaginez la difficulté que cela peut représenter pour un enfant ! C'est trop demander ! Il arrive que les parents mettent délibérément leurs enfants au cœur de leur divorce, ce qui a pour résultat d'instiller encore plus de crainte chez l'enfant. La plupart des parents arrivent à un compromis sur la garde des enfants et ceux-ci habitent avec l'un et visitent l'autre.

Il y a plusieurs points communs entre perdre un parent à la mort ou par un divorce. D'abord, l'enfant se sent habituellement coupable : *Ai-je fait quelque chose de mal ? Est-ce une punition parce que j'ai mal agi ?* L'enfant est déconcerté. Il se peut qu'il ne sache plus comment se comporter avec ceux de son âge. Il peut être gêné devant ses camarades. Il peut avoir envie de pleurer, mais voudra sans doute cacher ses émotions pour ne pas faire de peine à ses parents. L'enfant peut être de mauvaise humeur ou en colère : *On m'a abandonné. Je ne puis rien faire, je suis impuissant dans cette situation. Je ne compte pas pour eux.*

Si l'enfant est élevé avec des principes religieux, il peut questionner Dieu sur la séparation de ses parents : *Est-ce une façon de me punir ?* Physiquement, les enfants peuvent souffrir d'insomnie, de perte d'appétit et d'une baisse de leur niveau d'activité.

En grandissant, les enfants doivent apprendre à composer avec le comportement des adultes, ce qui est difficile et ce, même dans les meilleures circonstances. Lors d'un divorce, l'enfant doit composer avec les pires conditions. Dépendant de l'entente concernant la garde des enfants, une mère peut avoir l'impression d'avoir perdu le contrôle de la vie de son enfant. Elle peut devenir agaçante, désagréable et dominatrice. Il se peut qu'elle dise au père ce qu'il peut et ce qu'il ne peut pas faire pour l'enfant. Ce genre de comportement suscite le ressentiment du père et crée un mur entre les parents. Le père se venge généralement en ne disant pas tout à la mère et ce genre de situation devient rapidement très pénible pour les enfants. La mère ne veut que ce qu'il y a de mieux pour son enfant, mais son attitude dominatrice, qui est en réalité une manifestation de sa colère et de son ressentiment, cause plus de mal que de bien. Le père qui souhaite établir sa propre relation parent-enfant, pour montrer sa valeur en tant que parent, peut à son tour faire certaines choses dans le seul but de blesser son ex-conjointe. Ce genre de comportement ne suscite qu'incompréhension et méfiance chez l'enfant qui souffre trop souvent en silence. Il peut aussi arriver que les parents soient tellement absorbés par leurs propres émotions qu'ils ne puissent pas aider leurs enfants avec leur chagrin. Il arrive même que des parents répudient les sentiments de leurs enfants parce qu'ils sont eux-mêmes incapables d'affronter la situation. C'est au parent à prendre le dessus dans une telle situation. C'est à lui d'être attentif aux humeurs et aux comportements de son enfant. C'est aussi aux parents d'aider leurs enfants à exprimer ce qu'ils ressentent.

Un autre problème survient lorsqu'un parent revient à la maison avec un nouveau conjoint. Il se peut que l'enfant se sente menacé par cet étranger. *Est-ce qu'elle ne m'aime plus ? Est-ce que je ne lui suffis pas ? Peut-être que je dérange… et que je devrais partir…* Si l'autre parent condamne ou critique le nouveau conjoint de son ex, cela risque d'amplifier la peur de l'enfant de perdre l'amour de son parent ou encore de faire en sorte qu'il se sente mis de côté. Pour l'enfant, la confusion s'ajoute à l'incertitude. Dans un tel cas, il importe avant tout que le parent se demande : Qu'est-ce qui est le mieux pour le bien-être psychologique et émotionnel de mon enfant ? Les parents devraient essayer de se mettre à la place de leurs enfants, simplement et honnêtement. Il faut qu'ils comprennent que leurs enfants absorbent leurs comportements négatifs non seulement sur le plan émotionnel et psychologique, mais aussi sur le plan psychique. Généralement, les enfants ne savent pas pourquoi ils se sentent tristes ou mélancoliques. Ils sont comme des éponges qui absorbent la désolation de leurs parents.

J'ai fait des séances avec quelques enfants au cours de ma carrière de médium. Or, les enfants ne peuvent pas tout comprendre et ils sont incapables d'exprimer leurs sentiments, leurs pensées et leurs sensibilités psychiques. Par exemple, j'ai fait une séance avec un garçon dont l'entraîneur sportif était décédé. L'esprit lui a dit que ce dernier était au ciel et qu'il allait bien. L'enfant en a été soulagé. Je pense que la plupart des enfants veulent savoir ce qu'il advient des adultes qui les ont quittés. Ils veulent s'assurer que tout va bien pour eux. Que rien de mal ne leur est arrivé. Enfin, ils veulent savoir si leur père ou leur mère est sain et sauf.

Aider un enfant à guérir d'un chagrin

En tant que parents, nous devons être à l'écoute de nos enfants dans ces moments difficiles. Parlez à vos enfants. Expliquez-leur ce qui se passe. Exprimez vos émotions profondes, mais ne blâmez pas votre ex-conjoint. Il ne faut surtout pas que l'enfant se sente comme un arbitre au milieu d'une querelle. Il ne faut pas non plus faire de l'enfant un bouc émissaire.

La pire chose qu'un parent puisse faire, c'est d'essayer de cacher le divorce à l'enfant. Il en va de même avec la mort. Les parents peuvent avoir l'impression de protéger leur enfant d'une douleur inutile, mais ce genre d'attitude a toujours des effets néfastes : l'enfant se sent mis à l'écart, comme s'il n'avait pas d'importance. Traitez vos enfants comme vous aimeriez que l'on vous traite. Faites-leur comprendre qu'ils font partie intégrante de l'unité familiale. Adaptez votre message à l'âge de l'enfant ainsi qu'à son niveau de compréhension. S'il est jeune, il vaudrait peut-être mieux décrire la situation au moyen de dessins ou de photos, ou encore en faisant référence à des personnages ou des situations qui proviennent du monde que l'enfant connaît. S'il est plus vieux, asseyez-vous pour discuter honnêtement de la situation. Il est essentiel que les parents parlent à leurs enfants et qu'ils les aident à verbaliser leurs sentiments et leurs inquiétudes. Mais ne vous attendez pas à ce que l'enfant réagisse ou réponde comme un adulte. Les enfants ont tendance à ne pas parler de ce qu'ils ressentent. Ils ont plutôt l'habitude d'exprimer leurs émotions par des comportements, alors soyez observateurs. L'enfant est-il maussade ou apathique ? A-t-il tendance à trop s'isoler ? Rentre-t-il trop tard ? En tant que parents, c'est à nous de prêter attention à nos enfants et non le contraire.

La chose la plus importante que vous puissiez faire est de leur manifester votre amour, votre affection et votre soutien. Incluez vos enfants dans toutes les discussions qui pourraient les aider à exprimer leur chagrin. Faites un effort pour maintenir et entretenir une atmosphère d'amour dans la maison. Vous pouvez toujours demander l'amour et l'affection de vos enfants en leur réclamant caresses et bisous. Cela les aidera à comprendre qu'ils jouent un rôle important dans le processus de soulagement de votre chagrin tout en renforçant le lien qui vous unit à eux. Les enfants ont besoin de savoir que vous les aimez toujours, quelles que soient les circonstances.

Il n'est pas toujours facile d'identifier correctement les émotions et le chagrin des enfants. Il peut se passer des années avant que l'enfant ne vous dise qu'il se sentait responsable de votre divorce. C'est pourquoi il est si important que le parent en parle avec l'enfant le plus tôt possible. Vous devez dire à l'enfant qu'il n'est en rien responsable de votre séparation et que ce n'est pas une punition pour quelque chose qu'il aurait fait. Il faut à tout prix éviter que des sentiments négatifs s'enveniment et se manifestent plus tard sous forme d'un complexe d'infériorité qui peut mener à des comportements fatalistes comme l'alcoolisme, l'abus de drogue ou le recours à la violence.

Quand vous parlez avec vos enfants, laissez-les poser des questions et offrir des pistes de solutions à vos problèmes. Faites en sorte qu'ils se sentent impliqués dans votre vie. Quelle que soit la situation avec votre ex-conjoint, vous devez continuer à échanger le plus amicalement possible pour le bien de vos enfants. Créez une atmosphère positive dans laquelle les enfants pourront laisser libre cours à leur curiosité et à leur créativité. Les parents devraient expliquer à leurs enfants qu'il est possible d'aimer quelqu'un même si on ne vit pas dans la même maison. Faites sentir à vos enfants qu'ils font toujours partie d'une famille. Et surtout, continuez à leur dire que vous les aimez.

Conseils pour apaiser votre chagrin

- Permettez-vous de vivre le processus du chagrin dans son entier.
- Évaluez votre mariage. Quels sont vos sentiments ? Faites le bilan de votre relation sur tous les plans : émotionnel, mental, spirituel et physique.
- Relaxez-vous et méditez. Retrouvez votre centre d'équilibre. Tout est plus facile quand on a retrouvé son équilibre. Quand vous serez centré et bien remis sur pied, vous verrez les choses plus clairement. Enfin, tâchez de ne pas laisser vos émotions négatives assombrir vos pensées.
- Cessez de vous sentir victime. Prenez-vous en main, prenez le contrôle de votre vie au lieu de vous apitoyer sur votre sort.
- Laissez couler l'énergie positive dans toutes les sphères de votre vie. Essayez de considérer cette situation comme une occasion de vous renouveler, une autre chance à la vie.
- Apprenez à lâcher prise. N'essayez pas de contrôler la situation. Utilisez l'énergie de votre colère pour affronter la situation de manière positive.
- Établissez-vous un réseau de soutien constitué d'amis et de groupes sociaux pour recommencer à

vivre en tant que célibataire. Vous pourriez, par exemple, prendre un cours ou entreprendre une nouvelle carrière. Laissez-vous le temps d'explorer chaque occasion qui se présente et qui pourrait vous intéresser.

• Familiarisez-vous avec les effets du divorce en lisant, en assistant à des conférences ou encore par le biais de l'Internet. Il y a beaucoup d'information disponible. Allez chercher ce dont vous avez besoin pour vous rebâtir une nouvelle vie.

• Ralentissez votre rythme. Prenez votre temps. Il n'est pas nécessaire de tout faire en même temps. Laissez-vous le temps de respirer et l'espace nécessaire. Ne vous lancez pas dans une autre relation sans prendre le temps de vivre votre chagrin et de vous en remettre. Sinon, ce serait injuste et la nouvelle relation n'aurait pas toutes les chances qu'elle mérite.

• Créez une nouvelle unité familiale pour vos enfants. Il faut redéfinir la famille et vos rôles parentaux dans cette nouvelle unité. Évitez toute forme de contrôle ou de manipulation. Il faut discuter des arrangements financiers, des changements d'écoles et des horaires de visites. Pour le bien de vos enfants, tâchez de faire tous ces arrangements de la manière la plus amicale possible.

• Développez votre nouvelle vie en incluant vos enfants dans les processus décisionnels.

• Transcrivez vos sentiments dans un journal et inscrivez-y ce que vous aimeriez pour l'avenir.

• Pardonnez à votre partenaire et pardonnez-vous aussi à vous-même, même si, pour l'instant, vous ne pouvez pas comprendre la logique de la situation. Essayez de comprendre les sentiments de l'autre. Réalisez que celui ou celle que vous aimiez a changé. Sachez lâcher prise et libérer l'autre sans lui en vouloir. Le divorce est une leçon qui vous est destinée à tous les deux. C'est une solution qui, à long terme, vous profitera à tous les deux.

• N'oubliez pas que vous n'êtes jamais seul. L'amour est partout autour de vous. L'amour ne vous a pas été enlevé. Vous êtes fait d'amour et cette terre est riche en occasions d'aimer à nouveau.

7

PASSAGES

Rien ni personne ne nous prépare à l'échec, à la maladie, à la pauvreté ni à vieillir. Bien au contraire. Nous cherchons à atteindre le succès, à nous réaliser, à être tout ce que nous pouvons être. Nous voulons tenter notre chance et y mettre le paquet. Mais que se passe-t-il lorsque survient une crise, une maladie ou une catastrophe ? La plupart d'entre nous entrent en état de choc. Nous ne savons pas quoi faire ni comment aborder une telle situation. Toutes les pertes, même les plus mineures, sont importantes. Alors, comment faire face à une crise ou à un deuil ? La réponse : par le chagrin.

Quand notre vie est perturbée par la mort d'un être cher, nous sommes immédiatement accablés de chagrin. C'est une conséquence naturelle de la mort. Mais le chagrin est un processus complexe qui englobe beaucoup plus que la mort du corps. Il existe en effet une myriade d'expériences de vie qui peuvent aussi nous donner l'impression de perdre quelque chose. Certaines de ces expériences sont nécessaires parce qu'elles nous forcent à changer, à progresser et à lâcher prise. Et ce sont pour ces raisons mêmes que nous devons vivre le processus du chagrin. Il y a des pertes qui sont incontournables, comme le vieillissement ou encore celle des enfants qui quittent le nid familial. D'autres exemples de pertes comprennent la maladie chronique, la retraite, la perte d'un emploi ou de ses économies, les catastrophes physiques comme les inondations, les incendies, les accidents, la perte de sa maison, un handicap ou une infirmité, une maladie mentale, l'infertilité ainsi que le fait de s'occuper d'une personne âgée ou malade. Il existe aussi des pertes qui sont d'une nature plus ambiguë, comme la perte de confiance en soi, la perte de mémoire, de liberté, de pouvoir, de dignité, le fait de ne pas atteindre un but ou de ne pas réaliser ses rêves.

Le quotidien est rempli d'occasions qui nous incitent à nous attacher et à nous investir dans quelque chose. Et nous devenons tellement pris dans tous ces rouages que nous avons l'impression que ces moments n'auront jamais de fin. Cependant quand on perd quelque chose ou qu'une chose nous est enlevée, quand notre santé défaille, notre argent diminue, quand nos enfants déménagent, on devient vulnérable et on entre dans le processus du chagrin. Ces expériences de vie nous dérangent sur le plan émotionnel même si nous ne nous rendons pas toujours compte que nous avons du chagrin. Il se peut même que l'on se dise qu'on n'a pas à avoir de chagrin, qu'on n'en a pas le droit. Or, il faut savoir et comprendre que nos sentiments et nos comportements sont liés aux expériences que nous vivons et aux pertes que nous subissons, et aussi difficile que cela paraisse, c'est à travers nos deuils et nos pertes que nous évoluons et que nous progressons.

La vie est remplie de luttes émotionnelles et elle est certes pleine de tensions, de malheurs et d'incertitude. Nous en voyons des exemples partout autour de nous. La négation et l'isolement font aussi partie de nos vies. Nous comprenons vaguement pourquoi nous nous sentons déprimés, confus, rejetés ou en colère. Nos habitudes, le conditionnement que nous avons subi durant l'enfance de même que les influences de notre ego nous font tanguer d'un côté et de l'autre. Il n'y a pas de solution simple à notre malaise. Et même si je vous enjoins de vous sentir mieux, cela ne signifie pas pour autant que vous vous sentirez mieux. Cela demeure votre choix à vous. Sur le plan spirituel, nous avons des promesses à tenir et des choses à apprendre. Dans les tournants de la vie, il y a toujours des moments qui nous en révèlent plus sur nous-mêmes que d'autres.

Quand la vie est perturbée par une perte ou un deuil, on peut ou bien exprimer ses sentiments ou encore les refouler. Si nous choisissons de les réprimer, nous ouvrons tout grand la porte au désespoir et à l'impuissance. Si au contraire, nous reconnaissons nos sentiments et nos émotions, si nous y cherchons un enseignement, nous avons une chance de progresser au-delà de la douleur. Il faut passer à travers le processus du chagrin et découvrir pour nous-mêmes les occasions qui nous attendent au-delà de la souffrance.

Le monde spirituel m'a instillé un enseignement d'une grande sagesse : nous sommes ici pour apprendre à nous accepter nous-mêmes ainsi que le monde qui nous entoure avec amour et compassion. Si nous pouvions réussir cela, nous serions plus satisfaits et plus heureux. Nous nous sentirions mieux dans notre peau et pourrions mieux profiter de tout ce que nous avons. Nous comprendrions que le changement est inévitable, et nous nous sentirions la force d'y faire face. Nous pourrions jeter à la poubelle nos flacons de Prozac ainsi que nos bouteilles d'alcool ou de quoi que ce soit qui nous anesthésie. Nous réaliserions que quoi qu'il arrive, les expériences ont leur raison d'être et qu'il s'agit toujours pour nous d'une occasion pour croître sur le plan spirituel. Comme je l'ai déjà mentionné dans *Reaching to Heaven*, nous sommes venus sur terre pour faire évoluer notre âme. C'est la seule raison à considérer.

Perdre son chez-soi

Perdre son chez-soi dans une catastrophe, en raison de l'âge, à cause d'ennuis financiers, ou parce que l'entreprise pour laquelle nous travaillons nous a déplacés, voilà toutes des causes de chagrin. Même si nous voulons déménager, le fait de changer de demeure cause toujours du stress. C'est un événement qui peut porter à confusion et faire peur. On espère toujours avoir fait le bon choix, mais on n'en est pas certain parce qu'on ne sait pas à quoi s'attendre. Chez celui qui est forcé de déménager ou de quitter sa demeure, les sentiments d'anxiété se cumulent. Quand on déménage ou qu'on perd son chez-soi, on perd aussi une partie de son identité. Dans notre vieille demeure, nous avions des amis et des voisins connus. Quand on emménage dans de nouveaux lieux, on devient presque invisible. Personne ne nous connaît et on ne connaît personne. On se sent déconcerté, troublé, découragé. C'est le chaos : les pièces sont pleines de boîtes et tout est à l'envers. On se demande ce qui va arriver dans ces nouveaux lieux. Rien ne nous est familier et, humains que nous sommes, nous craignons toujours, ne serait-ce qu'un peu, ce qui ne nous est pas familier. On se demande si un jour on pourra être bien dans cet endroit, si la vie redeviendra normale.

Les parents doivent aussi considérer les sentiments de leurs enfants. Les déménagements sont souvent plus pénibles pour les enfants que pour les adultes. Ils perdent leurs amis et leurs camarades de classe. Et cela leur est très difficile. Quand j'étais au primaire, un de mes meilleurs amis a dû déménager parce que son père avait perdu son emploi et que sa famille avait été obligée d'emménager avec des gens de la parenté. Cela m'avait beaucoup attristé. Lui non plus n'était pas très content de partir, mais il avait fait contre mauvaise fortune bon cœur et il s'était montré brave pour sa famille. Dans ce temps-là, les gens ne déménageaient pas comme aujourd'hui, alors c'était un gros événement. Nous nous étions promis de rester en contact et il m'avait effectivement téléphoné une fois. Ensuite, je n'ai plus jamais eu de ses nouvelles. C'était comme s'il avait disparu de la surface de la terre. Je suis certain qu'il a eu de la difficulté à s'adapter à sa nouvelle école, à ses nouveaux amis et à vivre avec d'autres gens. Les enfants ont souvent tendance à devenir tranquilles et reclus dans ces situations, comme s'ils avaient été abandonnés. Ils n'arrivent pas à se sentir à leur place dans les groupes existants. C'est très inquiétant pour eux et ils sont souvent « malades » au cours de la première année, juste pour avoir une excuse pour rester à la maison. Les enfants ne peuvent pas exprimer précisément ce qu'ils ressentent ; tout ce qu'ils savent c'est qu'ils ne sont pas à leur place là où ils se trouvent. Ils ont perdu leur identité parce que leur sens du moi était intrinsèquement lié à leur environnement. Parce que le fait de déménager est tellement exigeant pour les enfants, il est important d'en parler et d'en discuter longuement avec eux.

Déménager signifie souvent que nous sommes dans une période de transition de notre vie, par exemple, pour commencer une carrière ou pour en changer. Quand j'ai quitté New York pour la Californie, il m'a fallu un certain temps pour m'ajuster à la façon de faire et de vivre sur la côte Ouest. Ainsi j'ai dû acheter une voiture alors que je n'en avais jamais eu besoin à New York. J'ai aussi dû me faire de nouveaux amis puisque je ne connaissais personne à Los Angeles. J'avais beaucoup d'amis dans l'Est, des gens qui me connaissaient bien puisque nous avions fait nos études ensemble, mais là, dans ce nouvel environnement, je n'étais plus qu'une ombre. Il me fallait tout apprendre : où aller pour faire faire l'entretien de la voiture, les bons endroits où manger, tout ce genre de choses. Bref, il me fallait me bâtir une nouvelle vie. Pendant un certain temps, je me souviens de m'être senti déprimé. Ma famille et mes amis me manquaient, et aussi tout ce que je connaissais et que je chérissais. *Là d'où je viens, les gens me connaissent ; ici personne ne me connaît. Peut-être ai-je fait une grosse erreur. Pourquoi ai-je déménagé, en fait ?* Toutes ces pensées tournoyaient dans ma tête. Pourtant je voulais vraiment commencer une carrière et écrire pour la télé. Il fallait donc que je sois dans un environnement propice à ce genre de choses. Alors, malgré mes craintes et mes doutes, j'ai dû faire un choix : rester et essayer de réaliser mon rêve ou partir et retourner là où tout était confortable et familier. Il me fallait lâcher prise même si c'était difficile. Après deux ans environ, j'ai commencé à me sentir chez moi dans l'Ouest.

Quand je regarde les nouvelles à la télé et que je vois des catastrophes dans lesquelles les gens perdent leurs demeures ainsi que tous leurs biens, je ne peux qu'imaginer leur douleur et leur souffrance. Ce sont là des épreuves difficiles, des moments particulièrement tristes. Perdre son chez-soi, déménager, que ce soit dans la même région ou très loin, tous ces départs nous remplissent de tristesse et parfois même d'une certaine détresse. Il est tout à fait normal d'avoir du chagrin. Mais étant donné qu'on essaie toujours de reprendre une vie normale le plus rapidement possible, souvent, on ne prend pas le temps de vivre complètement son chagrin. Changer d'environnement signifie qu'il faut créer de nouveaux liens, se faire de nouveaux amis. Au début, il faut souvent faire semblant que tout va bien, même si ce n'est pas toujours le cas. On masque nos vrais sentiments en public et on les exprime en secret, dans notre intimité. Quand on recommence, qu'il s'agisse d'une nouvelle demeure, d'un nouvel emploi, d'une nouvelle carrière, d'un nouveau mode de vie, on a souvent une certaine impression de désespoir. On est complètement vulnérable. Dès qu'on se rend compte qu'on quitte ceux qui nous sont chers, nos amis et même des endroits qu'on aimait particulièrement, on entreprend le processus du chagrin. On passe par toute une gamme d'émotions : de la colère, la déception et la peur, à la tristesse et la mélancolie.

Mais n'essayez surtout pas de faire passer vos émotions trop rapidement. Donnez-vous le temps de les ressentir. Vous serez probablement triste au début. Quand vous entrerez dans votre nouvelle demeure, il se peut que vous vous sentiez indifférent. Peut-être serez-vous fâché contre vous-même, contre votre conjoint ou vos enfants. Ces derniers peuvent à leur tour vous en vouloir. Dites-vous qu'il est normal de réagir de cette façon et que ces sentiments négatifs se dissiperont avec le temps.

La plupart d'entre nous préférons éviter le chagrin et la douleur. Nous sommes si bien programmés pour les surmonter et pour reprendre la vie « normale », que nous avons tendance à refouler toute émotion qui paraît contraire à la perspective sociale. Or, je suis de plus en plus convaincu que ces sentiments réprimés émergent éventuellement sous forme de violence. Nous ne pouvons pas exprimer, nous n'exprimons pas, nous avons peur de paraître vulnérables aux yeux des autres. Nous nous laissons aller à la « rage au volant » ou à la violence dans nos lieux de travail ou encore nous nous en prenons à notre famille. Sachez qu'il faut respecter ce que vous ressentez, sinon, vous n'arriverez jamais à comprendre les autres. Il faut vivre ces émotions complexes si nous voulons nous rétablir et nous sentir mieux. En réalité, le chagrin est bénéfique. Il nous aide à lâcher prise, à continuer à avancer et à nous adapter. Plus nous devenons souples dans notre manière de penser et d'être, plus nous prenons conscience de nous-mêmes et plus nous évoluons.

Quand j'étais jeune, les déménagements étaient rares. Les gens restaient habituellement là où ils étaient. Mais de nos jours, les gens se déplacent beaucoup. Nous sommes une société qui bouge plus ; nous sommes moins enracinés. Nous passons facilement d'une ville à l'autre, d'un état ou d'une province à l'autre et même d'un pays à un autre. Les différents membres d'une famille vivent souvent à des centaines de kilomètres les uns des autres. Pire encore, nous ne restons pas assez longtemps en un même endroit pour y établir des racines et une connexion si nécessaires à la santé et à la vitalité d'une communauté. Mais ce n'est là qu'une autre réalité de la vie. N'empêche qu'il est tout à fait naturel et humain de vouloir appartenir à un endroit, de vouloir avoir des racines.

La détresse de ceux qui deviennent littéralement sans-abri a des conséquences psychologiques encore plus importantes. Pensons seulement à leur morbidité et à leur désespoir. La vue des sans-abri nous dérange toujours parce que nous nous disons : *Ça pourrait être moi. À la grâce de Dieu !* Cela peut susciter la colère parce qu'on pense : *Comment peut-on en arriver là ? Je ne veux pas de ces gens dans mon quartier.* On voit les sans-abri comme une société anonyme, sans visage, des gens sales, ivres, qui dérangent l'ordre public. On manque souvent de compassion envers eux parce qu'on se dit qu'ils pourraient au moins essayer de faire quelque chose pour s'en sortir. Or, nous sommes tous des êtres transitoires sur cette terre. Certains d'entre nous sont incapables de s'adapter au rythme rapide de la vie actuelle tandis que d'autres ont cessé d'essayer. Mais cela ne signifie pas que les sans-abri soient des êtres inférieurs. En fait, bon nombre d'entre eux souffrent de maladies mentales et nous les traitons comme des lépreux. Ils ont perdu non seulement leur domicile et leur identité, mais aussi l'amour des leurs, de leur famille et de leurs amis sans compter tout respect d'eux-mêmes. N'oubliez pas que chaque sans-abri est l'ami, le parent, le fils ou la fille de quelqu'un. Pensez au dicton qui dit : « Ne jugez pas un homme avant d'avoir marché un kilomètre dans ses souliers. » Si nous pouvions au moins leur envoyer des pensées positives et visualiser leurs âmes comme étant saines et entières, ce serait déjà un début. N'oubliez pas que nous faisons tous partie de la puissance énergétique de Dieu et que tout ce que nous donnons, sur le plan mental, émotionnel et physique, nous est rendu.

Face à la maladie

Celui qui fait face à une maladie potentiellement mortelle ou à une maladie chronique est toujours confronté à sa propre mortalité. Non seulement sent-il un certain gaspillage de ses capacités physiques, mais il doit aussi affronter la peur ultime : la mort du corps. L'une des réactions les plus courantes est cette impression de perdre le contrôle sur sa vie. La personne en phase terminale d'une maladie sent qu'elle a perdu son avenir et elle se questionne sur l'utilité de son rôle dans la société. La famille de la personne atteinte doit affronter la perte de vitalité d'un être cher de même que la disparition d'une façon de vivre : la fin d'une routine dite « normale ». Il y a des regrets et des remords pour ce qui était et qui ne sera plus. Tristesse et douleur accablent la famille. C'était ainsi quand ma mère a eu son accident vasculaire cérébral. Non seulement elle souffrait, mais nous ne pouvions que la regarder souffrir. Nous avons assisté, impuissants, à la désintégration d'un être humain extraordinaire. Même si nous faisions de notre mieux pour rendre ses jours le moins inconfortables possible, nous nous sentions inutiles et contraints à la regarder mourir à petit feu.

Quand un être cher est malade, il faut aussi s'occuper des choses pratiques de la vie courante comme les rendez-vous chez le médecin, les soins infirmiers et les dépenses liées à la maladie. Les membres de la famille peuvent avoir du ressentiment envers cette maladie qui affecte celui ou celle qu'ils aiment. Après tout, la vie normale et le quotidien sont habituellement bousculés. De plus, être témoin de la détérioration de la santé d'un être cher est non seulement une expérience terrifiante, mais cela nous rappelle aussi notre propre vulnérabilité par rapport à la maladie. En un bref instant, la vie normale et la routine basculent. Tout ce qui nous semblait normal et routinier est chamboulé. Si nous nous occupons nous-mêmes du malade, nous passons le plus clair de notre temps à composer avec la maladie : téléphoner aux médecins, aller pour des tests, administrer les médicaments, etc. Il ne nous reste que peu de temps pour nous occuper de nos propres besoins. Ainsi, il y a non seulement la perte de vitalité de la personne malade qui nous atteint, mais aussi la perte de notre propre identité qui se trouve en quelque sorte anéantie par la maladie. Enfin, si la maladie dure longtemps, on peut finir par se sentir privé, voire escroqué d'une partie de sa vie.

J'ai moi-même participé, à titre de bénévole, aux soins de personnes gravement malades lors de la crise du SIDA dans les années quatre-vingt. Comme d'autres bénévoles, je passais une bonne partie de mon temps à m'occuper des besoins quotidiens et primaires des personnes atteintes. Par exemple, je les emmenais chez le médecin, j'allais acheter leurs médicaments, je m'assurais qu'ils aient des repas préparés d'avance pour les jours à venir, je les aidais à remplir les formulaires d'assurances, j'allais les voir à l'hôpital, etc. Après un certain temps, j'en étais venu à considérer plusieurs des malades comme des membres de ma famille étendue. Au fur et à mesure que la maladie progressait et qu'elle débilitait leur corps et leur esprit, j'étais là, sans pouvoir rien faire d'autre que d'assister passivement à toute cette souffrance et finalement à la mort. Je me souviens d'être allé à des douzaines de funérailles, et ce, dans un court laps de temps. Comme en temps de guerre, tellement de gens sont morts si rapidement que c'en était vraiment déchirant. Avec le temps, la maladie a aussi eu des effets retentissants sur les bénévoles et après quelques années, j'ai dû arrêter. Comme beaucoup d'autres aides-soignants, j'étais complètement vidé. Constamment en deuil. Je perdais trop d'amis face à cette maladie. Même si je savais que je partais alors qu'il restait encore beaucoup de travail à faire, il fallait que j'arrête et que je continue mon chemin. D'une certaine façon, il fallait que je retrouve ma vie. Je pense que tous les aides-soignants font face à un tel dilemme un jour ou l'autre. Il faut savoir reconnaître le moment de passer le flambeau à un autre et traverser, soi-même, le processus du chagrin.

Si c'est vous qui êtes malade et qui avez à faire face à votre propre mort, vous vivez certainement un des chagrins les plus profonds. Vous avez sans doute réalisé que vous ne pouvez plus contrôler votre vie comme vous le faisiez jadis. Les décisions concernant votre santé sont désormais prises par d'autres. Il n'y a pas de mots pour exprimer ce que ressent celui qui est près de la fin. Les dépressions sont courantes. Les gens n'ont d'autre choix que d'abandonner leurs rêves et leurs espoirs, tout ce qui touche leur avenir. On leur colle une étiquette : malade. Tout ce qu'ils font est perçu à travers cette perspective. Par exemple, si vous aviez un statut de pouvoir dans la communauté ou dans votre milieu de travail, on ne vous voit plus du même œil désormais. Si vous étiez le pourvoyeur de la famille, vous vous sentez coupable d'avoir laissé tomber les vôtres. C'est comme si votre identité vous avait été extirpée et qu'on l'avait remplacée par autre chose, quelque chose qui suppose que vous n'êtes pas une personne viable et que vous êtes un être à charge des autres. Cette nouvelle identité qui vous collera à la peau jusqu'à la fin est loin d'être valorisante et elle risque de ronger toute votre estime de vous-même.

Les gens qui perdent un bras ou une jambe, la vue ou l'ouïe, peuvent eux aussi se sentir complexés et inutiles. L'amputation de n'importe quelle partie du corps cause toujours beaucoup de chagrin et une certaine détresse. Nous nous identifions tellement à nos corps que nous nous sentons incomplets quand il nous en manque une partie. Plusieurs se considèrent même comme monstrueux après une amputation. De nombreux problèmes d'estime et de confiance en soi apparaissent aussi suite à la perte d'un membre ou d'un sens. Certains sont capables de surmonter ces sentiments négatifs et de changer leur optique de vie. Les nombreuses personnes en fauteuil roulant, les aveugles et les sourds nous prouvent tous les jours que la vie peut quand même être épanouissante. Oui, il peut y avoir perte au niveau du corps, mais l'âme est toujours *intacte*, notre divinité, notre essence.

La femme qui apprend qu'elle a une tumeur maligne au sein et qu'elle doit subir une mastectomie doit faire face à une panoplie d'émotions. À cause du fardeau que la société impose aux femmes, la perte d'un sein est perçue comme une perte de beauté, de féminité et d'identité en tant que femme. Il ne faut pas oublier que la femme s'inquiétera aussi de la propagation du cancer. J'ai rencontré plusieurs femmes qui considèrent maintenant cette expérience comme un moment de réflexion sur elles-mêmes et une prise de conscience de leur essence profonde. Récemment, Carol, une de mes grandes amies, a subi une mastectomie et je lui ai demandé ce qu'elle ressentait après son opération.

« James, cela m'a ouvert les yeux sur une foule de choses dans ma vie. Par exemple, je ne prends plus rien pour acquis, pas une seule journée. Je n'ai pas de temps pour les commérages et pour les insignifiances des gens superficiels, c'est-à-dire ceux pour qui seul le matériel compte. » Puis elle m'a dit qu'elle essayait toujours de trouver le plus de joie possible dans chaque situation. « Cela a été une expérience dévastatrice pour moi, mais en même temps, cela m'a permis de faire le point et de découvrir qui étaient mes vrais amis. Pendant la plus grande partie de ma vie, j'ai eu du mal à accepter quoi que ce soit des autres. C'était habituellement moi qui donnais et je ne pouvais m'imaginer devenir celle à qui l'on tend la main, celle qui reçoit. Mais, graduellement, j'ai dû apprendre à recevoir moi aussi. Moi qui avais toujours pensé que c'était mal de demander. Il a fallu que j'apprenne à apprécier l'amour et la générosité des autres. Cet ajustement a été très difficile pour moi. Au début, j'ai dû faire de gros efforts pour ne pas refuser l'aide des autres. En fait, je me suis rendu compte que je ne pensais pas mériter l'amour des autres ; j'avais l'impression que je n'avais rien à offrir. Je me disais que si je continuais à faire des choses pour les autres, ils m'aimeraient davantage. Ils croiraient que j'étais une bonne personne. Mais je me mentais à moi-même. La plupart du temps, je me sentais trahie, et frustrée ; j'étais loin de me sentir aimée. »

Carol m'a expliqué qu'après sa mastectomie, elle avait eu très peu de temps pour se laisser aller à la négation. J'ai été très étonné de la désinvolture avec laquelle elle s'est prise en mains après la chirurgie. Avec du recul, je dirais qu'elle avait acquis une attitude des plus saines. Ce n'était plus la peur qui la motivait. Elle avait compris qu'il s'agissait pour elle d'une occasion pour changer certaines choses dans sa vie, pour changer ce qui était faux. Elle est devenue plus audacieuse qu'elle ne l'avait jamais été. Elle m'a dit : « C'est tellement bon de savoir qu'on n'est pas qu'une paire de seins ou quelque autre partie de son corps, de se rendre compte qu'on est une âme enveloppée dans un corps et que c'est cette partie intérieure qu'il faut nourrir et épanouir. »

Heureusement pour elle, son cancer a pu être traité et aujourd'hui elle est en rémission. Devant cette maladie qui aurait pu s'avérer mortelle, Carol a choisi de changer sa façon de voir la vie. Tous ceux qui sont aux prises avec des maladies qui ne peuvent être traitées doivent aussi réaliser certaines choses. Parmi celles-ci, voici une vérité que j'ai apprise de mes amis du monde spirituel : nous sommes plus que nos corps, et que nous devons commencer à nous concentrer davantage sur le côté spirituel de la vie, surtout si nous l'avons négligé. C'est le temps de faire amende honorable, de régler ce qui ne l'est pas et de dire tout ce que l'on n'osait pas dire. Parlez à votre famille et à vos amis. Laissez-leur savoir comment vous vous sentez, mais tâchez de ne pas les blâmer, ni eux ni d'autres. Il se peut que vous soyez tellement déconnectés de vos sentiments que vous ne sachiez pas comment les exprimer. Vous pourriez voir votre maladie comme une occasion de vous occuper davantage de votre personne, d'être plus à l'écoute de vous-même. Dans le chaos et la confusion, vous vous sentez peut-être seul, apeuré, fâché, découragé, mal à l'aise, abandonné. Vous pouvez même vous apitoyer sur votre sort. Il se peut que vous enviiez ceux qui sont en bonne santé et pleins de vitalité. Les membres de votre famille se sentent peut-être débordés et dépassés par les événements. Si vous ne pouvez parler à quelqu'un de la famille, cherchez de l'aide et du support ailleurs, dans un groupe ou avec un thérapeute. Et il en va de même pour les autres, pour tous ceux qui sont touchés par votre maladie : eux aussi ont besoin d'aide. Il faut que vous vous rendiez compte que vous-même ainsi que ceux qui vous entourent avez tous à passer à travers les différentes phases du processus du chagrin. N'oubliez pas qu'il est toujours possible d'aller chercher de l'aide et que c'est à chacun de tirer avantage de tout ce qui apaisera et soulagera sa douleur et sa souffrance. Si vous êtes trop faible, vous pouvez quand même faire la paix à l'intérieur de vous et tenter de vous pardonner à vous-même ainsi qu'aux autres, les blessures, les erreurs, et les mots durs que vous portez en vous depuis des années. Le fait d'accepter sa propre faillibilité facilite la transition dans l'autre dimension.

La maladie physique est difficile en soi, certes, mais la maladie mentale l'est encore davantage. Une maladie mentale grave change presque toujours complètement la vie d'une personne et ce, de manière dramatique. Non seulement les signes et les symptômes de la maladie mentale sont bizarres, mais très souvent ils nous font peur. Par ailleurs, les familles qui doivent faire face à la maladie mentale d'un des leurs sont souvent bouleversées parce qu'il est très difficile de s'occuper du malade d'une façon normale et logique. En outre, la maladie mentale est encore aujourd'hui considérée comme une honte. On essaie de la cacher, on a honte d'avoir une personne atteinte de maladie mentale dans sa famille. Souvent aussi on blâme le malade lui-même, comme si c'était sa faute. Un tel stress peut susciter la négation et même provoquer l'éclatement de la famille.

Cela peut nous pousser à mettre le malade en institution ou pire encore, à couper tous les liens avec lui et à le laisser se débrouiller tout seul.

La maladie mentale continue à être une gêne, un embarras pour notre société. Comme je l'ai déjà dit, bon nombre de nos sans-abri sont des victimes de maladies mentales. Une grande variété de maux et de maladies sont regroupés sous le terme de maladie mentale, que l'on pense à la schizophrénie, aux troubles bipolaires de la personnalité, à la paranoïa, la dépression, les phobies, les psychonévroses obsessionnelles, au syndrome du stress post-traumatique, aux désordres alimentaires et même à la sénilité. La maladie mentale peut être causée par divers déséquilibres chimiques. Parfois, aussi elle est la conséquence d'une attaque psychique. Encore une fois, d'un point de vue spirituel, il n'y a jamais d'erreurs. Néanmoins, sur le plan humain, les familles souffrent beaucoup de la perte d'affection, d'amour et de normalité de l'être cher victime de maladie mentale. Leur souffrance peut s'exprimer sous forme de colère, d'anxiété et même de rage, tellement la maladie mentale est une notion difficile à comprendre. Une de mes amies a une cousine qui souffre de schizophrénie. Elle me dit souvent combien c'est difficile pour la famille. « Elle peut être tout à fait cohérente et l'instant d'après, quelque chose se déclenche dans son cerveau et elle devient complètement inconsistante et paranoïaque. C'est à n'y rien comprendre. Et on ne peut pas discuter de traitement de manière logique. Elle a peur de prendre des médicaments parce qu'elle pense que c'est notre façon de nous débarrasser d'elle. Si seulement nous savions ce qu'il faut faire. Il y a beaucoup de gens qui veulent nous aider, mais elle refuse de faire le premier pas. C'est exaspérant et complètement épuisant. Nous nous sentons tous si impuissants. »

Quand la maladie perturbe nos vies, nous entrons dans un état de tristesse continuelle. Quelle que soit la peine qui nous accable, il nous faut passer à travers le processus du chagrin et chercher les occasions de croître malgré la douleur et la souffrance. Il faut voir plus loin parce que toutes nos expériences ont leur raison d'être, leur but et leur signification. Après tout, il s'agit peut-être simplement d'apprendre à aimer un peu plus.

Des amis au paradis

En 1994, j'ai reçu un appel d'une dame qui voulait prendre rendez-vous pour une séance. Les circonstances étaient très inhabituelles. Elle s'appelait Toni Sparo et elle téléphonait de la part de sa mère, Gloria, qui était atteinte d'une grave maladie et qui n'avait plus que quelques mois à vivre. Au début, je pensais qu'elle me prenait pour quelqu'un d'autre ou qu'elle ne comprenait pas le genre de travail que je faisais. Je lui ai donc demandé de s'expliquer plus en détail.

« Ma mère a peur de la mort et je me disais que si elle pouvait avoir une séance avec vous, cela la rassurerait peut-être sur ce qui l'attend de l'autre côté. »

Intrigué, je lui ai répondu : « C'est une première pour moi, mais je pense que ce serait merveilleux de pouvoir offrir cela à votre mère. J'aurai plaisir à la rencontrer dès que possible. »

Quelques jours plus tard, nous avons pris les arrangements nécessaires et à onze heures le jeudi suivant, je me suis rendu à Hollywood Hills. C'est en cherchant l'adresse que j'ai vu la jolie petite maison rose devant laquelle il y avait beaucoup de va-et-vient. J'ai garé ma voiture devant celle-ci et je me suis rendu à la porte.

Une femme de taille moyenne et aux cheveux brun roux m'y a accueilli avec le sourire.

— Entrez, James, m'a dit Toni.

Puis elle m'a fait passer devant les autres et m'a conduit jusqu'au salon. C'était une très grande pièce et je me suis soudain senti petit dans ce salon au décor impressionnant.

— Aimeriez-vous quelque chose à boire ? me demanda Toni.

— Juste de l'eau, s'il vous plaît.

Toni revint quelques secondes plus tard avec un verre d'eau. Ensuite, elle m'a pris par la main et m'a emmené dans une autre partie de la maison.

— Elle a ses moments, vous savez. Je pense qu'elle va plutôt bien aujourd'hui, pas trop de douleur. Je lui ai dit que vous veniez et elle pense que je suis folle. Mais c'est presque toujours ainsi qu'elle réagit dès que j'essaie de faire quelque chose pour elle. Parfois, elle est très en colère. Elle en veut à tout le monde, à son médecin, à Dieu et même aux chiens !

— C'est très courant chez les malades en phase terminale, répondis-je. Cela leur paraît tellement injuste. Ils ont l'impression de partir avant leur temps.

— Oui. Je vous prie de l'excuser si elle vous envoie promener. Elle n'est pas méchante, vous savez.

— Ne vous inquiétez pas, lui dis-je.

Nous avons suivi un corridor et puis nous sommes entrés dans la chambre de sa mère. J'ai aussitôt été frappé par l'odeur médicinale et antiseptique qui flottait dans l'air. J'avais l'impression de me trouver dans un hôpital plutôt que dans une maison. Je regardai autour de moi et je remarquai les nombreux fils et tubes qui sortaient des machines qui se trouvaient tout autour du lit de Gloria. Le seul fait de les voir me donnait la chair de poule. À la droite de son lit, il y avait une collection impressionnante de médicaments, lotions et solutions diverses ainsi qu'un fauteuil qui semblait destiné à une infirmière. Je notai aussi tout un étalage d'oreillers et de couvertures, des vidéos, une télé et des albums de photos. Chaque fois que je rends visite à des gens très malades, j'ai l'impression que leurs proches veulent s'assurer qu'ils n'oublient pas qui ils sont et qu'ils font tout ce qu'ils peuvent pour rendre les derniers moments du mourant le plus confortable possible.

— Et qui diable êtes-vous ? demanda d'une voix forte la petite femme alitée.

— Mon nom est James. Votre fille m'a demandé de venir vous parler.

— Maman, je t'ai parlé de James. Rappelle-toi, c'est Sheila qui nous a parlé de lui. C'est celui qui communique avec les esprits.

— Ah ! Quelles conneries ! s'exclama Gloria.

— Oh ! Vous savez, j'ai parfois l'impression que la vie est une connerie monumentale, lui répondis-je alors.

Toni eut l'air surprise et Gloria leva la tête pour mieux me regarder.

Après quelques moments, Gloria demanda qu'on nous laisse seuls.

Toni comprit mon jeu et elle sortit en me faisant un clin d'œil complice.

— J'espère que vous n'avez pas perdu votre temps à venir ici aujourd'hui, Jim, me dit Gloria.

D'une façon générale, je n'aime pas qu'on m'appelle Jim, mais dans ce cas, cela me semblait sans importance. Je me suis assis dans le fauteuil près du lit et je l'ai regardée bien en face. Elle me rappelait le personnage de Sophia dans la série télévisée *The Golden Girls*, joué par Estelle Getty. Gloria aurait pu être sa sœur jumelle.

— Qu'est-ce que vous faites au juste ? me demanda Gloria.

— Je peux communiquer avec les esprits de ceux qui ont quitté cette terre, je les vois et les entends. Ils partagent leurs pensées avec moi et me donnent des messages à transmettre.

— Ben en tout cas il n'y a rien que je veuille savoir de ces gens-là ! D'ailleurs qu'est-ce qu'ils pourraient bien me dire ? Pensez-vous qu'ils ont réponse à tout ? Moi, je ne pense pas !

— Vous avez raison. Ils n'ont pas réponse à tout. Ils sont à peu près les mêmes au ciel qu'ils étaient sur la terre.

— Ben alors ! Bonne chance à nous deux !

Ce à quoi nous avons ri de bon cœur. Puis en faisant bien attention de ne pas lui imposer mes croyances, j'ai fait de mon mieux pour qu'elle soit à l'aise. Nous avons parlé pendant quelque temps jusqu'à ce que je la sente en confiance avec moi. Je savais qu'elle voulait croire qu'il était possible de communiquer avec les esprits. Comme la plupart des gens, le côté rationnel de Gloria contrôlait ce qu'elle pensait du monde qui l'entourait. J'espérais qu'il pourrait en être un peu autrement aujourd'hui. Tout en parlant, je me suis mis à méditer tranquillement sans qu'elle ne s'en rende compte. J'ai commencé à voir et à entendre plusieurs personnes qui voulaient lui parler. Mentalement, je leur ai demandé de patienter et de ne parler qu'un seul à la fois, puisque je ne pouvais transmettre plus d'un message à la fois.

— Qu'est-ce que vous regardez comme cela, Jim ? entendis-je Gloria me demander.

— Pas grand-chose. Juste des gens derrière votre lit.

— Ah ! Oui ? Et qu'est-ce qu'ils veulent ?

J'ai commencé à décrire chacune des personnes.

— Il y a une femme qui est votre mère, je crois. Elle est très heureuse d'être ici. Elle dit que vous étiez sa troisième fille et que Theresa est avec elle. Votre père aussi, d'ailleurs. Elle dit qu'il a un pain de savon pour vous parce que vous avez été une bonne fille. Y comprenez-vous quelque chose ?

Je regardai alors le visage de Gloria. Elle était bouche bée, abasourdie !

— Mais comment pouvez-vous savoir cela ? Mon Dieu ! Est-ce Toni qui vous a raconté ?

J'ai pris sa main dans la mienne et je l'ai rassurée. Je lui ai expliqué que ces impressions me venaient du monde des esprits et qu'elles étaient authentiques.

Elle pensa à ce qu'elle venait d'entendre pendant un moment. Puis elle me regarda et me dit : « J'étais effectivement la troisième fille de la famille. Ma sœur Theresa est morte alors qu'elle n'était qu'une enfant et mon père, qui s'appelait Tony, avait une fabrique de savon. Quand j'étais petite, il rapportait des pains de savon de l'usine et m'en donnait si j'étais sage. »

Gloria ne savait pas comment interpréter l'information que je venais de lui transmettre. Je sentais qu'elle essayait de comprendre ce que je venais de lui dire d'une manière logique et rationnelle. C'était quelque chose qu'elle ne pouvait pas contrôler. Elle réfléchit, silencieuse, pendant quelques minutes, puis elle me demanda de lui dire ce que les esprits disaient d'autre.

— Il y a un homme à votre gauche. Il a les cheveux noirs parsemés de gris. Il me donne le nom de Mack. Connaissez-vous cette personne ?

— Oui. Mack était mon premier mari. Il est mort d'avoir trop bu !

— Je sens qu'il a aussi trop fumé, ajoutai-je en reconnaissant une zone cancéreuse au niveau de ses poumons.

— Vous avez raison ! Il avait toujours une cigarette à la bouche. Comme c'est étrange. Ce bon vieux Mackie. Comment ça va Mackie ?

— Tout va bien de mon côté, Glo, répondis-je aussitôt. Mon navire est finalement arrivé à bon port.

Puis j'ai expliqué à Gloria qu'il s'agissait des mots que j'entendais dans ma tête.

— C'était l'expression favorite de Mack, m'a dit Gloria. Et je lui répondais : « Ton navire arrivera à bon port le jour où tu mourras ! Alors, à quoi bon ? »

Gloria ajouta que Mack était le père de Toni et qu'il n'avait jamais pu garder un emploi suffisamment longtemps pour faire vivre sa famille. « Nous avons divorcé et je suis retournée chez ma mère avec Toni. Mais nous sommes toujours demeurés en bons termes. Comment aurais-je pu rester fâchée contre le père de mon enfant ? Cela aurait été impensable ! D'ailleurs il était très gentil, seulement il n'avait pas ce qu'il fallait pour faire un bon gagne-pain. C'est ce que j'en ai conclu. »

— Il veut que je vous dise que le paradis vous attend et que vous n'avez rien à craindre.

— Si Mack est là, alors, au contraire, il y a tout à craindre ! s'écria Gloria en ricanant.

Mack avait plus d'information concernant leur fille Toni, et il voulait que Gloria sache combien il était fier d'elle, de sa générosité et de toute sa bonté.

— Il dit qu'il est ému de voir agir Toni. Elle est pour lui un exemple de compassion.

Tandis que je finissais de transmettre ce message, un dénommé Joe m'interrompit.

— Cet homme vous a connue au New Jersey. Il veut que vous sachiez que la mort est indolore et naturelle.

— Facile à dire ! Surtout pour lui ! Il est mort en dormant ! J'aurais pu le tuer de m'avoir abandonnée ainsi, ajouta-t-elle.

— Qui était cet homme ? demandai-je à Gloria.

— Mon troisième mari. Un bon type, mais qui voulait toujours me dire comment faire les choses. Comme si j'écoutais qui que ce soit !

Certainement pas, me suis-je dit. *En tout cas, moi, je ne m'y risquerais pas*.

— Il parle de Atlantic City. Il dit que vous y aviez toujours beaucoup de plaisir et que vos amis vous y rejoignaient souvent.

— Oui, c'est juste. Betty et Earl. Voilà des années que je n'ai pensé à eux.

— Joe dit qu'il est sûrement au paradis puisqu'il joue au poker avec Earl et qu'il gagne à tout coup.

Gloria se mit à rire si fort que Toni frappa à la porte pour savoir si tout allait bien.

— Ça va on ne peut mieux, s'écria Gloria. Laisse-nous !

Puis elle m'expliqua que Joe et Earl avaient l'habitude de jouer au poker ensemble. « Joe se plaignait qu'Earl gagnait toujours. Il détestait perdre et il se demandait si Earl ne trichait pas pour toujours gagner ainsi. »

— Joe me dit qu'il a été très surpris en arrivant de l'autre côté. Il dit que tout semblait si vrai et si réel. Tout coule naturellement. Il ajoute que tout est parfait. Chaque chose est à sa place et si quelque chose ne l'est pas, on s'en rend compte tout de suite. Rien n'est laissé au hasard ici. Tout est comme il se doit. On n'a pas à s'inquiéter de rien.

— Tant mieux, dit Gloria en hochant doucement la tête de gauche à droite.

Je fus soudain interrompu par une voix de femme, à ma droite.

— C'est une femme qui s'appelle Betty, dis-je à Gloria. Elle veut que je vous dise qu'elle a une robe bleue pour vous, quand vous arriverez et que vous serez étonnée de voir comme elle a l'air jeune.

Gloria réfléchit à ce que je venais de dire. Après quelques minutes de silence, elle dit : « Oh ! Mon Dieu ! Cette fameuse robe bleue ! Mais comment avez-vous su ? »

Puis elle me raconta l'histoire suivante. « Quand nous étions plus jeunes, Betty et moi travaillions ensemble et tous les jours nous allions déjeuner à l'extérieur. Nous passions devant une petite boutique de vêtements et dans la vitrine, il y avait cette belle robe bleue. Je pense que c'était une importation de Paris ou d'Italie. Quoi qu'il en soit, nous prenions grand plaisir à nous imaginer ce que nous aurions l'air toutes chic et bien mises dans cette magnifique robe. Et nous nous étions promis que la première à avoir une augmentation de salaire achèterait la robe pour l'autre en signe de notre amitié. N'est-ce pas extraordinaire ? »

Gloria fixait un point de l'espace comme si elle avait été figée dans le temps.

J'ai continué la séance pendant environ une demi-heure au cours de laquelle je lui ai transmis de merveilleux détails sur le plan émotionnel. Gloria était avide d'en connaître davantage. Je ne sais pas vraiment comment, mais je sentais qu'elle n'avait plus peur de la mort. Quand je me suis levé pour partir, elle semblait exulter. Je pense qu'elle avait réalisé que la maladie qui affectait son corps ne représentait qu'une petite partie de sa vie et qu'elle savait qu'elle atteignait la fin d'une existence bien remplie. Il y avait une sorte de fraîcheur sur son visage et tout son corps même en irradiait. Elle semblait avoir hâte de revoir sa famille et ses vieux amis.

— Merci, Jim. Cela semble bien insuffisant, mais merci quand même d'avoir apporté la paix à une vieille dame.

J'étais ému et je sentais les larmes me monter aux yeux.

— Puis-je vous demander un service, Jim ? Voyez-vous, je ne veux pas laisser ma fille Toni aux prises avec un tas de problèmes, j'aimerais plutôt l'aider. Pensez-vous que lorsque je ne serai plus là… Si je voulais lui parler…

Je savais exactement ce qu'elle voulait dire.

— Oui, nous parlerons encore, quelle que soit la dimension dans laquelle vous soyez.

Gloria me remercia avec ses mots, mais surtout avec ses yeux, son regard intense et une poignée de main qui sembla ne jamais vouloir finir. Quand je la quittai ce jour-là, j'avais vraiment le sentiment d'avoir accompli quelque chose.

Mise à jour

Trois mois plus tard, Goria est morte paisiblement, dans son sommeil, comme Joe l'avait prédit. Sa fille m'a téléphoné et nous avons fixé un rendez-vous pour une séance. Dès que nous avons commencé, sa mère nous a dit qu'elle n'avait plus de douleur.

— Tout est si clair, maintenant, nous a dit Gloria. Je comprends beaucoup mieux que lorsque j'étais sur terre. Et tout le monde est là, avec moi : Joe, Mack, Betty, Earl, papa et maman.

Gloria nous a aussi expliqué que sa maladie avait été un cadeau de son âme.

« Il fallait que j'apprenne que je ne pouvais pas tout contrôler. La maladie était pour moi la seule façon d'apprendre cette leçon. Maintenant, je comprends mieux et j'ai plus de compassion pour les autres. La prochaine fois que je viendrai sur terre, je traiterai sûrement ceux qui vivent cette situation avec beaucoup plus de prévenance. »

Toni était heureuse d'entendre sa mère parler de sa maladie comme d'un cadeau du monde spirituel.

« Cela m'a appris à recevoir l'amour et à accepter simplement les choses telles qu'elles sont », ajouta Gloria.

— Votre mère se rend compte qu'elle a essayé de vivre votre vie à votre place, ai-je dit à Toni. Elle sait qu'elle n'aurait pas dû. Elle dit qu'il faut vivre chaque jour comme si c'était le dernier et qu'il faut en tirer le meilleur parti.

Gloria continua à nous expliquer son nouveau respect pour la vie. Elle nous a aussi parlé de l'amour, non pas comme d'un choix, mais d'une réalité et d'un standard de vie. Elle a parlé de tout ce qu'elle n'avait pas fait et de tout ce qu'elle avait fait de bon. Elle a remercié sa fille de lui avoir apporté confort et joie dans ses derniers moments.

— Elle dit qu'elle est définitivement au ciel parce qu'elle est heureuse, épanouie et aimée. Elle veille sur vous et sur tous ceux qu'elle aimait sur terre. Et elle veut que vous sachiez que ceux qui l'entourent là-haut prennent bien soin d'elle.

Elle termina en disant : « Et je porte même la belle robe de soie bleue que Betty m'avait promise. »

Les crises de la quarantaine ou de la mi-temps de la vie

Un jour j'ai demandé à une de mes amies qui venait d'avoir cinquante ans : « Qu'est-ce que tu voulais être plus tard ? » « Jeune ! » répondit-elle. Je suppose que nous nous sentons tous ainsi dans notre société si orientée vers la jeunesse. Dès qu'on atteint la quarantaine, on a l'impression d'être dépassé et mis au rancart. Pour ma part, en tout cas, je pense que je n'avais jamais pensé au fait de devenir vieux avant l'année dernière. Je faisais une tournée de vingt villes pour la promotion de mon livre, ce qui signifie beaucoup de séances, d'ateliers, de signatures de bouquins, de télés et de radios. Je changeais de ville presque chaque jour et il y avait des moments où je ne savais plus très bien où j'étais. Il m'a aussi fallu aller voir mon père, dans l'Est, pour l'aider à s'occuper de certaines choses qu'il ne pouvait plus faire seul. À mon retour, il fallait que je commence à écrire ce livre-ci. Il y avait aussi ma vie personnelle à travers tout cela. Je suppose que nous avons tous des moments où nous nous sentons débordés, mais dans mon cas, je me sentais essoufflé, épuisé. Ce n'est qu'à ce moment-là que je me suis rendu compte que je n'étais plus un gamin et que je n'avais plus vingt ans. Je n'ai plus l'énergie que j'avais. C'est étrange d'admettre que son corps ralentit et qu'il n'y a rien que l'on puisse y faire. Ce n'était pas seulement une mauvaise journée. C'était un choc. Cela m'a rendu mélancolique, nostalgique pour ma jeunesse, cette époque où j'avais encore toute la vie devant moi.

Lorsque nous arrivons à la mi-temps de la vie, nous vivons une série de pertes qui pour la plupart sont reliées à la jeunesse. Certains hommes choisissent de retrouver leur jeunesse au volant de voitures ultra rapides et au bras de jeunes femmes, belles et excitantes et ils se ruent au palais de Justice pour obtenir un divorce. Ils pensent pouvoir apaiser leurs regrets ou leurs inquiétudes concernant la perte de leur virilité ou de leur attrait sexuel. Les femmes, pour leur part, choisissent la chirurgie esthétique et la liposuccion parce qu'elles sont persuadées que la beauté est l'expression de l'estime qu'on a de soi-même. Malheureusement, les magazines, la télé et les films ne font qu'entretenir ce mythe dans l'inconscient des femmes.

Les crises de la quarantaine suscitent aussi beaucoup d'incertitude. Les hommes peuvent craindre qu'on les mette à pied à tout instant pour les remplacer par des employés plus jeunes qui coûtent moins cher à l'entreprise. On le voit d'ailleurs tous les jours dans les nouvelles. Les grosses compagnies réduisent leurs effectifs et mettent à pied les travailleurs dans la quarantaine et dans la cinquantaine pour réduire leurs coûts et se renflouer. Et perdre son emploi est particulièrement difficile pour les hommes parce que leur estime d'eux-mêmes est si étroitement liée à leur travail. Même s'ils ont assez d'argent pour survivre, il y a toujours cette crainte de perdre tout ce qu'ils ont accumulé au prix de tant d'efforts, ce pour quoi ils ont travaillé si fort, sans compter la peur de ne plus pouvoir assumer leurs responsabilités. Vers quarante ans, les hommes ont aussi tendance à évoquer le passé, à se rappeler combien tout était plus simple et décontracté. Ils peuvent se sentir perdus, abandonnés, non essentiels. Puis, il y a les signes physiques du vieillissement chez l'homme, dont l'un des plus importants est sans doute la calvitie. Les hommes ont beaucoup de difficulté à accepter la perte de leurs cheveux. C'est définitivement une leçon démoralisante sur l'image de soi et sur l'estime de soi. Pour la plupart, la perte des cheveux signifie une perte de virilité. Nous accordons tellement d'importance à notre apparence que nous finissons par nous identifier à ce que nous voyons dans le miroir, sans plus.

Quant aux femmes, avec la ménopause, elles vivent des changements très réels à la mi-temps de leur vie. Des changements chimiques dans leurs corps peuvent susciter une myriade de problèmes plus ou moins complexes dont le fait de ne plus pouvoir avoir d'enfants, la perte de vitalité physique et de sexualité. Les problèmes émotionnels tels que la dépression et les sautes d'humeur peuvent aussi faire en sorte que les femmes ne se sentent plus « normales. » La ménopause se vit différemment pour chacune. Certaines ont de petits inconforts, d'autres de grands malaises. Encore une fois, beaucoup de femmes sont programmées négativement par rapport au vieillissement et elles ont peur de devenir insignifiantes. Nos attitudes jouent un rôle important dans la manière dont nous vivons ces phases de la vie. Au lieu d'avoir peur de vieillir, on peut choisir de croire qu'on s'améliore avec l'âge.

Outre les problèmes psychologiques liés au vieillissement, les femmes doivent aussi affronter des problèmes physiques comme l'hystérectomie. Ainsi, cette opération majeure peut avoir un impact tragique et dévastateur si elle est pratiquée sur une femme dans la vingtaine qui commence à peine à penser à fonder une famille. Ses plans pour l'avenir seront dramatiquement bouleversés et elle devra trouver une autre façon de s'épanouir. Le scénario est toutefois très différent pour celle qui a dépassé la cinquantaine et qui ne veut plus avoir d'enfants. J'ai demandé à mon amie Erica, âgée de cinquante-deux ans, comment elle se sentait après avoir subi son hystérectomie et elle m'a répondu : « Ce n'était pas agréable. J'ai eu beaucoup de douleur, mais je suis passée à travers. J'aurais préféré ne jamais avoir à subir cette opération. » Heureusement, Erica n'a pas souffert du chaos émotionnel dont tout le monde lui avait parlé. Néanmoins, certaines femmes peuvent se sentir découragées et passer par certaines des phases du chagrin.

Au milieu de leur vie, les femmes sont aussi confrontées au syndrome du nid déserté. Je pense que les mères se sentent définitivement perdues quand leurs enfants quittent la maison. Je me souviens de mon amie Michelle qui me disait qu'elle faisait les cent pas dans la maison quand sa fille est partie pour aller vivre à Paris. Elle m'a dit : « J'entrais dans sa chambre et je restais là, debout, à fixer le vide. L'idée que ma petite fille avait grandi et qu'elle vivait si loin me donnait la chair de poule ; je me sentais si seule. Je n'arrêtais pas de penser à tout le plaisir que nous avions eu ensemble. C'était comme si j'avais perdu ma meilleure amie. »

Les parents ont toujours l'impression que leurs enfants sont des extensions d'eux-mêmes et, en vieillissant, il leur est difficile de se séparer d'eux. Certains craignent pour leur sécurité et leur bien-être. Ils sentent aussi une certaine perte de contrôle. Laisser partir ses enfants signifie, entre autres, les laisser être des individus à part entière. Oui, nous avons des rêves et des espoirs pour nos enfants, mais au fond, c'est à eux d'être ce qu'ils veulent. Nous devons laisser partir nos enfants pour qu'ils puissent apprendre à survivre par leurs propres moyens. Ce sont des moments difficiles, mais aussi des périodes d'exubérance et de liberté, non seulement pour les enfants mais aussi et surtout pour nous. Une fois les enfants élevés et partis de la maison, nous pouvons en quelque sorte reprendre possession de notre vie. Les exigences et les responsabilités familiales étant moindres, nous sommes plus libres d'aller et de venir à notre guise. La tristesse que nous éprouvons à clore cette période de notre vie devrait nous ouvrir à un plus grand optimisme et à un meilleur enthousiasme pour entreprendre l'étape suivante.

Quand on est jeune, on pense que tout dure toujours. On ne pense jamais à la maladie ni au fait de devenir vieux. Quand on atteint la quarantaine ou la cinquantaine, on regarde en arrière et on se demande comment le temps a pu passer si vite. On se rend compte qu'il y a des choses qu'on n'accomplira jamais. Par exemple, il vaut mieux oublier son rêve de faire partie de l'équipe olympique. Celui qui a perdu son emploi pense peut-être qu'il est trop tard pour recommencer. Ou pire, il doit accepter un emploi aux côtés d'un jeune de vingt ans. Il faut affronter l'inévitable : la retraite, la perte de revenus, la perte de pouvoir et de prestige. On peut se sentir dépassé par les événements et par tout ce qu'on ne peut plus avoir ou espérer.

Perdre ses rêves de jeunesse peut causer des émotions diverses dont l'insatisfaction, par exemple. Quand les rêves s'évanouissent, on a souvent tendance à considérer ce qui aurait dû être ou ce qui aurait pu être. Certains éprouvent du regret pour les erreurs qu'ils ont commises. Pour d'autres, la vie n'est qu'une grande déception. Ils se demandent ce qu'il est advenu de la gloire et la fortune dont ils rêvaient. Mais ce genre de vie n'est pas réservé à tout le monde. Il faut comprendre que les expériences de vie sont destinées au développement de l'âme et non à l'accumulation des biens matériels.

Il nous arrive d'avoir l'impression que les jeunes nous parlent comme si nous étions devenus bêtes et stupides. On se fâche, on est ébranlé et on a peur. On peut sentir qu'on perd la tête ou croire que la crise cardiaque nous attend au détour. On se sent dépassé, archaïque, périmé.

La manière dont nous vivons le chagrin lié au vieillissement dépend de l'importance que nous accordons à ce que nous avons perdu. Certains d'entre nous ont eu des difficultés à grandir et à atteindre l'âge adulte, alors imaginez quand nous atteignons l'âge mur ! Mais à un moment donné, il faut laisser tomber cette image de jeunesse éternelle et accepter la beauté de l'âge mur. Il faut comprendre que chaque période de la vie comporte des expériences qui lui sont propres. La quarantaine ou la cinquantaine par exemple, est un moment idéal pour faire un bilan personnel complet, c'est-à-dire physique, mental et spirituel. Je crois aussi que c'est le moment de considérer ses priorités et ses valeurs spirituelles plutôt que les seules apparences extérieures. Au lieu d'accélérer le pas pour essayer de maintenir le rythme avec la génération qui nous suit, nous devrions ralentir et chercher en nous-mêmes le sens et la signification de la vie. La nature est parfaite. Nous avons toujours le bon âge. Ce n'est pas le moment de tenter de rattraper quiconque ou quoi que ce soit pour avoir l'impression d'être toujours vivant. Il ne faut pas essayer d'échapper aux terreurs du vieillissement et de la mort, mais tâcher d'aller plus loin à l'intérieur de soi pour trouver le sens profond de la vie. Cela ne signifie pas qu'il faille tout arrêter. Au contraire, il faut regarder ce que nous faisons et nous demander si c'est vraiment ce que nous voulons, si nos activités nous aident à nous apprécier et à apprécier le monde qui nous entoure. Quand on arrive à la mi-temps de la vie, il est normal de se remettre en question et de s'interroger sur son travail et ses intérêts. Il est aussi normal de ressentir certaines lacunes ainsi qu'une perte d'importance. Rappelez-vous cependant que l'âme ne vieillit pas. Elle demeure inchangée malgré les douleurs, la souffrance et même le plaisir. Il se peut bien que nous n'aimions pas les rides et les ridules que nous voyons dans le miroir le matin, mais notre essence ne change pas, elle ne vieillit pas et reste toujours la même à travers le temps.

Vieillir

Contrairement à d'autres cultures dans lesquelles les personnes âgées sont vénérées, notre société, elle, a plutôt tendance à considérer ses vieux comme les déchets de la veille. Au lieu de considérer leur savoir avec respect et de saluer la richesse de leurs années d'expérience, nous nous moquons de nos vieux comme d'une bande de ringards qui prennent de la place et qui drainent notre économie nationale. Nous respectons bien peu nos personnes âgées. Nous les calmons, nous les gavons de médicaments et nous les déracinons pour les envoyer dans des institutions où nous n'aurons plus à les voir ni à les entendre. Je ne pense pas qu'aucun d'entre nous n'ait envie d'un tel avenir.

Il est bien évident que nous vivons dans une société qui vénère la jeunesse. Nous avons littéralement honte de vieillir et d'avoir l'air plus vieux. Pensons à toutes les blagues et les plaisanteries que nous faisons sur les petites vieilles et les vieux cochons qui ne se conforment pas à l'image médiatisée de la beauté, de la santé, de la jeunesse et de la vitalité. Nous avons été programmés à penser que vieillir est inacceptable, inutile et dégoûtant. On nous a appris à croire que la jeunesse est le seul bien valable dont nous disposions. Alors, nous dépensons des milliards à essayer de préserver nos corps au moyen de crèmes, d'interventions chirurgicales, de régimes alimentaires et d'exercices. Il est impossible de ne pas sentir la pression de notre société qui veut à tout prix nous garder jeunes.

Mais la vérité a été déformée. On nous a appris à l'envers. Au lieu de juger une personne à partir de l'intérieur, nous regardons d'abord son apparence et nous sautons aux conclusions. Quand nous mourons, ce n'est pas notre apparence qui compte, mais combien nous avons progressé en tant que personne. Nous devons donc faire demi-tour et nous voir avec un regard complètement nouveau. La seule chose qui compte, c'est la bonté du cœur et c'est dans les yeux qu'elle se voit.

Trop de personnes âgées sont entassées les unes sur les autres comme s'il s'agissait de vieux gâteux débiles qui n'ont rien à apporter à la société. Pas étonnant qu'elles se sentent impuissantes et inutiles. Puisqu'on s'attend tellement à ce qu'elles tombent en décrépitude, c'est souvent ce qui arrive. Au rythme auquel notre population vieillit, je pense qu'il y aura bientôt des changements spectaculaires dans notre façon de traiter les gens âgés. Il y a en effet de nombreuses personnes de quatre-vingts, quatre-vingt-dix et cent ans qui sont encore très productives et très créatives. Et il s'agit probablement des personnes les plus perspicaces sur la planète. Des individus de qui on peut s'inspirer et apprendre, des gens qui ont une grande richesse d'expérience et dont pourraient bénéficier les plus jeunes.

Nous espérons tous vivre jusqu'à un âge vénérable, mais quand on s'arrête à penser aux pertes de mémoire, aux maladies, aux pertes de revenus et aux lacunes psychologiques qui accompagnent le vieillissement, la perspective de vivre vieux devient moins intéressante. En plus de perdre la liberté d'aller et de venir à leur guise, les personnes âgées perdent leurs amis. On pourrait même dire qu'elles vivent dans un état de chagrin perpétuel. Plus les gens vivent longtemps, plus les visages familiers disparaissent autour d'eux. Leurs amis et ceux qu'ils aimaient meurent. Les personnes âgées craignent leur propre mort et elles se sentent souvent désertées, oubliées.

Ce qui les inquiète, c'est de perdre le contrôle de leur vie. Elles ont peur de devenir frêles, de tomber et de se retrouver dans un centre d'accueil où d'autres prendront les décisions qui les concernent à leur place. Je sais que c'est ce que craignait mon père et je lui ai promis qu'il ne serait jamais mis au rancart pour attendre la mort. Le seul fait de savoir qu'on ne chercherait pas à se débarrasser de lui l'a revigoré. Il sait qu'il est toujours maître de sa vie. Il peut regarder la télé quand il veut, manger quand il en a envie et téléphoner à ses amis ou à sa famille quand il en sent le besoin. Ce sont des petites choses comme celles-là qui permettent aux gens de rester en contact avec le monde extérieur et de se sentir significatifs. Malgré ses limitations, mon père est encore un membre actif de la société.

Je suis allé le voir récemment. Nous nous sommes assis et nous avons partagé un magnifique déjeuner de salade de poulet, de légumes verts et pour papa, son éternel Coca-Cola. Mon père m'a regardé et m'a dit très sérieusement : — Jamie, j'ai rêvé hier soir de mon vieux quartier. J'aimerais aller y faire un tour. Penses-tu que tu pourrais m'y conduire ?

— Bien sûr, papa, quand tu voudras.

Le lendemain, il était tout habillé d'un complet et d'une cravate, ce qui est très rare. Il avait un grand sourire, comme un gamin de sept ans le matin de Noël.

— Tu es prêt ? m'a-t-il demandé.

— Absolument, lui ai-je répondu.

Margaret, son infirmière m'a aidé à l'installer sur la banquette avant de la voiture, il a de la difficulté à marcher depuis qu'il s'est fracturé la hanche en tombant, l'année dernière. La plupart du temps, il se déplace en fauteuil roulant. Quoi qu'il en soit, une fois installé et attaché, il était prêt pour la grande virée. C'était bon de le voir si vivant et heureux encore une fois. Il y avait une dizaine d'années qu'il n'était pas retourné dans son vieux quartier et il était curieux de voir comment tout avait changé. Quant à moi, j'étais un peu inquiet : je savais combien les choses pouvaient changer en dix ans et je craignais que tout soit trop différent et que papa ne s'y retrouve pas.

Nous avons pris l'autoroute et avons traversé le *Whitestone Bridge*. Dès qu'il en avait l'occasion, mon père me donnait les directions. Il connaissait le chemin par cœur même s'il n'y était pas allé depuis dix ans. Nous avons passé Long Island et avons pénétré dans le Bronx. Plus nous approchions de son vieux patelin, plus mon père devenait excité. Il était à nouveau un petit garçon, curieux de voir ce qui l'attendait au détour. En passant un grand parc sur notre droite, il m'a expliqué qu'il avait l'habitude d'y jouer à la balle avec les enfants du voisinage. C'était aussi l'endroit où il allait pique-niquer le dimanche avec sa famille. Il n'y avait pas beaucoup de climatiseurs à cette époque, alors rien ne valait un bon pique-nique pour se rafraîchir lors des chauds après-midi d'été.

Finalement, nous avons quitté l'autoroute. J'ai tourné à gauche au feu et nous avons aussitôt été coincés dans un embouteillage. Nous avancions très lentement vers l'ouest. J'entendais mon père qui poussait de petits soupirs d'incrédulité en voyant ce qu'était devenu son quartier de Pelaham Bay Park.

— Incroyable, murmura-t-il. Regarde... Tu vois là-bas ?

Il me montrait une vieille école de brique rouge entourée d'une clôture de fer forgé.

— Mon école... Elle n'a pas changé.

J'étais vivement soulagé d'entendre ces mots.

Il me guida à travers les rues sinueuses bordées d'arbres et de maisons de brique rouge. C'était, à l'époque, un quartier d'immigrants grecs et aux dires de mon père, il ne paraissait pas avoir tellement changé depuis toutes ces années. Un magasin de vidéo avait remplacé sa boulangerie préférée et il y avait aussi quelques autres différences mineures, mais en soixante ans, il y avait eu bien peu de changements.

Papa avait pris des arrangements avec Alex, son ami d'enfance. Il lui avait dit que nous arriverions en début d'après-midi. J'ai garé la voiture devant une maison jaune qui se trouvait en retrait. Différents arbres fruitiers étaient dressés sur le parterre devant cette maison qui détonnait vraiment avec toute la brique et le ciment qu'il y avait autour. Elle se trouvait par ailleurs à quelques rues seulement du métro aérien et des trains qui passaient toutes les dix minutes.

À la porte, un vieil homme nous attendait, le sourire aux lèvres. J'avais rencontré Alex une seule fois auparavant, aux funérailles de ma mère. Il est venu jusqu'à la voiture pour embrasser mon père. Et tous les deux se sont mis à discuter du bon vieux temps, de leur service militaire et de la Seconde Guerre mondiale. Puis j'ai demandé à Alex s'il voulait nous accompagner pour notre visite du quartier.

Il s'est assis dans la voiture et m'a donné les directions. Nous avons circulé dans les rues qui leur étaient familières. Nous nous sommes arrêtés près de la cour de l'école, devant les vieux pubs, la caserne des pompiers, l'église et aussi devant quelques maisons et immeubles d'appartements qui dataient de leur époque. J'ai écouté les histoires de ceux qui avaient influencé l'enfance de mon père. « Je me souviens encore quand ma mère, ta grand-mère, a eu sa nouvelle Buick. Chaque fois qu'elle la sortait de l'entrée, elle restait coincée tellement cette voiture était large ! dit mon père en souriant. Et ton grand-père s'endormait souvent dans le métro parce qu'il devait aller jusqu'au dernier arrêt et il passait une partie de la nuit dans le train à faire le tour du Bronx. »

Les deux compères se rappelaient les noms de leurs amis d'enfance et ils se demandaient ce qu'étaient devenus tous ces gens. Je me sentais transporté dans le temps à travers les souvenirs de ces deux hommes qui avaient vécu à une époque où les amis se retrouvaient pour danser ou pour aller au restaurant du coin prendre un coca. Leur plaisir n'était définitivement pas centré sur un écran de télé ou d'ordinateur. Ils rêvaient de base-ball et de conduire les trains qui traversaient le pays d'un bout à l'autre. D'une certaine façon, la vie était effectivement plus simple dans ce temps-là, et je pense que les gens l'appréciaient davantage. Tout ce qui restait à papa et à Alex, c'était leurs souvenirs d'antan ainsi que quelques billets de cinéma à cinq *cents* et des cartes de base-ball jaunies au fond de quelques vieilles boîtes de cigares décrépites.

Après trois heures à nous promener dans le voisinage, j'ai ramené Alex chez lui. Nous lui avons dit au revoir et nous avons quitté ces vestiges d'une vie riche et active.

En traversant le pont, j'ai demandé à mon père :

— Était-ce comme tu l'avais espéré ?

Il a hésité un instant puis, en hochant la tête lentement, il m'a dit :

— Non. Je pensais que ce serait comme avant, mais c'était différent. Je me suis senti tellement vieux. Est-ce que tu trouves que j'ai l'air vieux, toi ? m'a-t-il demandé.

— Je pense que tu as l'air en bonne forme pour tes soixante-dix-sept ans ! lui ai-je répondu.

Nous avons parlé pendant le reste du trajet et toute la soirée. Je lui ai même demandé si je pouvais inclure notre expérience dans mon livre et il m'a dit : « Oui, bien sûr. Cela me ferait grand plaisir. » Puis il a ajouté : « Je ne pense pas que j'aie beaucoup à offrir en tant que conseils, mais si je peux en aider d'autres à comprendre ce qui se passe quand on vieillit ou encore comment traiter ceux qui sont déjà vieux, alors, cela vaut peut-être la peine. »

Je lui ai alors demandé :

— Papa, qu'est-ce qui est le pire quand on vieillit, selon toi ?

— Eh bien, je suppose que pour moi, cela a été de perdre mon indépendance. J'ai toujours été capable de m'occuper de moi-même, de faire ce que je voulais. Mais, je ne peux plus. Voilà dix ans, maintenant, que je ne peux plus conduire ma voiture à cause de mes problèmes de vue. Maintenant je me sens comme un invalide. J'ai besoin d'aide dans tout ce que je fais. Quelqu'un doit s'occuper de payer mes factures, comme tu le fais quand tu viens, et quelqu'un d'autre doit préparer mes repas. Je déteste cela. Je me sens tellement inutile. Jamais de ma vie je n'ai eu autant de bobos. Juste de me pencher et j'ai mal, alors imagine le fait de marcher ou de sortir du lit pour aller à la toilette. Personne ne m'avait dit qu'il en serait ainsi. »

— Est-ce que tu penses que le fait d'être vieux t'a appris quelque chose ? lui ai-je demandé.

— Oh, oui, répondit-il après un moment. J'ai eu beaucoup de temps pour contempler ma vie et je me dis souvent : « Si j'avais su... » Je prenais tout pour acquis, avant. Quand on est jeune, on ne se rend pas compte combien la vie est précieuse. Tout passe tellement vite, et je ne pense pas qu'on ait une très bonne perspective. Quand on vieillit, on vit dans ses souvenirs. Ils nous tiennent à cœur, parce qu'on se revoit plus jeune et qu'on se rappelle tout ce dont on était capable. On en arrive même à se demander si on est toujours la même personne. C'est encore plus évident quand on revoit de vieux amis, avec leurs visages tout ridés et leurs mains tremblantes. C'est à ce moment-là qu'on réalise que le temps a passé. En fin de compte, on reste tout seul avec ses souvenirs. Pour ma part, je ne pense pas à demain. Cela ne veut pas dire grand-chose pour moi.

— Et qu'est-ce que le fait de vieillir t'a appris d'autre ?

— Je pense qu'en vieillissant, on devient ou plus aimable ou plus grincheux. Moi, par exemple, je dois beaucoup compter sur la bonté des autres pour vivre au quotidien. Jamais je n'aurais cru qu'un jour j'aurais besoin d'aide pour sortir d'une voiture ou même d'un magasin. Jamais je n'aurais pensé que je ne pourrais m'occuper moi-même de ma toilette. Maintenant, ce genre de choses me préoccupe. J'avais pris pour acquis que je pourrais toujours me débrouiller tout seul, jusqu'à la fin. Je voudrais tellement être encore capable de tout faire moi-même, mais je ne peux plus. J'ai besoin d'aide. Il y a une dame extraordinaire qui vient m'aider. Elle est si gentille ; elle prend vraiment bien soin de moi. Je la paie, bien sûr, mais c'est si peu comparé à tout ce qu'elle me donne et à tout ce qu'elle fait pour moi. Et tu sais quoi ?

— Quoi ?

— Elle le fait de bon cœur. Elle me traite comme un roi parce qu'elle sait que je suis mal à l'aise, elle sent mon embarras. Grâce à la bonté de cette femme, j'ai appris une chose très importante : il faut traiter les autres comme on aimerait être traité, soi-même.

Quelle différence dans sa perspective de vie ! Quelques mois plus tôt, mon père n'aurait jamais parlé ainsi. Il aurait été trop en colère d'être devenu si dépendant. Or, il avait non seulement appris à comprendre et à accepter sa situation, mais aussi à voir la beauté de la vie qu'il lui restait. J'étais très fier de lui.

— Et qu'est-ce qui te pousse à continuer ? Qu'est-ce qui te motive à vivre ? lui ai-je demandé.

— Eh bien, vois-tu, je crois que nous continuons toujours à apprendre quel que soit notre âge. Moi, par exemple, j'aime beaucoup les jeux de mots et l'astronomie. Je lis des livres d'astronomie. Il y a plusieurs années, j'avais suivi un cours au Hayden Planetarium. C'était extraordinaire. Je discutais avec des jeunes qui avaient la moitié de mon âge et nous apprenions les uns des autres. C'était fantastique et j'ai compris alors que si on garde son cerveau actif, on ne vieillit pas nécessairement mentalement. Je pense aussi qu'il faut continuer parce qu'il y a tellement d'expériences à vivre. Je suis chanceux, je crois, de ne jamais avoir perdu mon temps à m'apitoyer sur mon sort. Je me dis toujours qu'il y en a d'autres dans des situations pires, alors pourquoi me prendrais-je en pitié ?

— Quel message laisserais-tu à tes enfants ou aux jeunes à propos de la vie ?

— La vie est faite pour vivre. J'espère que mes enfants connaîtront au moins la moitié du bonheur que j'ai connu. Je souhaiterais que tous se rendent compte que la vie est vraiment très courte et qu'il faut tout faire pour réaliser ses rêves. Il ne faut pas laisser quiconque nous empêcher de faire ce que l'on veut. On a toujours le choix, il suffit de vouloir. Et finalement, il faut essayer d'aider les autres du mieux qu'on peut.

Nous avons continué à parler pendant une bonne demi-heure et puis j'ai commencé à sentir le poids des années, moi aussi ! J'ai embrassé mon père.

— Bonne nuit, papa. Merci pour tous ces souvenirs.

Je suis heureux que mon père ait accepté le fait de vieillir. Il y a tellement de personnes âgées qui ont honte de devoir dépendre des autres pour vivre au jour le jour. En vieillissant, nous sentons tous que nous perdons beaucoup, non seulement sur le plan physique, comme l'énergie et la résistance, mais aussi nos amis, les membres de notre famille, nos rêves, nos espoirs et enfin, notre utilité. Et, tous autant que nous sommes, nous passons à travers une panoplie d'émotions relativement à ces pertes. Tout cela est bien normal. Comme pour tous les types de chagrins, il nous faut passer les différentes phases du processus. À l'instar de mon père, c'est à chacun d'entre nous d'accepter cette étape de la vie. On peut toujours changer son optique sur le vieillissement. N'oubliez pas que l'âme n'a pas d'âge. Le corps physique n'est qu'un vaisseau que nous quittons bien volontiers sur la voie de l'éternité glorieuse.

Conseils pour apaiser votre chagrin

Perdre son chez-soi

- Permettez-vous de vivre le processus du chagrin dans son entier.
- Il est toujours important de dire au revoir à ce qui nous tient à cœur, comme sa maison et ses biens, toutes ces choses spéciales que l'on ne peut pas emporter avec soi. Considérez cela comme une occasion de vous simplifier la vie, une occasion de faire de la place pour ce qui reste à venir.
- Donnez vos biens à vos amis ou aux membres de votre famille en espérant qu'ils sauront leur apporter autant de joie qu'ils vous en ont apporté. Vous vous sentirez mieux de savoir que vos biens sont en bonnes mains.

- Accomplissez un rituel qui vous permettra de sentir que vous avez accompli une étape. Par exemple, rendez-vous une dernière fois dans ces lieux qui vous tiennent à cœur. Même si vous pleurez, sachez que vos larmes vous soulageront et qu'elles vous aideront à apaiser votre chagrin.
- Dites au revoir à votre demeure. Tout est fait d'énergie et il y en a certainement beaucoup dans la structure de votre demeure. Je parle toujours à tout lorsque je pars : la maison, la voiture, les plantes et les animaux. Je leur dis à quel point ils m'ont rendu heureux et je sais que quiconque prendra ma place en tirera aussi beaucoup de joie.
- Impliquez vos enfants dans votre déménagement. Donnez-leur des responsabilités et laissez-les prendre certaines décisions. Ne les laissez pas à l'écart de peur qu'ils se sentent abandonnés ou rejetés.
- Soyez réaliste pendant le déménagement. N'essayez pas de tout faire en un seul jour.
- Recréez une atmosphère personnelle dans votre nouvelle demeure. Faites en sorte que vous vous sentiez tout de suite chez vous. Des fleurs ou des bougies auxquelles vous pouvez vous identifier rendront des lieux étrangers plus confortables et plus familiers.
- Parlez à vos nouveaux voisins. Invitez-les lorsque vous pendrez la crémaillère, une réception des plus simples suffit.
- Familiarisez-vous avec l'école de vos enfants grâce aux associations de parents et de professeurs ou encore en participant à des fonctions scolaires.
- Gardez le contact avec vos amis et les membres de votre famille. Cela apaisera vos inquiétudes concernant votre nouvel environnement. Le téléphone et le courrier électronique sont d'excellents

outils pour vous aider à rester en contact avec ceux que vous aimez.

• Faites-vous plaisir : faites-vous faire un massage, allez chez le coiffeur ou achetez de nouveaux vêtements pour vous aider à vous ouvrir à votre nouvelle vie dans ce nouvel environnement.

Face à la maladie

• Permettez-vous de vivre le processus du chagrin dans son entier.

• N'essayez pas de taire vos sentiments.

• Soyez honnête avec vous-même. Ne faites pas de montagnes avec des riens.

• Ayez des entretiens clairs avec vos médecins et ceux qui vous soignent. S'il y a quelque chose que vous n'aimez pas, dites-le. Si vous n'aimez pas votre médecin, trouvez-en un autre. Ce n'est pas le moment d'être poli au point de nuire à votre bien-être. Il est tout aussi important que vous ayez confiance en ceux qui vous soignent que de suivre leurs conseils médicaux.

• Il est temps de cesser de vous en vouloir pour votre maladie et d'apprendre à vivre autrement, un jour à la fois. Essayez de relaxer et de gérer votre stress. La visualisation, l'hypnose et la prière sont d'excellents moyens pour vous aider à faire face à la détresse et à la douleur.

• Impliquez-vous dans un projet : il peut s'agir simplement de lire les livres que vous avez toujours voulu lire mais pour lesquels vous ne trouviez pas le temps, de raviver une vieille amitié, ou encore de voyager, etc.

• Joignez-vous à un groupe de soutien. Il existe, par exemple, des groupes de soutien aux victimes de cancer partout dans le monde. L'hôpital ou encore votre église peuvent aussi vous indiquer où trouver de l'aide.

- Restez en contact avec vos amis et les membres de votre famille qui sont de nature positive. Vous n'avez pas besoin de côtoyer des gens pessimistes ou qui ont un comportement destructeur.
- Vous pouvez pleurer et exprimer votre peine. Les larmes sont bénéfiques à la chimie du corps.
- Parlez de ce que vous ressentez de même que de vos problèmes avec votre famille et vos enfants à tête reposée. Ce sont des moments difficiles pour vous tous. Laissez les vôtres exprimer ce qu'ils ressentent, encore une fois, quand vous vous sentez calme et que vous n'avez pas trop de douleur. Vous êtes la seule personne à savoir quand vous en aurez assez.
- Faites un testament biologique pour donner des directives claires et précises sur la manière dont vous voulez que l'on s'occupe de vous quand vous ne pourrez plus parler ou communiquer vos désirs.
- Faites de l'ordre dans vos affaires du temps que vous êtes calme et cohérent. Si vous laissez des biens, assurez-vous que chacun comprenne comment vous voulez qu'ils soient partagés. Faites en sorte de faciliter la tâche à votre famille.
- Mettez fin à toute querelle ou différend avec vos proches. Le pardon est la clé pour vous ouvrir à l'énergie de la puissance divine.
- Vénérez votre vie. Aimez-vous. Vous n'êtes jamais seul.

Les crises de la quarantaine ou de la mi-temps de la vie

- Permettez-vous de vivre le processus du chagrin dans son entier.

- Dressez une liste de tout ce qui vous fait peur dans le fait de vieillir, que ce soit la perte de revenus, la maladie, la crainte de ne plus être à la hauteur, la solitude, une vie sexuelle moins active ou absente, la peur de mourir, etc. Écrivez tout sur une feuille et brûlez-la. Ce sont vos peurs, mais ce ne sont pas vos vérités. Laissez-les s'envoler en fumée.
- Dressez aussi une liste de tout ce que vous voulez faire dans la prochaine moitié de votre vie, comme : apprendre une nouvelle langue, passer du temps avec vos amis ou vos petits-enfants, faire du bénévolat pour une cause qui vous est chère, prendre des cours de danse, apprendre à utiliser un ordinateur, acheter une résidence secondaire, un chalet, etc. Gardez votre liste et consultez-la de temps en temps. Qu'elle devienne une sorte de référence pour la prochaine partie de votre vie.
- Si vous ne faites pas partie d'une communauté spirituelle, vous voudrez peut-être en trouver une qui vous convienne ou encore vous adonner à des rituels spirituels informels comme de faire une retraite.
- Si vous trouvez que votre religion ne vous satisfait plus, prenez des cours et découvrez d'autres disciplines spirituelles comme la méditation, le yoga ou le tai chi. Bien des gens apprécient *A Course in Miracles* ou encore *Native American Practices* qui les mettent en contact avec la nature et les animaux.
- Recherchez la solitude. Écoutez le silence. Cela vous aidera à entrer en contact avec vos sentiments profonds. Écoutez votre intuition et faites le bilan de votre vie. Faites les changements qui vous apporteront une plus grande paix intérieure et la sérénité.

- Fermez la télé et allez marcher. Toutes ces émissions orientées sur la jeunesse et les publicités ne font que renforcer la croyance erronée selon laquelle vous n'êtes pas à la hauteur, voire insignifiant.
- S'il y a des gens dans votre vie qui se sont avérés des éléments destructeurs, laissez-les partir avec amour. Apprenez à être tolérant et à pardonner.
- Utilisez vos énergies créatrices pour contribuer à votre mieux-être et à celui des autres.
- Trouvez des façons d'équilibrer tous les aspects de votre vie. Le secret d'une vie réussie ne se trouve pas dans l'argent ou dans les biens matériels, mais dans l'amour de soi et des autres et dans la compassion pour tout ce qui est vivant.
- Des activités significatives de même qu'un bon réseau social aideront à aplanir les difficultés que vous pourriez éprouver sur le plan mental, émotionnel et physique.

Quand on vieillit

- Permettez-vous de vivre le processus du chagrin dans son entier.
- Si vous le pouvez, joignez-vous à un groupe ou à un centre pour personnes âgées. On y organise toujours une foule d'activités et vous serez avec des gens qui ont beaucoup à offrir et à qui vous avez, vous aussi, des choses à offrir.
- Si vous vivez des moments difficiles, cherchez de l'aide auprès d'un thérapeute ou d'un conseiller. Il faut restaurer votre estime personnelle et vous pardonner à vous-même ainsi qu'à ceux qui vous ont fait du tort.
- Faites le bilan des ressources dont vous disposez et utilisez-les. Vous avez toujours le choix. Il n'est

jamais trop tard pour apprendre quelque chose de nouveau.

• La plupart des personnes âgées ne craignent pas la mort comme telle autant que les conditions dans lesquelles elles finiront leur vie. Prenez les dispositions nécessaires pour faciliter vos derniers moments : préparez un testament biologique. Expliquez aux vôtres comment vous voulez que l'on vous traite lorsque la fin sera proche. Faites tout ce que vous pouvez pour mourir dans la dignité et comme vous le souhaitez.

• Soyez positif et concentrez-vous sur le moment présent. Ne ressassez pas le passé et rappelez-vous que les pensées négatives nuisent au bon fonctionnement du système immunitaire.

• Prêtez attention à ceux qui vous entourent et vous verrez que vous deviendrez moins préoccupé par votre propre personne.

• Continuez à abreuver votre esprit et à stimuler vos sens. Une journée avec les petits-enfants, ou du bénévolat, aideront à maintenir votre vigueur.

• Mettez de l'ordre dans vos relations avec les autres. Quand je communique avec le monde de l'esprit, on me dit constamment que de faire la paix avec les autres est la plus grande leçon d'entre toutes. Si vous le pouvez, laissez tomber toute malveillance et faites la paix avec quiconque vous a causé du tort. N'oubliez pas que le pardon et l'amour vont de pair.

• Le rire est une excellente forme de thérapie. Il est contagieux et son action thérapeutique est toujours des plus puissantes.

8

LA PERTE DE NOS ANIMAUX DE COMPAGNIE

Dans la cour derrière la maison de mon père, dans un des recoins du mur de briques, on peut voir les traces d'une flèche blanche qui a été peinte il y a longtemps. Elle pointe vers le côté de la maison. Au-dessus on peut lire : *St-Michael's Pet Cemetery* (Cimetière St-Michael pour les animaux de compagnie). C'est moi qui ai peint cette inscription quand j'avais sept ans.

Comme tous les enfants, j'ai eu mon lot de hamsters, poissons rouges et tortues. J'ai toujours été très attaché à mes animaux. Chaque jour en revenant de l'école, je m'asseyais devant leur cage ou leur aquarium pour leur parler. Ils faisaient partie de ma famille. Je me souviens qu'en plus de leur attribuer un nom, je collais une étiquette sur leur cage en guise d'adresse. La première fois que j'ai perdu un poisson rouge, j'ai été dévasté. J'ai demandé à ma mère ce qui s'était passé et elle m'a répondu : « Il était temps pour le poisson de retourner au cicl. Dieu a d'autres plans pour lui. » Mais je ne comprenais pas. Malgré les paroles de ma mère et ses efforts pour me consoler, j'ai eu beaucoup de chagrin. Je crois que c'est à cause de toute ma peine que j'ai commencé le cimetière. Je voulais qu'il y ait un endroit où je pourrais m'asseoir et parler à mes amis. Je me rappelle très bien les cérémonies que je célébrais quand un de mes animaux de compagnie mourait. J'allumais des bougies et je priais. Ensuite je me rendais dans le cimetière St-Michael, dans la cour, et je plaçais la boîte de cigares qui tenait lieu de cercueil dans un trou que j'avais creusé. Je recouvrais le tout de terre et j'y plaçais une croix faite de deux bâtons de sucettes glacées et sur laquelle j'avais inscrit le nom de l'animal qui était mort.

Le cimetière portait le nom de mon frère, Michael. Lui aussi aimait beaucoup les animaux. Il ramenait souvent des chiens errants ou des chats qui avaient été frappés par des voitures. Il me les ramenait pour que nous puissions les enterrer convenablement. Je me disais que si c'était moi qui devais retourner au paradis après avoir été frappé par une voiture, j'aimerais bien être enterré convenablement. En tout, je pense qu'il devait y avoir une soixantaine d'animaux enterrés dans notre cour.

D'aussi loin que je me souvienne, j'ai toujours aimé et respecté les animaux. Ce sont tous des êtres sacrés pour moi et je crois sincèrement qu'ils partagent cette terre avec nous pour pouvoir nous enseigner des grandes vérités de la vie, nous aider à soulager nos douleurs et à apaiser nos souffrances et enfin nous apprendre ce qu'est l'amour inconditionnel. Les animaux sont devenus de grands travailleurs sociaux, de merveilleux thérapeutes et d'excellents guérisseurs. De plus en plus nous utilisons des animaux de compagnie pour réconforter les personnes âgées, ou soulager ceux qui souffrent dans les hôpitaux. Des études scientifiques nous ont révélé que les chats ont un effet bénéfique sur le moral des gens et qu'ils peuvent, par leur seule présence, contribuer à faire baisser notre tension artérielle. En outre, personne ne contestera l'utilité des chiens secouristes lors des désastres et des catastrophes naturelles. Enfin, rappelons qu'il y a une demande constante pour des chiens guides de la part des malvoyants, des malentendants et d'autres personnes qui sont aux prises avec une grande variété de maladies ou de handicaps.

Les animaux touchent la vie de presque tous les humains d'une façon ou d'une autre. Ils ont le don de nous toucher le cœur avec leur grande simplicité. On se sent souvent attirés par un chat ou un chien ou encore on se retrouve à faire la file à l'Aquarium pour voir les dauphins et les baleines nager dans des piscines immenses. Les enfants surtout ont des liens très spéciaux avec les animaux. Je me rappelle toutes les fois où je suis allé au zoo quand j'étais jeune juste pour voir les lions majestueux, les tigres magnifiques et les éléphants.

Pour beaucoup d'entre nous, les animaux jouent aussi un rôle important dans la famille. Et nombreux sont ceux qui se sentent plus à l'aise avec ce membre de la famille qu'avec n'importe quel autre. Les animaux ne nous jugent pas, ils ne nous critiquent jamais et ne nous répondent jamais de manière insolente. Ils n'ont pas de projets secrets ni de systèmes de croyances qui peuvent nous énerver ou nous décourager. Ils sont loyaux à l'excès et quelle que soit notre humeur ou notre attitude, ils resteront toujours à nos côtés, et ce, même s'ils ne sont pas toujours bien traités. Ces êtres divins et extraordinaires nous prouvent chaque jour combien il est important d'aimer et d'être aimé. C'est pour cette raison qu'il nous est si facile de nous lier avec eux et de leur faire confiance. Nous leur parlons, nous jouons avec eux et nous voyageons avec eux. Ils deviennent facilement notre centre d'attention et bientôt nous prévoyons nos routines quotidiennes en fonction d'eux. Avoir un animal de compagnie n'est pas une responsabilité à temps partiel, c'est une expérience à temps plein, un mode de vie. Il faut toujours considérer le bien-être de notre animal quand nous prenons des décisions importantes.

Les liens qui nous unissent à nos animaux sont extrêmement bienfaisants et ils se renforcent au fur et à mesure que nous prenons conscience de la personnalité distincte de nos animaux de compagnie. Ces derniers peuvent nous aider à exprimer l'amour de manière totalement désintéressée. Ils nous apprennent à prendre nos responsabilités. Comme nos enfants, nos animaux de compagnie dépendent de nous pour le gîte et la nourriture et nous devons aussi les soigner quand ils sont malades. En retour ils nous offrent leur amour et leur loyauté. Ils nous acceptent tels que nous sommes, chose plutôt rare dans le monde dans lequel nous vivons. Avec leur nature aimante, ils nous comblent de joie et de bonheur, et ils nous aident à nous sentir mieux par rapport à nous-mêmes. Nos animaux de compagnie sont en outre nos amis et nos confidents. Quand on se sent déprimé ou que ça ne va pas, on peut toujours se tourner vers eux pour trouver réconfort et acceptation. En regardant dans leurs yeux ou encore en caressant leur fourrure, on sent tout l'amour qu'ils ont en eux. Ils nous rappellent toujours qui nous sommes. Nous partageons nos vies avec eux et ils nous récompensent de leur dévouement inébranlable et de leur fiabilité à toute épreuve.

Les animaux peuvent *toujours* percevoir nos humeurs parce qu'ils sont beaucoup plus conscients que nous de la dimension psychique ou intuitive. Ils se fient à leur instinct pour savoir si une personne leur veut du bien ou du mal. Le sixième sens est une caractéristique dominante chez eux. La prochaine fois que vous partirez en voyage, tâchez de remarquer les changements de comportement subtils de votre animal de compagnie. Votre chat, votre chien, votre oiseau sait que vous partez. Je parle toujours à mes animaux lorsque je m'apprête à partir en voyage. Je les rassure et leur dis que je vais revenir.

Quand j'étais petit, la série télévisée *Lassie* était très populaire. Je suis certain que beaucoup d'entre vous vous en souvenez. Lassie a certes réussi à sauver beaucoup de gens de situations périlleuses. Cette chienne était non seulement intelligente et brave, mais aussi douce et aimante. Elle incarnait l'idéal d'un animal de compagnie. Tout comme Lassie, nos animaux de compagnie font de leur mieux et ils nous offrent le meilleur d'eux-mêmes. Et ils demandent bien peu en retour sauf que l'on s'occupe d'eux avec bonté. C'est pourquoi nous les aimons tant et que nous nous sentons si perdus sans eux.

Les esprits des animaux

La question que l'on me pose le plus souvent concernant les animaux est la suivante : « Les animaux survivent-ils à la mort ? » La réponse est : « Oui ! Bien sûr. » Les animaux sont des êtres spirituels tout comme nous. Chaque animal a une personnalité spirituelle et une tâche divine distincte. Comme dans le cas de la mort humaine, quand le corps physique ne peut plus véhiculer l'esprit de l'animal, celui-ci est libéré dans les dimensions spirituelles. De nombreux esprits m'ont confirmé qu'il existe un « gardien des animaux », c'est-à-dire un être qui veille sur eux dans le monde spirituel. Il semble que la plupart des animaux servent là où on a le plus besoin d'eux et là où ils pourront le mieux aider d'autres esprits de l'espèce humaine. Il est très courant pour un animal de compagnie de se trouver parmi ceux qui accueillent un être cher qui arrive dans le monde spirituel, notamment si les liens qui l'unissaient à l'esprit qui arrive étaient exceptionnellement forts.

Une autre question que l'on me pose souvent est la suivante : « Peuvent-ils communiquer depuis le monde spirituel où ils se trouvent ? » Encore une fois la réponse est un *oui,* haut et fort ! J'ai transmis des centaines de messages du royaume spirituel animal. L'énergie d'amour qui accompagne ces transmissions est incroyablement pure et de loin supérieure à la plupart des communications auxquelles j'ai participé. Contrairement à l'énergie humaine, l'énergie animale n'est pas polluée de jugements et d'opinions terrestres et elle s'écoule habituellement avec adoration, reconnaissance et amour.

J'ai souvent senti que le royaume animal travaillait de concert avec la dimension humaine à une stratégie divine. Bien que cela ne soit pas toujours évident pour nous, je crois fermement que la conscience animale joue un rôle dans la connexion que nous avons avec l'amour parfait dans lequel nous trouvons tous notre source. Et je fais non seulement référence à ce qui a déjà été décrit mais surtout aux liens de nature psychique. Je crois que les animaux se laissent facilement imprégner par l'esprit. On m'a souvent parlé de cas où les animaux ont interagi avec les humains au moment de leur mort ou peu après. En fait, les animaux sont des vecteurs de signes et de messages importants du monde spirituel.

Par exemple, lorsque quelqu'un meurt, il arrive souvent que les gens aient une expérience avec un animal qui leur rappelle immédiatement la personne chère. Certains de ces événements sont plus flagrants que d'autres. Ainsi je me souviens d'un phénomène qui s'est produit quand ma mère est décédée. C'était pendant le service funéraire. Dans son oraison funèbre, le prêtre nous a demandé de considérer que l'esprit de ma mère avait été retenu captif dans son corps, un peu comme une chenille dans son cocon. À la mort, a-t-il expliqué, l'esprit est libéré et il peut commencer son ascension vers les cieux comme le papillon qui s'élève dans la voûte céleste. Cette idée nous a été très réconfortante et malgré le travail que je fais, j'en ai, moi aussi, été très touché. C'était quelque chose que j'avais besoin d'entendre. –

Depuis ce jour, mes frères, mes sœurs et moi nous rappelons souvent cette histoire du papillon. Et pendant plusieurs années après la mort de maman, quand nous voyions apparaître des papillons lors des fêtes d'anniversaires que nous célébrions ensemble, ceux-ci nous incitaient à penser que maman était venue se joindre à nous. C'était très plausible lorsque cela se produisait au printemps, en été ou à l'automne, mais il est aussi arrivé que des papillons apparaissent pendant les mois d'hiver ! J'ai essayé de trouver une explication logique à ce phénomène, mais en vain. Mes frères et sœurs sont convaincus que le papillon était incarné par ma mère ou encore que c'est elle qui l'animait et l'influençait. Quant à moi, je pensais qu'il s'agissait certes d'une belle histoire, mais qu'elle était purement symbolique.

Lors d'un voyage au Brésil cependant, j'en suis venu à la conclusion que le papillon était plus qu'un simple symbole. J'accompagnais un groupe de personnes pour une retraite spirituelle au cours de laquelle nous avions visité plusieurs centres psychiques de la région. Nous avons rencontré des guérisseurs et des médiums de toutes sortes et nous avons pu participer à des démonstrations de guérisons incroyables. Après une semaine d'intimité sacrée, nous nous sommes rendus dans le sud du pays pour aller voir une chute d'eau spectaculaire. J'étais allé m'asseoir seul sous un arbre pour méditer. J'ai remercié le monde spirituel pour toutes les expériences extraordinaires que nous avions vécues au cours de la semaine et tandis que je méditais, ma mère s'est manifestée à moi. Elle m'a dit qu'elle était fière que j'aide autant de gens à progresser sur le plan spirituel. Je l'ai clairement entendue me dire qu'elle était toujours avec moi. « Regarde autour de toi, James, et rends-toi à l'évidence. » Je l'ai remerciée et je lui ai dit : « Je sais que tu es là, maman. » Quand j'ai rouvert les yeux, un magnifique papillon orange et bleu s'était posé dans la paume de ma main droite. Mes larmes se sont mises à couler librement sur mes joues. Et j'ai compris que dorénavant je ne me poserais jamais plus de questions en voyant apparaître des papillons ici et là dans ma vie. C'était ainsi que ma mère me confirmait qu'elle était toujours là à veiller sur moi.

Spencer, notre héros

En tant qu'humains, je ne pense pas que nous soyons en mesure de saisir complètement tout ce qui a trait à l'intelligence extraordinaire et au courage exceptionnel de nos animaux de compagnie. Je sais que nous avons tous entendu parler d'animaux qui avaient risqué leur vie ou encore qui avaient parcouru des distances incroyables pour retrouver leur maître bien-aimé. De nombreux animaux nous servent de gardiens et semblent être complètement orientés vers notre bien-être. Je crois que certains animaux ont une tâche bien spécifique à remplir sur la terre et qu'ils sont envoyés par Dieu pour nous guider dans notre cheminement spirituel. L'histoire suivante vous aidera à mieux comprendre ce que je veux dire.

Un jour, alors que je faisais une démonstration publique, je m'entretenais avec une femme qui s'appelait Corey. Le message que je lui transmettais provenait de son père qui était décédé récemment. Pendant la communication, j'ai eu une vision d'un gros chien noir qui courait vers moi. L'image disparut si vite que c'est à peine si j'ai eu le temps de la décrire à Corey.

— Je viens de voir une drôle d'image. Votre père me montre un chien. On dirait un berger allemand noir. Était-ce son chien ? Il court partout autour de lui.

— Non, répondit Corey.

Incertain des visions que je recevais, je continuai à lui donner plus de détails jusqu'à ce qu'elle comprenne de quoi il s'agissait.

— L'animal me montre son œil gauche. Je sens que l'animal avait un problème avec cet œil. Je vois du sang. Il s'agit peut-être de cataracte.

L'expression faciale de Corey changea complètement. Ses yeux devinrent grands comme des soucoupes et elle couvrit sa bouche de ses deux mains.

— Oh ! Mon Dieu ! s'exclama-t-elle. Mais oui !

— Le chien veut que vous sachiez qu'il peut voir à nouveau et qu'il vous est reconnaissant de l'avoir aidé avec son œil.

— Oui. Je l'ai amené chez le vétérinaire. Mon Dieu ! s'exclama-t-elle une fois de plus.

Puis elle s'est mise à pleurer et la personne assise à ses côtés s'est levée pour la consoler. Corey était en état de choc.

— C'est Spencer ! balbutia-t-elle. Spencer ! Je le reconnais. C'est mon chien Spencer !

Corey éclata en sanglots. Nous avons attendu quelques minutes pour lui donner le temps de se ressaisir. La personne à ses côtés fit de son mieux pour la réconforter. Quand j'ai senti qu'elle était suffisamment remise, j'ai continué.

— Ce chien vous apporte beaucoup d'amour. Je sens qu'il était très spécial.

À cet instant, l'esprit du chien a sauté devant la femme et a commencé à lui lécher le visage.

— Il veut vous embrasser, lui dis-je.

L'auditoire laissa échapper un « Ah ! ».

— Je vois un ruban autour de son cou. On dirait une médaille d'or au bout d'un ruban violet. Je sens que ce chien était plus que l'animal de compagnie de la famille. Il veut que je vous dise qu'il a été envoyé pour veiller sur vous.

Corey acquiesça d'un signe de tête. Elle commençait à se calmer et un sourire apparut sur ses lèvres au milieu de toutes ses larmes.

— Spencer ! Je n'arrive pas à le croire !

Puis j'ai reçu l'impression d'un nom.

— Connaissez-vous quelqu'un qui s'appelle Tracey ? Je crois bien qu'il s'agit de Tracey.

— Oui. C'est ma fille. Mais elle est ici, sur terre ; elle n'est pas morte.

— Étrange. Je vois le nom de Tracey en toutes lettres devant ce chien. Je sens qu'il y a de la fumée. Je sens que j'étouffe et que j'ai du mal à respirer.

Mais je n'ai pas bien compris le message qui m'était transmis et j'ai mal interprété l'image qui s'était formée dans ma tête.

— Est-ce que votre père avait du mal à respirer ? C'est l'impression que j'ai.

— Non, il n'est pas mort comme cela. Mais je pense que je vois où vous voulez en venir. Continuez s'il vous plaît, j'aimerais en savoir davantage.

— Bon, d'accord. Je ne sais pas pourquoi mais je sens que ce chien veut être avec Tracey ou bien il veut se manifester à elle. Est-ce que vous comprenez ? demandai-je.

— Oui, James. Je comprends.

La séance continua pendant quelques minutes tandis que le père de Corey lui a transmis encore quelques messages. Il voulait rassurer les différents membres de sa famille et leur faire savoir qu'il ne souffrait plus.

— Il dit qu'il se sent plein de vie maintenant qu'il a quitté sa coquille physique.

Après la démonstration, Corey est venue me voir et elle m'a dit : « Maintenant, je comprends tout ce que vous m'avez dit. » Elle s'excusa de ne pas avoir compris tout de suite ce que je lui disais. Cela lui avait paru tellement inconcevable.

Elle m'expliqua : « Au début de mon mariage, Tom et moi voulions adopter un chien. Nous hésitions entre choisir un chien de race ou simplement aller chercher un chien à la fourrière. Quoi qu'il en soit, nous sommes allés au chenil et nous avons trouvé le plus mignon des terriers. Bien sûr, c'était un bâtard. Nous hésitions et nous avons voulu prendre quelques jours pour réfléchir. Mais quand nous sommes retournés deux jours plus tard, le petit terrier n'y était plus. Ils lui avaient déjà trouvé un foyer. Nous étions plutôt déçus. En sortant, nous avons vu un berger allemand noir dans la dernière cage, sur la gauche. En passant devant sa cage, le chien s'est avancé pour me regarder. Je me suis penchée pour le flatter et il s'est mis à me lécher la main comme s'il me connaissait. Tom et moi avons décidé de le prendre même si nous avions prévu d'adopter un chien plus jeune et beaucoup plus petit. Il y avait quelque chose de spécial chez ce chien qui nous attirait.

« Et c'est ainsi que nous l'avons ramené à la maison. Nous l'avons appelé Spencer et il s'est très vite adapté à notre routine. Quelques mois plus tard, j'étais enceinte. Spencer me suivait partout. On aurait dit qu'il cherchait à me protéger parce que je portais un enfant. Ce n'est qu'un peu avant l'accouchement que nous avons découvert à quel point ce chien était spécial. Tom travaillait alors de nuit. Un soir, juste avant qu'il ne parte pour aller travailler, Spencer nous parut nerveux et particulièrement agité. Il ne cessait d'aller et de venir. Au milieu de la nuit, je me suis levée pour aller chercher un verre d'eau et en me rendant à l'évier de la cuisine, j'ai trébuché sur une boîte qui avait été laissée au beau milieu de la pièce. Je suis tombée. J'avais beaucoup de douleur. Puis j'ai commencé à saigner. La dernière chose dont je me souviens, ce sont les aboiements de Spencer. Je ne sais comment, mais il a réussi à sortir de la maison et il s'est mis à aboyer devant la maison. Ses aboiements ont réveillé notre voisine, Judy, qui est venue et m'a trouvée étendue sur le plancher. Elle a téléphoné aux ambulanciers qui m'ont transportée d'urgence à l'hôpital où j'ai donné naissance à Tracey, notre fille qui était en pleine santé. Mais le médecin nous a dit que si je n'étais pas arrivée à temps à l'hôpital, nous aurions pu la perdre !

» Quelques mois plus tard, Tom et moi avons été réveillés par Spencer qui tirait sur nos couvertures avec ses dents. Dès que nous nous sommes réveillés, il a jappé et a couru dans la chambre du bébé. Nous l'avons suivi et en arrivant dans la pièce nous avons vu que notre fille ne respirait plus. Elle était en train de devenir bleue. Tom appela aussitôt 911 pendant que je pratiquais la respiration artificielle sur Tracey. Elle recommença à respirer. Sans Spencer, elle ne serait peut-être pas ici aujourd'hui. »

Mise à jour

Spencer a vécu encore quatre ans avec Corey, Tom et Tracey avant de mourir. Corey dit qu'il était aussi très proche de Tracey qui a maintenant cinq ans. « Tous les soirs, il dormait près d'elle, et s'il y avait quoi que ce soit, il se mettait à japper jusqu'à ce que nous venions. Pas étonnant qu'il ait voulu se manifester à elle. Spencer était notre héros incontestable et nous lui devons tout. Il nous manque énormément. »

Skylark

J'ai souvent l'occasion de transmettre des messages dans lesquels des animaux expliquent combien certaines habitudes de leurs propriétaires leur faisaient plaisir. Le récit suivant est un exemple loquace de ce genre d'appréciation et de reconnaissance.

Byron et Joanne Baker avaient perdu leur fils Brian qui avait succombé à une leucémie à l'âge de huit ans. Au cours des deux années qui avaient suivi son décès, ils avaient tenté, avec leur fille Marlene ou Marlee comme ils l'appelaient, d'entrer en communication avec Brian. Quand celui-ci s'est manifesté au cours de la séance que nous avons faite ensemble, il a tenu à réconforter sa famille avec un merveilleux message d'optimisme et de joie.

Je percevais son excitation tandis qu'il me transmettait son message.

— Il dit qu'il n'a pas souffert quand il est mort et que maintenant qu'il est au ciel, il peut manger toute la crème glacée qu'il veut.

Brian continua à expliquer qu'il fréquentait une sorte d'école avec d'autres enfants et qu'il avait beaucoup, beaucoup d'amis.

— Il se demande pourquoi vous êtes si tristes alors qu'il est si heureux ?

Puis, Brian mentionna qu'une dame appelée « Ta Ta » s'occupait de lui.

— C'est ma grand-tante Tamara, expliqua la mère de Brian. Elle est morte, il y a dix ans.

Au moment où je pensais que la séance s'était bien déroulée et qu'elle s'achevait sur une bonne note, Brian nous a dit quelque chose qui nous a tous surpris.

— Brian veut que tu saches quelque chose, Marlee. Il dit que Ta Ta l'a amené nourrir Skylark et qu'il a pu lui caresser la tête.

Aussitôt, Marlee se couvrit le visage de ses mains et se mit à pleurer à chaudes larmes.

Je commençais à voir se former l'image d'un gros cheval.

— Je vois un cheval gris debout devant moi. Il a une tache blanche sur le front et il secoue la tête de haut en bas. Est-ce Skylark ?

— Oui, répondit Marlee.

— Cela peut te paraître étrange, Marlee, mais ce cheval me donne l'impression d'avoir eu beaucoup de fièvre avant de mourir et je vois que ton père et toi avez fait appel à plusieurs vétérinaires.

— Oui, c'est juste. Il semble que notre jument ait eu une sorte de virus mortel, répliqua la jeune fille.

— Nous avons essayé tous les vétérinaires de la Nouvelle-Angleterre, mais aucun n'a pu l'aider, ajouta le père.

— Vous avez mentionné que mon fils était avec le cheval, comment est-ce possible ? demanda Joanne curieuse.

C'est le genre de question qu'on me pose souvent lorsque des animaux interviennent au cours d'une communication.

— Eh bien, dis-je, dans les dimensions célestes, vous pouvez voir les gens que vous avez aimés de même que les animaux que vous avez connus. De toute évidence, Brian a été mis en contact avec l'animal pour une raison bien précise. Peut-être pour qu'il se sente plus à l'aise. De plus, les animaux sont généralement dans un environnement qui leur convient. Dans le cas de Skylark, par exemple, il s'agit probablement d'un pré ou d'un champ.

— Skylark adorait courir dans les champs, ajouta Marlee.

— Cette jument me donne l'impression d'avoir eu une très forte personnalité, dis-je en continuant. Mais je pense aussi qu'elle n'aimait pas nécessairement tout le monde et qu'elle pouvait se montrer plutôt capricieuse avec certaines personnes.

Je cherchai sur leurs visages un signe de confirmation. Ils semblaient tous étonnés et amusés en même temps.

Joanne prit la parole.

— Oh ! Oui, c'est juste. Tout à fait juste ! Si Skylark n'aimait pas quelqu'un, elle lui tournait le dos et s'en allait. Nous pouvions habituellement deviner le caractère d'une personne en voyant la réaction de Skylark à son égard.

— Marlee, Skylark me transmet l'information suivante : tu as dormi dans son box quand elle était malade. Elle veut que tu saches qu'elle a beaucoup apprécié ton geste et tout l'amour que tu lui as montré.

Marlee, qui pleurait encore, acquiesça d'un signe de tête.

Je continuai à recevoir des visions et des pensées de cet animal impressionnant qui présentait, avec chaque idée nouvelle, une puissante énergie d'amour.

— Comme c'est intéressant. Tu sais sans doute que cette jument vient à toi dans la soirée. J'ai même l'impression que tu as toujours sa couverture. Est-elle dans ta chambre ? demandai-je à Marlee.

Elle sembla surprise encore une fois.

Elle regarda tour à tour chacun de ses parents avant de poser les yeux sur moi.

— Oui, dit-elle, j'ai encore sa couverture. Elle est sur le pied de mon lit. Chaque jour je la regarde et je pense à Skylark.

— Skylark me transmet que vous étiez les meilleures amies du monde. Elle essayait toujours de faire de son mieux dans les sauts. Elle faisait vraiment beaucoup d'efforts. Comprends-tu ?

— Skylark était puissante et elle avait un bon esprit de compétition, répondit Byron impressionné.

— Nous avons participé à des concours équestres et nous avons même gagné quelques trophées, ajouta Marlee.

— Quelques trophées ? Tu en as plus de vingt et ce de partout à travers le pays, interrompit fièrement sa mère.

J'étais très content que Skylark, ce cheval dévoué, se soit manifesté à Marlee.

— Est-ce que je la reverrai un jour ? me demanda la jeune fille.

— Mais bien sûr, répondis-je. Tout au long de ta vie, Skylark sera à tes côtés comme elle l'était quand elle était sur terre. Et quand ce sera ton tour de rejoindre le monde des esprits, elle sera là pour t'accueillir. Ce qu'il y a de si merveilleux avec nos animaux, c'est qu'ils sont toujours là quand nous avons besoin d'eux.

Aussitôt que je lui eus dit cela, j'ai eu une autre vision de Skylark qui hochait la tête de haut en bas en hennissant.

— Je pense qu'elle est d'accord avec moi.

Puis, je vis un ruban bleu tomber d'un mur et je leur demandai s'ils savaient ce que cela pouvait signifier.

— Oui, dit Marlee. Un ruban est tombé du mur, ce matin. Il était juste au-dessus de mon lit. C'était un ruban bleu, le dernier que j'ai gagné avec Skylark, avant qu'elle ne meure. C'est étrange que vous mentionniez cela, parce que tout de suite après que le ruban est tombé, j'ai eu l'impression de sentir la crinière soyeuse de Skylark au bout de mes doigts.

Mise à jour

La vie de la famille Baker semble avoir progressé depuis la séance que nous avons eue ensemble. Bien sûr une séance ne fait pas disparaître la douleur, mais elle permet souvent aux gens de découvrir des choses précises sur la vie après la mort. Ainsi, Marlee a commencé le secondaire et elle a décidé de ne plus faire de compétitions équestres. Elle m'a expliqué qu'elle ne souhaitait pas avoir un autre cheval. « J'ai un journal intime dans lequel j'écris mes pensées et mes rêves. » L'un de ses passages préférés concerne Skylark : « Je rêve que nous nous promenons dans un champ aux fleurs multicolores. Nous sautons par-dessus des clôtures et volons dans les airs. Je sais que nous serons toujours ensemble. »

Souvenirs de nos animaux de compagnie

Au fil des ans, j'ai reçu beaucoup de lettres de gens qui voulaient exprimer leur amour pour leur animal de compagnie. Leurs écrits sont remplis d'affection et de reconnaissance pour ce compagnon qui les aidés à mieux apprécier la vie ou à surmonter une épreuve. Certains de ces messages sont tellement beaux et touchants que j'ai voulu les partager avec vous pour que vous puissiez, vous aussi, goûter à ces moments d'amour uniques et précieux. Voici donc vos histoires.

Annie

Pendant huit ans, j'ai eu une perruche naine appelée Annie. Elle a été pour moi une compagne extraordinaire de même qu'une importante source d'inspiration et de joie. Blanche avec une huppe jaune clair, Annie avait aussi des taches jaunes au bout des ailes et de la queue. Elle avait les joues d'un rouge orangé ce qui lui donnait un air vibrant et très particulier. Elle savait qu'elle paraissait bien et elle était toujours fière de se montrer.

Dans ce temps-là, j'habitais près de la plage et j'avais l'habitude d'aller faire des promenades avec Annie, comme d'autres le font avec leurs chiens, la seule différence étant qu'Annie s'installait sur mon épaule au lieu de marcher au bout d'une laisse. Parce que j'ai toujours aimé et respecté la liberté des oiseaux de même que la grâce avec laquelle ils volaient, je n'avais jamais rogné les ailes d'Annie. Je l'installais sur mon épaule et nous sortions. Je savais qu'Annie avait choisi d'être avec moi puisqu'elle aurait pu s'envoler et partir n'importe quand. Quand nous étions à moitié chemin entre l'eau et le sable, je plaçais mon index devant elle pour qu'elle puisse y monter. Elle me mordillait toujours le doigt que je lui tendais ainsi, comme si elle voulait me laisser savoir qui était le patron. Son geste était tout ce qu'il y a d'affectueux et il faisait partie du rituel qui nous unissait. Elle se tenait fièrement sur mon doigt et je pouvais la lancer dans le vent pour qu'elle s'envole. Après toute une journée passée dans sa cage, elle volait avec un tel abandon que cela en était touchant ! Émerveillés, les gens sur la plage s'arrêtaient pour la regarder. Ce tout petit oiseau qui décrivait de si grands cercles au-dessus de la plage avant de revenir fidèlement vers moi. Elle se posait toujours sur mon épaule et je lui caressais alors la tête pour la féliciter d'un si bel atterrissage. Dès son retour, Annie me mordillait encore l'index comme pour me signifier son indépendance, son amour et sa reconnaissance. Nous allions toujours nous promener en soirée, lorsque le soleil s'apprêtait à se coucher parce que nous aimions toutes les deux ce moment de la journée. Annie était ma meilleure amie et elle m'a accompagnée à travers des moments très difficiles. Elle m'apportait toujours beaucoup de joie, surtout lorsque j'en avais vraiment besoin. Quand elle est morte, j'en ai eu le cœur brisé. J'ai senti un grand vide à l'intérieur de moi-même. J'étais inconsolable.

Quatorze ans après avoir perdu Annie, j'étais allée faire de la plongée avec tuba au large d'une petite île près de Bora Bora à Tahiti. L'eau claire et limpide était turquoise. Quand je me suis aventurée au large, j'ai rapidement été entourée d'une multitude de poissons tropicaux aux couleurs chatoyantes. L'un d'eux, d'un jaune vif et brillant semblait se diriger droit sur moi. C'était comme s'il avait voulu me souhaiter la bienvenue dans son royaume sous-marin. En y regardant de plus près, j'ai remarqué deux taches orangées sur ses branchies et lorsque j'ai tendu la main vers lui, il m'a mordillé l'index. J'ai aussitôt été envahie de souvenirs d'Annie. Je me disais : Se pourrait-il que mon oiseau soit revenu transformé en magnifique poisson tropical ? Annie avait toujours aimé l'océan. La liberté dont elle jouirait dans ces vastes étendues marines conviendrait certainement à l'oiseau qu'elle avait été. C'est alors que je me suis rendu compte que l'amour qu'on a pour un animal ne meurt pas. Il brûle dans nos cœurs à jamais. Et le souvenir d'Annie restera toujours bien vivant dans mon cœur.

— Lindy Carroll
Hermosa Beach, Californie

Chester, le chat

J'ai toujours vécu entourée de chats. Je ne sais comment ni pourquoi mais j'ai toujours été attirée par les chats et à l'inverse j'ai toujours senti qu'ils étaient attirés par moi. C'est peut-être parce que nous nous respectons mutuellement et que nous nous comprenons si bien. Quoi qu'il en soit, il y a quatre ans, un magnifique chat marron s'est arrêté sur le pas de ma porte. Il était clair qu'on ne s'était pas occupé de lui depuis un moment. Il avait faim et soif. Évidemment, il était venu au bon endroit. Peut-être avait-il senti mon penchant pour les chats. Je lui ai préparé un bol de nourriture que j'ai laissé sur le balcon. Je n'ai pas insisté pour qu'il entre dans la maison. Je me disais qu'avec le temps, il déciderait par lui-même s'il voulait rester ou repartir.

Après quelques semaines, il a commencé à entrer dans la maison et avant que je ne le sache, il avait pris le contrôle des lieux. Je l'ai nommé Chester[1] à cause de la couleur de sa robe. Chester a tôt fait de dénicher et de s'approprier le fauteuil le plus confortable de la maison. Nous sommes vite devenus bons amis tous les deux. Ce qui m'a surprise, c'est le fait qu'il s'entende bien avec tous les autres chats de la maisonnée. Comme eux, il a vite adopté sa propre routine. Ainsi le soir, il sortait par la petite porte réservée aux chats et il revenait le matin pour son petit déjeuner. Mais un matin, il n'est pas revenu. Je l'ai attendu toute la journée et toute la soirée, mais en vain. Je ne sais comment, mais je savais qu'il ne reviendrait pas et j'en étais dévastée. Je me demandais souvent ce qui avait pu lui arriver.

Puis un jour, tandis que je me promenais dans le voisinage, j'ai aperçu un chat qui dormait sur un balcon. Il avait la même robe marron que Chester. En m'approchant davantage, je me suis rendu compte que c'était bel et bien Chester ! Je l'ai appelé par son nom, et il est venu à moi en courant. Il s'est frotté contre mes jambes en ronronnant. J'étais si heureuse de le revoir ! Comme je me pen-

1. chesternut : marron

chais pour le prendre dans mes bras, j'ai entendu une voix de femme crier : « Smoky ! Viens Smoky ! » Le chat retourna immédiatement vers celle qui l'avait appelé. En levant les yeux, j'ai vu une dame âgée dans l'embrasure de la porte. Je me suis approchée pour me présenter et je lui ai expliqué comment j'avais connu Chester. Elle m'a invitée à entrer pour une tasse de thé.
Tandis que nous buvions notre thé dans la cuisine, la dame m'a raconté comment elle avait trouvé ce chat un beau matin, quelques mois plus tôt, sur le pas de sa porte. Elle m'a dit : « Il a insisté pour rester. » Puis elle a ajouté que je pouvais le ramener avec moi si je voulais. J'étais ravie. Mais quand j'ai pris Chester dans mes bras et que j'ai voulu partir, il a sauté par terre. Nous nous sommes regardés droit dans les yeux et j'ai senti son énergie. Je savais qu'il m'aimait, mais il semblait vouloir me transmettre qu'il avait quelque chose d'important à faire. Je savais qu'il ne m'appartenait pas. Je l'ai embrassé en lui disant au revoir et j'ai dit à la dame : « Ça va. Son foyer est ici maintenant. C'est avec vous qu'il veut rester. » Un grand sourire illumina le visage de la vieille dame. Je la sentais très reconnaissante et heureuse de garder son compagnon. Elle me remercia plusieurs fois avant que je ne parte.
Environ six mois plus tard, j'ai revu la femme au supermarché et je lui ai demandé des nouvelles de Chester. Elle m'a expliqué que peu après notre rencontre, les médecins avaient diagnostiqué un cancer chez son mari qui était décédé quelques mois plus tard. J'étais sous le choc en entendant cette nouvelle et je lui ai offert mes plus sincères condoléances. Elle m'a dit que pendant que son mari avait été alité, Chester était resté au pied de son lit

pour le calmer et le rassurer. Elle sentait que ce chat avait été un cadeau du ciel. « Je ne sais pas ce que j'aurais fait sans lui. » Quand nous nous sommes quittées je lui ai promis d'aller la voir de temps en temps pour prendre une tasse de thé. En réfléchissant à ce qu'elle venait de me dire, j'ai réalisé que Chester avait effectivement eu quelque chose d'important à faire. C'était comme s'il avait été un ange envoyé du ciel pour aider cette femme. J'étais si heureuse de savoir qu'il avait été là pour l'aider et la réconforter dans son épreuve et j'étais contente aussi d'avoir connu ce chat spécial.

— Carol Carpenter
Reseda, Californie

Nellie et la vieille mère poule

Voilà maintenant plus de trente ans que je fais l'élevage des poules et j'ai eu toute une série d'animaux de compagnie. Pour moi, tous les animaux sont des cadeaux que le ciel nous envoie pendant notre vie sur terre. J'espère que lorsque mon heure viendra, je serai accueilli au paradis par tous ceux qui ont fait partie de ma vie et qui ont su la rendre si agréable.

Nous avons toujours eu beaucoup de canards et d'oies et je pensais tout connaître de ces volailles et avoir tout vu, mais l'incident qui suit se démarque nettement des autres. Il y a environ cinq ans, nous avions une cane domestique blanche qui s'appelait Nellie et qui était rapidement devenue fort populaire auprès de nos petits-enfants. Ils la nourrissaient tous les jours et la laissaient flotter dans leur petite piscine en plastique. Pendant le temps de Pâques, ils lui attachaient un ruban autour du cou et ils disaient qu'elle était leur cane pascale. Et tandis qu'ils s'amusaient à leur traditionnelle chasse aux œufs de

Pâques, elle les suivait partout autour de la ferme en cancanant haut et fort. Nellie n'était pas un canard comme les autres, elle faisait vraiment partie de la famille. Par exemple, on la retrouvait souvent à la cuisine à l'heure des repas. Ma femme lui préparait un bol de nourriture et elle faisait un bruit terrible en frappant son bec contre le bol. Ce printemps-là, Nellie avait pondu plusieurs œufs dans la grange. Elle n'avait pas commencé à les couver et elle les gardait soigneusement recouverts de paille.

Un jour un camion de livraison s'est arrêté chez nous. Malheureusement le conducteur n'a pas vu Nellie dans l'entrée et il l'a frappée. Elle est morte sur le coup. Nous étions sous le choc. Nous avions tous le cœur brisé, et surtout les petits-enfants pour qui cette tragédie a été très pénible. Ma femme, Helen, et moi ne savions pas quoi faire des œufs que Nellie avait pondus. Mais nous aurions bien aimé donner une chance à sa progéniture de survivre. C'est alors que ma femme a eu l'idée de placer les œufs dans le poulailler dans l'espoir qu'une des poules veuille bien les couver. C'était très risqué. D'abord, il nous fallait déplacer les œufs en les dérangeant le moins possible, puisque la moindre secousse pouvait détruire les embryons. Ensuite il fallait espérer que les poules ne rejettent pas ces œufs étrangers du poulailler.

Miraculeusement, la stratégie a fonctionné. Trente jours plus tard, les œufs ont éclos et trois adorables petits canetons sont nés.

Bien sûr ils ne ressemblaient pas du tout aux poussins qui couraient çà et là, mais ils ont immédiatement suivi la poule qui les avait couvés. Elle était pour ainsi dire leur mère. C'était très inhabituel, mais merveilleux à voir.

Le lendemain, la mère poule quitta le poulailler fidèlement suivie des trois canetons. En passant près d'une flaque d'eau laissée par la pluie, les canetons se sont mis à y patauger gaiement. Inquiète, la poule s'est mise à caqueter furieusement. Ma femme et moi sommes sortis de la maison en courant pour voir la cause de tout ce boucan. La poule courait en rond autour des canetons en criant pour les faire sortir de l'eau. En arrivant sur les lieux, nous les avons rapidement sortis de là pour que la poule cesse de crier. Elle les a ensuite examinés un à un pour s'assurer qu'ils n'avaient pas de mal.

Les canetons ont grandi et sont devenus des canards adultes. Et tout comme Nellie avant eux, ils suivent nos petits-enfants partout autour de la ferme. Et ils ne s'éloignent jamais trop du poulailler et de leur mère adoptive. Quand nous les regardons, ma femme et moi nous disons que Nellie serait fière de sa progéniture. Nous avons accroché son ruban dans le poulailler en souvenir d'elle et de la mère poule qui a sauvé ses petits.

— Benson Whittier
Aberdeen, Texas

Pleurer la perte d'un animal de compagnie

Perdre un animal de compagnie est toujours une épreuve difficile et nous pleurons leur mort comme nous le ferions pour celle d'une personne chère. Quand notre animal de compagnie passe du monde terrestre à la dimension spirituelle, nous ressentons une grande détresse et nous passons à travers les diverses phases du processus du chagrin : le choc, la colère, la négation, la culpabilité, la tristesse et la solitude. Il faut exprimer ces sentiments parce que le fait de les réprimer peut prolonger indûment le processus du chagrin. Ne laissez personne vous convaincre « qu'il ne s'agissait après tout que d'un animal ». La réalité est que cet ami avec qui vous partagiez votre vie n'est plus là ; il est donc normal que vous soyez bouleversé. Votre quotidien a été chamboulé et vous devez réajuster votre routine. Votre blessure et votre chagrin sont très réels. Ne laissez personne les nier, les dénigrer ou vous les reprocher.

Rappelez-vous aussi que chacun, y compris les différents membres de la famille, réagira de manière différente à la situation, alors il est inutile de vous attendre à une réaction précise de la part de quelqu'un. Chacun affrontera cette perte à sa manière.

Il n'est pas surprenant que certains se sentent coupables quand leur animal de compagnie meurt. Ils ont l'impression qu'ils auraient pu faire quelque chose pour prévenir sa mort. En effet, on se sent tous impuissants quand notre animal devient vieux ou malade. On souhaiterait qu'il puisse parler pour nous dire où il a mal. Je me souviens qu'au moment où j'ai divorcé, j'ai dû trouver de nouveaux foyers pour mes chiens. En fait, il m'a été plus difficile de me séparer d'eux que de ma femme. J'ai vécu une véritable névrose d'abandon parce que je devais me séparer de mes chiens. Mais heureusement, j'ai trouvé des familles aimantes pour les accueillir et je savais qu'ils y seraient bien. Malgré tout, j'ai quand même eu beaucoup de chagrin.

Le chagrin ressenti lors de la perte d'un animal peut être encore plus traumatisant pour ceux qui vivaient seuls avec celui-ci. Dans ce cas l'animal faisait intimement partie de leur vie. Il est naturel de pleurer sa mort. Laissez couler vos émotions ; cela vous aidera à entamer le processus du chagrin.

Il est aussi particulièrement bénéfique de partager vos émotions avec les membres de votre famille et vos amis. Ils vous apporteront le soutien et le réconfort dont vous avez besoin pendant ces moments difficiles.

Il peut y avoir des gens qui ne soient pas très sensibles à votre chagrin. Cherchez du soutien auprès de ceux qui aiment les animaux et qui sont plus aptes à comprendre ce que vous ressentez. Et aussi surprenant que cela puisse paraître, il existe des centaines de groupes de soutien pour ceux qui doivent affronter ce genre de drame. Ne vous laissez pas influencer par ceux qui vous conseilleront de remplacer immédiatement l'animal que vous venez de perdre. Vous devez prendre le temps de vivre votre chagrin et il ne serait pas sain de réprimer votre tristesse en adoptant un autre animal trop rapidement.

Les parents se doivent aussi d'expliquer aux enfants la mort de leur animal de compagnie. Cette épreuve peut s'avérer particulièrement pénible pour eux, surtout si c'est la première fois qu'ils sont confrontés à la mort. Il peut être difficile d'expliquer aux plus jeunes le processus de la mort, mais faites de votre mieux pour que les enfants comprennent bien que l'animal ne reviendra pas. Aidez-les à exprimer leur chagrin et dites-leur que chacun pleurera la mort de l'animal à sa façon et que les émotions peuvent varier d'un individu à l'autre et même d'un moment à l'autre chez une même personne. Précisez-leur qu'outre la tristesse, il se peut qu'ils se sentent seuls et en colère. Certains enfants peuvent aussi être en colère simplement parce qu'ils ne comprennent pas pourquoi leur animal n'est plus là. Vos enfants s'attendent à ce que vous puissiez les guider dans cette épreuve. Profitez de cette occasion pour leur parler de la vie et de la mort. Expliquez-leur que la mort fait partie du processus naturel de la vie. Rassurez-les quant au bien-être de leur animal : il est sain et sauf là où il se trouve. Dites à vos enfants qu'avec le temps, ils se sentiront moins tristes et qu'ils seront à nouveau heureux.

Je me souviens d'une amie à moi qui m'a raconté une histoire à propos de son chat préféré. Elle était rentrée du travail un soir, et elle avait trouvé une note sur sa porte d'entrée. Son magnifique chaton blanc était sorti de la maison et il s'était fait frapper par une voiture. L'officier du contrôle local des animaux lui avait laissé une note pour lui expliquer la tragédie. Elle m'a dit : « Je suis entrée chez moi et je me suis mise à pleurer sans pouvoir m'arrêter. Mais le plus difficile restait à venir. Il fallait que j'aille chercher ma fille chez la gardienne et que je lui dise que notre bien-aimée Queenie était morte. Je savais qu'elle serait bouleversée. Et je devais lui faire comprendre que ce n'était la faute de personne. » Ce soir-là, la mère et la fille ont pleuré la mort de leur chat ensemble et elles se sont rappelé les bons moments qu'elles avaient passés avec lui. « Le lendemain ma fille m'a dit : "Maman, je ne peux plus pleurer. J'ai trop mal. J'aimerais bien que nous ne parlions plus de Queenie jusqu'à ce que nous nous sentions un peu mieux." J'ai pensé que c'était sans doute ce qu'il y avait de plus sage à faire à ce moment-là. Dieu merci nos deux autres chats étaient sains et saufs et toujours avec nous. » Mon amie a respecté le souhait de sa fille de même que sa façon de vivre son chagrin. Au lieu d'écarter ou de mépriser ses émotions comme si elles n'avaient pas d'importance, elle a laissé sa fille vivre et exprimer son chagrin à sa manière. Il est important de laisser à chacun le temps et l'espace nécessaires pour vivre leur chagrin.

Plusieurs choisissent d'exprimer l'amour qu'ils avaient pour leur animal en célébrant une cérémonie en mémoire de celui-ci. Vous pouvez enterrer votre animal dans la cour et marquer le tertre d'un signe quelconque, comme mon frère et moi le faisions jadis. Vous pouvez demander à vos enfants de dessiner votre animal ou encore d'écrire une histoire à son sujet. Vous pouvez aussi rassembler vos photos de lui et les mettre dans un album qui lui serait consacré. Enfin, vous pouvez faire ce que vous voulez qui vous fera du bien. Enfin, ceux qui souhaitent une cérémonie plus formelle peuvent avoir recours à des entreprises spécialisées dans les services funéraires pour animaux.

La tristesse qui nous envahit quand on perd un animal bien-aimé fait aussi partie du processus du chagrin. N'oubliez pas que vous êtes dans un état de grande vulnérabilité et chaque jour sera différent du précédent. Vivez donc un jour à la fois. Avec le temps, le vide que vous ressentez sera comblé par les beaux souvenirs que vous avez de votre animal. Vous vous souviendrez des moments heureux et agréables et c'est très bien ainsi. Prenez plaisir à vous rappeler ces bons moments. Riez encore. Essayez de revivre ces instants du mieux que vous le pouvez. Chérissez ces moments heureux et ces émotions bienfaisantes. Rappelez-vous qu'il n'y a pas de durée prédéterminée pour vivre un chagrin. N'ayez pas honte, ne soyez pas contrarié si cela vous prend plus de temps que vous ne l'auriez cru. Au fur et à mesure que vous vous adapterez à votre nouvelle routine quotidienne, la tristesse et le chagrin s'amenuiseront. Et après un certain temps, il se peut que vous vous sentiez prêt à adopter un autre animal de compagnie.

L'euthanasie

Les gens qui ont fait euthanasier leur animal me demandent souvent s'ils ont fait la bonne chose. Ils se sentent coupables et plusieurs n'arrivent pas à se pardonner leur geste. La décision de faire euthanasier un animal n'est jamais facile à prendre et elle s'accompagne toujours d'émotions variées.

Il n'y a rien que je puisse dire à ces gens pour les convaincre qu'ils ont fait le bon ou le mauvais choix. Personnellement, je pense que cela dépend toujours des raisons qui motivent ce choix. Est-ce une décision qui est motivée par votre amour pour l'animal, pour sa santé et son bien-être ? Est-ce que par cette décision vous avez fait preuve de bonté pour un animal qui souffrait ou pour qui la qualité de vie était compromise ? Ce n'est qu'en puisant au fond de son cœur que chacun pourra trouver ce qu'il y a de mieux à faire pour son animal. Rappelez-vous que les animaux ont une âme et que celle-ci est invulnérable.

Plusieurs me demandent aussi si l'euthanasie est un processus douloureux. Je ne suis pas vétérinaire, alors je leur suggère de vérifier auprès d'un professionnel. Cependant, je puis vous dire que les vétérinaires que j'ai consultés pour écrire ce chapitre, m'ont assuré que l'euthanasie était un processus indolore. En général, le vétérinaire administre un médicament analgésique et l'animal tombe dans un profond sommeil tandis que son esprit quitte son corps physique.

Selon Bruce Fogle, docteur en médecine vétérinaire et auteur de *Pets and Their People*, les raisons suivantes sont les plus indiquées pour mettre fin à la vie d'un animal :

1. une blessure grave ;
2. une maladie irréversible qui a progressé au point où on ne peut plus soulager l'inconfort ou la détresse de l'animal ;
3. un âge si avancé que sa qualité de vie est compromise ;
4. une blessure ou une maladie qui causerait une perte de contrôle des fonctions corporelles ;
5. une agressivité chez l'animal qui mettrait en péril les enfants, ses maîtres ou d'autres personnes ;
6. une maladie intraitable qui serait dangereuse ou fatale pour les humains.

Si vous décidez de faire euthanasier votre animal, assurez-vous de trouver du soutien émotionnel pour traverser cette épreuve difficile. Dites à ceux qui vous entourent que vous aurez besoin de leur amour et de leur affection et sans doute de leur aide à un moment donné. Par exemple, vous pourriez demander qu'on vous accompagne chez le vétérinaire ou encore qu'on vous aide à organiser une cérémonie en mémoire de votre compagnon. Il est très important d'avoir un bon réseau de soutien autour de soi. Il est étonnant de constater le mal que nous nous donnons pour nous assurer que notre animal ne souffre ni physiquement ni mentalement comparativement au peu d'efforts que nous faisons pour soulager notre détresse et notre chagrin à nous. Vous êtes la seule personne qui puissiez prendre la décision concernant l'euthanasie. Rappelez-vous que l'esprit de votre compagnon sera toujours près de vous et que lorsque votre heure sonnera, vous pourrez à nouveau expérimenter cette connexion glorieuse et extraordinaire avec votre animal.

Conseils pour apaiser votre chagrin

- Autorisez-vous à vivre le processus du chagrin dans son entier.
- N'essayez pas de nier vos sentiments. Vous avez perdu un partenaire important de votre vie et c'est le moment d'exprimer vos émotions. Il est normal de pleurer. Partagez ce que vous ressentez avec ceux qui vous entourent. Soyez conscients des sentiments et des émotions de vos enfants.
- Dites au revoir à votre animal de compagnie. Vous aimeriez peut-être le faire au moyen d'une cérémonie en son honneur. Il peut suffire d'allumer une bougie et de dire une prière. Ou encore ce peut

être quelque chose de plus élaboré avec des poèmes, des photos, ses jouets, etc. Faites ce qui vous semble le mieux pour vous et pour les vôtres. Comme pour tous les types de chagrins, il est important de pouvoir dire au revoir à l'être cher et de conclure cette période de notre vie.

• Joignez-vous à un groupe de soutien et partagez votre deuil et votre chagrin. D'autres propriétaires d'animaux comprendront ce que vous ressentez et ils pourront vous réconforter. Votre vétérinaire peut habituellement vous informer sur ce genre de groupe de soutien. Vous pouvez aussi faire vos propres recherches sur Internet. Il existe de nombreux sites Web spécialisés dans le chagrin lié à la perte d'un animal.

• Aidez vos enfants en les écoutant et en les encourageant à exprimer leurs sentiments par rapport à l'animal. N'inhibez jamais les émotions de vos enfants et ne les forcez jamais à se ressaisir. S'ils sont très jeunes, faites-leur dessiner ce qu'ils ressentent et encouragez-les à parler de ce qu'ils aimaient chez l'animal que vous avez perdu.

• Avisez les professeurs de l'enfant que vous avez perdu votre animal de compagnie. Il est normal en effet qu'un enfant exprime ses sentiments de tristesse pendant qu'il est à l'école. Il sera plus facile pour le professeur d'évaluer l'humeur de l'enfant s'il est au courant de la situation.

• Établissez une nouvelle routine. Faites en sorte de remplacer les moments privilégiés que vous aviez avec votre animal de compagnie par d'autres activités ou encore, changez simplement l'ordre dans lequel vous faisiez les choses. Vous pourriez, par exemple, décider de changer les meubles de place dans la maison ou encore de faire certaines activités à différents moments de la journée.

• Faites quelque chose en mémoire de votre compagnon : plantez un arbre ou un arbuste en souvenir de lui. Ou encore faites graver une plaque à son nom avec une dédicace personnelle. Vous pourriez aussi faire un don, en son nom, à un organisme voué à la protection des animaux.
• Rangez ses jouets, sa nourriture, ses coussins et sa couverture. Si vous les laissez traîner, ils ne feront qu'aviver votre douleur quand vous les verrez.
• Dressez une liste de tout ce que vous aimiez chez lui. De tout ce que cet adorable compagnon vous a appris de la vie et de vous-même. En quoi avez-vous changé à cause de lui ?
• Si vous pensez que vous êtes prêt à adopter un nouvel animal, faites une liste de ce que vous recherchez chez votre futur animal de compagnie. Qu'est-ce que vous changeriez par rapport à vous-même si vous viviez de nouveau avec un animal ?
• Sachez apprécier votre chance d'avoir partagé une expérience d'amour unique avec un autre être vivant.
• Chaque jour tâchez de faire au moins une chose positive pour vous-même.
• C'est le temps d'en apprendre un peu plus sur vous-même et aussi d'apprendre à vous apprécier et à vous aimer davantage. Pendant que vous vivez votre deuil, prenez autant de temps que vous le pouvez pour vous-même. Je connais même des gens qui ont pris congé de leur travail quand leur animal de compagnie est mort.

Le Pont d'arc-en-ciel

Au pied des collines, à l'orée du bois,
se trouve un pré vert et luxuriant dans lequel le temps n'existe pas.
Là où accourent les amis des hommes
quand leur temps sur la terre est échu.
Car ici, entre ce monde et le suivant,
se trouve un lieu où chaque créature bien-aimée trouve la paix.
Dans ces landes fertiles et dorées, elles attendent et elles jouent
jusqu'au jour où elles traverseront le Pont d'arc-en-ciel.
Point de souffrance, de douleur ni de tristesse, ici.
Ici, chacun est complet, et la vie pleine d'allégresse.
Les membres sont restaurés, la santé renouvelée,
Le corps guéri est de nouveau empreint de force et de vigueur.
Tous gambadent joyeusement sans aucun souci,
jusqu'au jour où ils s'arrêtent pour humer l'air.
Alors, les oreilles dressées, regardant d'un côté et de l'autre,
soudain l'un d'entre eux s'éloigne de la meute
car il vient d'apercevoir l'autre.
Ils courent l'un vers l'autre, ces amis d'un passé lointain,
l'humain et son compagnon animal, à nouveau réunis, enfin.
Le chagrin et la détresse d'être séparés
transformés en joie immense dans leurs cœurs.
Ils s'étreignent d'un amour infini, éternel,
Et côte à côte traversent le Pont d'arc-en-ciel.

Steve et Diane BODOFSKY

QUATRIÈME PARTIE

RECONQUÉRIR SA VIE

9

L'HARMONIE DE SOI

Jusqu'à un certain point, avoir du chagrin constitue une des étapes finales d'une partie de notre vie et le processus signifie, en même temps, le début d'un nouveau commencement. Le processus du chagrin nous permet de nous purifier pour pouvoir aborder une nouvelle phase de notre cheminement en tant qu'êtres ragaillardis, remplis d'énergie nouvelle et un peu plus sages. L'Univers nous fournit à chacun tout ce dont nous avons besoin pour surmonter nos épreuves et nos chagrins.

Quel que soit le type de perte auquel nous soyons confrontés et comme tous les obstacles auxquels nous nous butons dans la vie, il s'agit toujours d'un défi, d'une occasion pour apprendre et croître sur le plan spirituel. Le fait de reconnaître cette occasion qui nous est donnée nous permet d'envisager cette expérience comme un voyage d'exploration et de découverte. Un voyage très spécial qui nous emmène loin à l'intérieur de nous-mêmes et qui nous permet de nous voir sous un jour nouveau et différent. Nous ne pouvons pas ne pas en être transformés.

Sans vouloir diminuer l'importance de la douleur ou de la souffrance que nous vivons tant sur le plan physique qu'émotionnel, je tiens à souligner qu'une fois que nous acceptons que la situation fait partie de ce que nous appelons l'expérience humaine, nous pouvons commencer à voir les choses dans leur juste perspective. Ce que j'essaie de dire c'est que le deuil n'est en réalité qu'une séparation temporaire entre des êtres spirituels qui ont partagé l'expérience physique ensemble. Comme je l'ai mentionné si souvent déjà les liens de l'amour qui nous unissent les uns aux autres dans la dimension physique restent toujours vivants. Personnellement, j'y crois de tout mon cœur.

Si vous croyez à la vie éternelle, si vous êtes convaincus que vous reverrez un jour ceux que vous aimez, si vous pensez qu'ils sont toujours avec vous, alors vous êtes en mesure de renouveler votre engagement à la vie. Rappelez-vous que ce n'est pas la fin, mais le commencement.

Nous verrons dans ce chapitre comment reconquérir sa vie en traversant les différentes phases du processus du chagrin. Je vous propose différents exercices de méditation pour vous aider à exprimer vos sentiments et vous permettre de vous défaire de certaines attitudes ou comportements qui vous dérangent. En vous ouvrant davantage à une conscience élargie, vous vous rendrez compte que vous allez survivre à votre chagrin.

Rappels pour apaiser votre chagrin

Je trouve pour ma part que lorsque je vis un chagrin intense, il est important pour moi de revenir à des valeurs spirituelles fondamentales. Je dois me rappeler que je suis maître de ma vie et que je suis le seul à pouvoir choisir la direction que je veux lui donner. Est-ce que je vais me contenter de réagir à une situation ou est-ce que je vais l'utiliser pour « agir » ou influer sur une nouvelle attitude ou un nouvel état d'esprit ? Souvent les choses arrivent si vite que c'est à peine si nous avons le temps de penser. C'est dans de tels moments que nous devons nous rappeler les vérités fondamentales.

Pour progresser au-delà du chagrin et de la tristesse, et vous sentir à nouveau connecté à l'essence véritable de votre être, il faut changer certaines de vos attitudes négatives par rapport à la vie et les transformer en aptitudes à la joie et au bonheur. C'est la seule façon de tirer le maximum des expériences à venir. J'espère que les concepts et les affirmations qui suivent sauront vous inspirer et vous encourager dans votre cheminement comme ils l'ont fait pour moi.

1. L'amour ne meurt jamais.
2. La peur n'est qu'une illusion. Seul l'amour est vrai.
3. Chérissez chaque instant de la vie.
4. Les larmes purifient, soulagent et ouvrent mon cœur à un avenir meilleur.
5. Tandis que je libère mon chagrin, mes craintes, mon amertume et ma douleur se dissipent dans mon cœur et je découvre la joie de vivre.
6. Chacune de mes pensées est créatrice d'avenir.
7. Chaque goutte de pluie donne naissance à un arc-en-ciel.
8. Les pertes que je subis aujourd'hui constituent mes gains de demain.
9. Une personne sage ne cesse jamais d'apprendre.
10. Quand l'occasion se présente à moi, je suis prêt à m'ouvrir à de nouvelles possibilités.
11. Je chéris chaque instant que je passe auprès de ceux que j'aime et je leur dis ce qu'il y a dans mon cœur.
12. Je peux choisir de rester concentré malgré le chaos qui m'entoure.

13. La terre est une école et nous sommes des élèves. Nous suivons tous des cours différents et nous sommes tous à des étapes ou à des niveaux différents.
14. Je ne peux pas contrôler l'Univers, mais je peux me contrôler, moi.
15. Efforcez-vous de participer à la danse de la vie.
16. Il est bon de partager sa peine et de rire avec les autres. L'amour soulage tous ceux qui le partagent.
17. Au lieu de juger les autres ou de me juger moi-même, je m'entoure de pensées d'amour.
18. Donnez sans vous attendre à quoi que ce soit en retour.
19. Rien ne se perd ; tout se transforme.
20. J'accepte l'amour comme étant le pouvoir guérisseur de ma vie.

Termes métaphysiques

Dans les exercices de méditation que je vous propose ci-dessous, je fais référence à divers termes métaphysiques que vous devez comprendre. Votre travail spirituel sera d'autant plus satisfaisant que vous aurez réussi à établir un équilibre et une harmonie avec ce qui vous entoure.

L'environnement

Quand vous ferez ces exercices, il est très important que vous soyez complètement à l'aise, confortablement installé et prêt à vous détendre. La meilleure façon de laisser votre énergie couler librement est de vous asseoir le dos droit, sur une chaise ou dans un fauteuil. Malheureusement, un lit pourrait s'avérer trop confortable et vous risqueriez de vous endormir. Il faut être actif et alerte pour faire ces exercices. Ayez un verre d'eau à portée de la main au cas où vous auriez soif. Prévoyez aussi du papier et un crayon tout près pour pouvoir noter les idées spirituelles ou pensées sages qui vous viendront à l'esprit au cours de l'exercice. Faites brûler de l'encens si cela vous aide à vous relaxer ; des fleurs pourraient aussi agrémenter votre environnement. Assurez-vous que votre lieu soit tranquille et le plus isolé possible des bruits extérieurs. Fermez vos téléphone cellulaire et téléavertisseur, la télé, la radio et toute autre source de bruit. Soyez sans crainte, vous survivrez sans stimuli externes pendant quelque temps. Portez des vêtements amples et assurez-vous que la température de la pièce ne soit ni trop chaude ni trop froide.

Le moment opportun

Afin de tirer le maximum des exercices proposés, vous devez vous engager à prendre une part active dans le soulagement ou la guérison. Ainsi, vous devez prendre le temps de faire ce travail. Le moment de la journée que vous choisissez n'a aucune importance, cela peut aussi bien être le matin que l'après-midi ou le soir. Il vaut mieux cependant être seul pour que personne ne vienne vous déranger. Il ne faut *absolument* pas qu'il y ait d'intrusion de l'extérieur. Prévoyez suffisamment de temps pour faire l'exercice. Vous devez disposer de quelques minutes de tranquillité non interrompue afin de faire l'exercice correctement et d'en retirer le maximum de bienfaits.

La concentration

Ce procédé vous permet de prendre conscience de vous-même en vous concentrant sur le milieu de votre front. Pour ce faire, fermez les yeux, et ralentissez votre rythme respiratoire. Commencez par prendre plusieurs inspirations lentes et profondes. Voyez comment votre respiration vous aide à vous détendre. Remarquez que c'est vous qui contrôlez votre respiration et non votre respiration qui vous contrôle. Prenez conscience de ce que vous ressentez dans votre corps. Commencez par votre tête et descendez. Passez votre cou, vos épaules et vos bras. Prenez conscience de votre torse qui se gonfle et se dégonfle avec chaque inspiration et chaque expiration. Concentrez-vous sur votre estomac et votre bassin, sur votre dos et vos hanches puis prenez conscience de vos jambes et de vos pieds. Tandis que vous respirez, visualisez ou ressentez l'effet de chacune des molécules d'air qui rafraîchit, relaxe, renouvelle et revitalise toutes les parties de votre être. Visualisez-vous « en parfait contrôle » de votre corps et de votre esprit. Détendez-vous et contentez-vous d'être. Concentrez-vous sur le troisième œil qui est situé juste au-dessus de votre nez. Vous êtes maintenant concentré et prêt pour la prochaine étape.

Lâcher prise

Vous allez devoir vous libérer de certaines émotions, pensées ou croyances pendant que vous faites ces exercices. Quand vous aurez lâché prise, l'énergie de la puissance divine s'activera et vous vous sentirez libéré de tous vos fardeaux. Votre combat pour tout contrôler sera terminé. Vous vous rendrez compte que tout ce qui vit évolue à un rythme qui lui est propre. En comprenant ceci, vous pourrez enfin vous relaxer et profiter de la vie.

Refaire le plein d'énergie

Après avoir fait un exercice, vous goûterez une nouvelle sorte de prise de conscience. Vous verrez la vie de manière plus positive et vous sentirez que vous avez un meilleur contrôle sur votre vie. Vous aurez repris le dessus. Il est important de retenir cet état de conscience tout au long de la journée et surtout pendant les périodes où vous vous sentez stressé ou dans les moments de grande tourmente.

Actualisation

Voici le terme que j'utilise pour décrire votre capacité de visualiser activement ou de ressentir la vie en vous et de réaliser vos objectifs futurs. Ces derniers peuvent être de nature physique, mentale ou spirituelle. Quand vous êtes en état d'actualisation, vous vivez pleinement le moment de la visualisation ou de la méditation.

MÉDITATIONS

Méditation et guérison

Utilisez ce guide de méditation pour vous investir de bien-être et d'équilibre intérieurs. Le soulagement et la guérison se font sur plusieurs niveaux à la fois et bien que vous ne sentiez pas nécessairement de changement physique, plusieurs transformations peuvent avoir lieu sur des plans non visibles. Rappelez-vous qu'il ne suffit pas de penser ou de prononcer les mots, mais qu'il faut aussi ressentir leur contenu. Par ailleurs, le processus est encore plus efficace quand vos pensées correspondent à vos sentiments et à vos émotions. Lorsque vous commencez votre méditation, assurez-vous d'avoir préparé votre environnement et d'être bien concentré.

Assis dans votre fauteuil, fermez les yeux et prenez conscience de votre respiration, de votre corps, et de l'atmosphère qui vous entoure. Êtes-vous confortable ? Y a-t-il mille et une pensées qui vous trottent dans la tête ? Si oui, reconnaissez chacune d'elles, puis passez à autre chose. Ne portez pas de jugement. Prenez quelques grandes respirations et continuez à vous concentrer. Repassez chacune des parties de votre corps et imaginez-les qui se détendent une à une et qui se fondent dans le néant. Ensuite, restez assis et prenez conscience de la paix et de la tranquillité dans lesquelles vous baignez.

Imaginez que vous flottez sur un océan qui ondule doucement. Sentez la chaleur d'une lumière intense qui touche votre corps. Les rayons clairs et dorés de cette lumière atteignent chaque cellule de votre corps. Sentez-les. Imaginez que votre corps monte et descend au rythme des vagues. Vous êtes attiré par l'intensité lumineuse qui brille au-dessus de vous. Vous êtes enveloppé de cette magnifique lumière spirituelle et elle vous couvre de son énergie apaisante et de son amour inconditionnel. Tandis qu'elle atteint toutes les cellules de votre corps, elle vous investit d'équilibre et d'harmonie. Peut-être avez-vous besoin d'une sorte de soulagement émotionnel. Sentez la lumière créer la paix et la tranquillité en vous.

Laissez maintenant la lumière illuminer la personne ou la situation qui a besoin d'être soulagée ou apaisée. Commencez à vous harmoniser avec les phases du pardon et de la conclusion. Cette grande source de lumière apporte soulagement et réconfort partout où elle se pose. Maintenant, voyez-vous être complètement absorbé par cette lumière. Vous vous sentez en paix. Profitez de cette paix et de cette sérénité pendant quelques instants.

Tandis que vous sortez de la lumière, imaginez que vous êtes dans un jardin, votre Jardin Intérieur. Imaginez qu'il est rempli d'arbres et de fleurs et que chaque plante symbolise un aspect de la personne que vous êtes et de la situation dans laquelle vous vous trouvez en ce moment. Observez votre jardin, prenez-en conscience.

À quoi ressemble-t-il ? Ce jardin est le miroir magique de votre moi intérieur. Il vous montre ce qui doit être soulagé ou guéri. Y a-t-il un arbre fruitier qui ne porte pas de fruits ? Cela pourrait signifier que vous-même ne « fructifiez » pas, ou encore que vous ne vous réalisez pas pleinement. Par exemple, une fleur fanée sur sa tige peut signifier que vous avez besoin de bons soins et d'amour pour croître et grandir.

Voyez-vous des mauvaises herbes ou des vignes envahissant votre jardin ? Ceci pourrait représenter des gens, des situations ou des choses qui vous pèsent et qui étouffent votre potentiel en vous empêchant de découvrir votre beauté intérieure. Certaines fleurs manquent-elles de pétales ? Y aurait-il une partie de vous-même qui serait incomplète ? Comment pouvez-vous la compléter pour devenir une personne entière ?

Observez attentivement votre jardin. Y manque-t-il quelque chose ? Y a-t-il des trous béants, des espaces vides où rien ne pousse ? Tandis que vous méditez, demandez-vous : Quelle fleur manque-t-il à mon jardin ? Que représente cette fleur ? Que puis-je faire pour embellir mon jardin ? Que puis-je y changer pour le rendre plus agréable ?

Qu'est-ce que les réponses à ces questions vous disent sur vous-même et sur votre vie ? Quelles leçons devez-vous en tirer pour pouvoir croître ? Que devez-vous apprendre sur vous-même pour pouvoir grandir et briller ? Personne ne peut répondre à ces questions pour vous. Cherchez les réponses en vous-même.

Maintenant donnez-vous une petite tape dans le dos. Dites-vous un beau merci, car aujourd'hui vous vous trouvez au seuil d'un merveilleux jardin d'amour. Reposez-vous dans cet état de conscience actualisée. Quand vous serez prêt, notez vos observations par rapport à cet exercice.

Méditez pour apaiser votre chagrin

Quel que soit le genre de perte que vous viviez, le deuil d'une personne ou d'un animal de compagnie, la perte d'un emploi, un divorce, etc., l'exercice qui suit est conçu pour vous permettre de reconnaître la perte, d'acquérir un meilleur sens de l'intuition et du discernement et de découvrir d'autres aspects de vous-même.

Commencez cette méditation en aménageant convenablement votre environnement et en vous concentrant. Comme dans le cas du premier exercice de méditation, asseyez-vous et fermez les yeux. Encore une fois, pensez à votre respiration. Devenez de plus en plus conscient de chacune de vos inspirations et de chaque expiration. Détendez-vous et profitez de la sensation de n'avoir rien à faire. Contentez-vous d'être. Laissez errer vos pensées sans les juger ni chercher à les analyser. Continuez à respirer profondément. Maintenez votre concentration. Tandis que vous détendez chaque partie de votre corps, imaginez-la qui se confond avec le néant. Laissez-vous pénétrer de paix et de tranquillité.

Vous êtes maintenant prêt à visualiser. Imaginez-vous assis au bord d'un lac très calme. Voyez le lac et ce qui l'entoure avec autant de détails que vous le souhaitez. L'eau pourrait être d'un vert émeraude ou encore bleu saphir. Vous y trempez la main et vous rendez compte qu'elle est chaude comme l'eau d'un bain. De grands pins majestueux créent un cadre enchanteur autour de ce plan d'eau sur lequel flottent peut-être de magnifiques cygnes blancs. Rendez ce site le plus attrayant possible.

Quand vous serez prêt, choisissez un endroit à la surface de l'eau. Concentrez-vous sur ce point et pensez à ce que vous venez de perdre. S'il s'agit d'une personne ou d'un animal, voyez son image apparaître à la surface de l'eau. S'il s'agit d'un autre type de perte, imaginez la situation qui se déroule à la surface de l'eau. Prenez votre temps pour voir le plus clairement possible la personne, l'animal ou la situation. Laissez-vous aller à ressentir. Puis, en vous concentrant toujours sur le lac, demandez-vous : « Qu'est-ce que cette perte m'apprend ? Comment change-t-elle ma vie ? » Prenez le temps de réfléchir à ces questions. Si vous le voulez, écrivez ce qui vous vient à l'esprit. Demandez-vous : « Quelles occasions cette perte m'apporte-t-elle ou pourrait-elle m'apporter ? Laissez-vous le temps d'examiner attentivement chaque occasion qui vous vient à l'esprit. Comment vous sentez-vous par rapport à chacune ? Comment peuvent-elles changer votre vie ? Aurez-vous la patience de réaliser que vous, et vous seul, pouvez faire ce choix ? Rappelez-vous qu'il s'agit de votre cheminement à vous. Il vous suffit d'être conscient que les pertes auxquelles nous sommes confrontés sont toujours accompagnées d'occasions à saisir pour grandir et progresser. Remerciez l'être cher ou la situation en question de vous avoir offert cette occasion. Soyez reconnaissant envers vous-même d'avoir su ouvrir votre cœur et votre esprit à cette information. Libérez-vous, lâchez prise et refaites le plein d'énergie.

EXERCICES

Consignez vos progrès dans un cahier

Voilà une merveilleuse façon d'avancer sur la voie du soulagement et de la guérison. Vous voudrez peut-être vous procurer un cahier spécial pour enregistrer vos données. Inscrivez, sur une feuille de papier, la date, l'heure et le titre de l'exercice. Écrivez ensuite vos sentiments et vos émotions du moment, c'est-à-dire ce que vous ressentez avant de faire l'exercice. Il est fréquent que les gens se sentent « bizarres » avant un exercice.

Rappelez-vous qu'il s'agit d'un territoire nouveau pour la plupart d'entre nous. Soyez conscient que vous commencez à faire ce qu'il faut pour soulager votre peine et guérir de votre chagrin. Après avoir terminé l'exercice, inscrivez ce que vous avez ressenti en le faisant. Notez ce que vous aimeriez accomplir grâce à cet exercice. Il est important de conserver ces données pour pouvoir suivre votre évolution.

Renouez avec vous-même

Cet exercice est conçu pour vous aider à vous souvenir d'une partie de vous-même qui aurait été oubliée, négligée ou qui n'aurait pas été pleinement réalisée ou épanouie. Nous vivons tellement sur une base de survie au jour le jour que nous ne prenons presque jamais le temps d'entrer en contact avec nous-mêmes. Au lieu de nous prendre en main et de créer ce que nous voulons, nous devenons des pions qui se contentent de réagir aux expériences. Or, cet exercice est une étape nécessaire pour renouer avec la conscience de l'âme.

Prévoyez un certain temps pour faire cet exercice. Ne soyez pas pressé ; profitez de l'expérience. Vous pouvez faire cet exercice une fois, puis y ajouter votre touche personnelle ou bien vous pouvez le faire tel quel plusieurs fois. Choisissez ce qui convient le mieux à votre progrès et à votre guérison. Enfin, ne portez pas de jugement sur l'information qui ressortira de l'exercice et n'essayez pas non plus de l'analyser.

Après avoir déterminé le moment le plus opportun pour faire l'exercice, commencez à aménager l'espace dans lequel vous le ferez. Faites comme s'il s'agissait d'une pièce de la maison. Quand vous serez confortable et à l'aise, commencez le processus de concentration. Gardez les yeux fermés pendant l'exercice et ne les ouvrez que pour noter vos impressions.

Revenez dans le temps, en pensée. Reculez à l'époque où vous aviez environ sept ans. Essayez de vous rappeler un bon souvenir d'enfance. Enregistrez dans votre tête ou encore, notez sur papier les caractéristiques de votre personnalité qui vous plaisaient à cette époque. Par exemple, ce peut être votre sens de l'humour ou de l'aventure, un sport ou un hobby. Ou encore certaines personnes qui vous rendaient heureux. Notez autant de traits positifs que possible. Puis passez à une autre époque de votre vie où vous étiez un peu plus vieux et faites de même. Quels traits amusants et positifs de votre personnalité vous viennent à l'esprit ? Qu'est-ce qui vous plaisait chez vous à ces âges ? Qu'aimiez-vous faire dans vos temps libres ? Avec qui aimiez-vous être ? Qu'y avait-il de spécial chez vous ? Qu'est-ce que vous préfériez de la vie ? Que vouliez-vous découvrir ?

Avancez jusqu'à votre âge actuel. Lentement, reprenez conscience de votre environnement. Quand vous serez prêt, ouvrez les yeux et repassez la liste de vos qualités. Combien de ces traits constituent encore des forces positives chez vous ? Êtes-vous toujours la même personne ou avez-vous changé ? Et comment avez-vous changé ?

En utilisant cette liste de traits positifs comme référence, redéfinissez vos priorités. Demandez-vous ce que vous voulez ajouter à votre vie actuelle et ce que vous voulez éliminer. Que devez-vous faire pour pouvoir rire et être heureux ? Écrivez-le et inspirez-vous-en. Finalement, faites un trait à côté de l'élément que vous souhaitez ajouter à votre vie et inscrivez-y deux manières de réussir à l'intégrer ou à l'accomplir. Refaites le plein d'énergie. Vous êtes en train d'ouvrir un coffre aux trésors plein de savoir et de connaissance. Un moi nouveau et révisé est en train de naître.

Rappelez-vous vos origines

Sachez que lorsque vous vivez une perte majeure ou une transition importante, il se peut que l'événement fasse resurgir toutes sortes de pertes ou de souffrances passées que vous n'avez pas entièrement expiées. Pour réussir à être pleinement autonome, maître de votre vie et de votre destinée, il faut que vous reveniez en arrière et que vous repreniez là où vous avez laissé des choses inachevées. Tant qu'il y aura des parties de votre vie qui n'auront pas été closes correctement, vous en subirez les effets. Voici une analogie pour mieux vous faire comprendre ce que je veux dire. Il vous arrive, de temps en temps, de recevoir des gens chez vous. Quand ils partent, une des premières choses que vous faites est de ranger la maison. Vous allez de pièce en pièce, ramassez les vêtements, les revues, les jouets et vous les rangez là où ils vont. Vous sortez les déchets, faites la vaisselle, bref vous rangez la maison pour qu'elle soit à nouveau présentable. Or, votre maison intérieure a aussi besoin d'être rangée. Quand vous ramassez les fragments et les miettes de vos blessures et de vos souffrances, de votre colère et de votre culpabilité et que vous vous en débarrassez, vous faites de la place pour accueillir des choses nouvelles. L'exercice qui suit vous aidera à lâcher prise afin de pouvoir progresser et vous sentir capable de réaliser vos buts et vos objectifs.

Choisissez le moment propice pour faire cet exercice. Assurez-vous d'avoir à portée de main du papier et un crayon pour noter ce que vous découvrirez en le faisant. Concentrez-vous. Revenez dans le temps jusqu'à la première perte dont vous vous souvenez. Il peut s'agir d'une perte mineure comme de vous être fait enlever un jouet. Rappelez-vous ce que vous avez ressenti quand on vous a enlevé le jouet en question. Étiez-vous fâché ? Avez-vous eu peur ? Étiez-vous confus ? Laissez resurgir vos émotions et essayez de reconnaître chacune d'elles. Qu'est-ce que cette expérience vous a appris ? Avez-vous fait une crise ? Vous êtes-vous replié sur vous-même ? Avez-vous pleuré ? Avez-vous couru pour vous cacher ? Avez-vous pleurniché ? S'agit-il de comportements qui prévalent toujours chez vous ? Écrivez ce que vous ressentez par rapport à la situation en question, verbalisez vos émotions. Si vous en voulez à quelqu'un, que ce soit un de vos parents ou un ami, dites-le-lui, maintenant. Exprimez-vous. Ne portez pas de jugement sur vos émotions, libérez-les tout simplement.

Maintenant, avancez dans le temps. Ce faisant, vous remarquerez sans doute que les pertes que vous avez subies deviennent de plus en plus complexes au fur et à mesure que vous avancez en âge. Ainsi, vos parents ont pu divorcer ou encore, vous avez peut-être changé d'école. Quelle que soit la situation, ressentez-en les effets, exprimez ce que vous ressentez par rapport à celle-ci, libérez-vous et lâchez prise. Revenez au moment présent. Quelle perte devez-vous affronter en ce moment ? Réagissez-vous comme vous le faisiez quand vous étiez enfant ou adolescent ? Peut-être vivez-vous plusieurs pertes à la fois. Écrivez ce que vous ressentez.

Il se peut que vous deviez faire cet exercice plus d'une fois pour arriver à exprimer tout ce que vous avez refoulé avec les années. Ne vous sous-estimez surtout pas. Tout ce que vous ressentez est important. Apprenez à lâcher prise et à refaire le plein d'énergie.

Écrivez une lettre

Préparez votre environnement. Ayez du papier et un crayon à portée de main de même qu'une enveloppe. Concentrez-vous et préparez-vous à travailler. Quand vous serez prêt, écrivez à la personne qui est décédée ou décrivez la situation de perte que vous vivez actuellement. Exprimez exactement ce que vous ressentez et ce que vous voulez que la personne décédée sache. Expliquez comment cette perte a changé votre vie. Précisez ce que vous ressentez que ce soit la colère ou les reproches que vous pourriez avoir réprimés.

Quand vous aurez terminé, relisez votre lettre pour vous assurer que vous n'avez rien omis. Placez-la dans l'enveloppe, cachetez-la et adressez-la à la personne ou notez dessus la situation en question. Ensuite, mettez cette enveloppe en lieu sûr. Répétez l'exercice quelques jours plus tard, mais cette fois, au lieu d'écrire à quelqu'un ou au sujet d'une situation, répondez à votre première lettre. Quand vous aurez fini, cachetez l'enveloppe et placez-la avec votre première lettre. Attendez deux jours, puis sortez les deux lettres. Ouvrez-les dans l'ordre dans lequel elles ont été écrites. Notez comment vous vous sentez aujourd'hui par rapport à votre perte. Essayez de comprendre ce changement d'attitude. Lâchez prise, libérez-vous et refaites le plein d'énergie.

Créez votre avenir maintenant

Encore une fois, préparez votre espace et concentrez-vous. Vous vous apprêtez à créer une stratégie pour une nouvelle vie et une nouvelle routine. Faites une liste, dans votre cahier, des endroits où vous aimeriez vous retrouver au cours des cinq prochaines années. Quels changements aimeriez-vous apporter à votre vie ? Quelles relations aimeriez-vous établir ? Comment les choses pourraient-elles être différentes ? Actualisez. Sur une nouvelle page, dressez une autre liste des choses que vous voudriez accomplir ou faire si vous appreniez tout à coup que vous souffrez d'une maladie mortelle et qu'il ne vous reste plus qu'un certain temps à vivre. En d'autres mots, vivez demain comme s'il s'agissait de votre dernier jour sur terre. Qu'est-ce que vous changeriez ? Que feriez-vous ? Qu'accompliriez-vous ? En quoi votre vie serait-elle différente ? Comparez vos deux listes. Notez les similitudes de même que les différences. Cet exercice vous permettra de mieux définir ce que vous voulez et ce dont vous avez besoin. Lâchez prise, libérez-vous et refaites le plein d'énergie.

Des exercices simples pour vous aider à apaiser votre chagrin

- Réservez un endroit, un emplacement ou un lieu pour l'être cher qui a trépassé. Placez-y des photos, des poèmes, ainsi que quelques-uns de ses objets préférés.
- Commencez de nouvelles activités. Donnez-vous des défis et faites des choses que vous avez toujours voulu faire. Il peut s'agir, par exemple, de prendre des cours d'art culinaire ou d'horticulture. Remplissez vos heures de loisir de choses que vous aimez faire.
- Faites une liste comportant dix choses que vous faites et qui vous rendent la vie plus difficile. Maintenant efforcez-vous d'éliminer graduellement ces éléments. Prenez votre temps. Vous n'avez pas à tout faire dans une seule journée. Remplacez ce que vous éliminez par des choses qui vous facilitent la vie.
- Plantez un arbre, des fleurs ou faites un potager en mémoire de la personne aimée.
- Terminez pour elle une activité qu'elle n'a pas pu finir elle-même.
- Établissez une routine saine pour vous-même et fixez-vous des objectifs à atteindre. Inscrivez-vous à des cours de yoga ou de conditionnement physique.
- Faites une liste des choses qui vous font rire. Sachez que la personne décédée voudrait que vous soyez heureux.

- Écrivez, chaque jour, ce que vous ressentez dans un cahier ou un journal intime.
- Ne portez pas de jugement sur vous-même pendant toute une journée et voyez comment vous vous sentez.
- Dites un mot gentil à un étranger aujourd'hui.
- Soyez actif. Joignez-vous à un groupe ou faites du bénévolat.
- Étreignez quelqu'un aujourd'hui.
- Souriez à autant de personnes que vous le pouvez aujourd'hui.
- Réorganisez votre maison. Débarrassez-vous de vos vieilleries et faites de la place pour les nouveautés.
- Exprimez votre créativité. Refaites une pièce de la maison ou écrivez un livre.
- Comprenez bien que le chagrin est impressionnant et qu'il est plus fort que vous. Vous pleurerez sans doute ou serez déprimé au moment où vous vous y attendez le moins. C'est normal.
- Rappelez-vous que chacun vit son chagrin à sa façon et que certains n'en ressentent pas du tout. Chacun d'entre nous est unique. Nous sommes tous des créatures individuelles de Dieu.
- Pardonnez-vous votre colère ou votre peine. Le plus important est de ressentir ces émotions et il importe peu que les autres comprennent ou non.
- Vous n'êtes pas seul. Entourez-vous de gens qui ont vécu le processus du chagrin.
- Faites une liste des occasions que cette perte vous a apportées. Comment avez-vous influencé la vie des autres ?
- Reconnaissez votre connexion avec les êtres chers que vous avez perdus en célébrant leurs anniversaires de naissance et de décès. Sentez-vous libre de célébrer ces journées à votre guise.

- Allumez une bougie pour la personne aimée. Allumez-en une pour vous-même.
- Acceptez d'être responsable de votre vie.
- Dormez un peu plus et essayez de vous rappeler vos rêves.
- Faites-vous faire un bon massage.
- Goûtez un bon vin.
- Lisez ces livres que vous n'avez pas eu le temps de lire.
- Louez des films, préparez-vous du maïs soufflé et profitez de votre propre compagnie.

10

ÉDIFICATION SPIRITUELLE

J'ai reçu, au fil des ans, des milliers de lettres de partout à travers le monde de gens qui voulaient savoir comment entrer en communication avec l'esprit d'un être cher, comment passer à travers des périodes de grande tristesse ou encore s'ils guériraient un jour de leur chagrin. Dans ce dernier chapitre, je réponds à certaines des questions qui me sont le plus souvent posées. Vous y trouverez peut-être des situations qui ressemblent à celle que vous vivez ou à d'autres que vous avez vécues. En partageant avec vous un peu de la sagesse de mes guides spirituels et de ceux qui sont au paradis, j'espère que vous pourrez vivre de manière plus consciente et en comprenant mieux ce que sont les pertes et le chagrin.

Questions et réponses

Q. Qui nous accueille quand nous quittons notre corps et que nous arrivons dans la dimension spirituelle ?

R. Chaque cas est différent, mais il s'agit habituellement de vos parents, de vos grands-parents, de vos enfants ou d'autres membres de votre famille. Toute personne avec laquelle vous avez partagé une certaine affinité ou un lien d'amour pendant votre plus récente vie sur terre est susceptible de vous accueillir dans le monde de l'esprit. Des guides spirituels seront là aussi pour vous assister dans votre transition. Il peut en outre y avoir d'autres esprits que vous reconnaîtrez de vos vies terrestres antérieures.

Q. Pourquoi ceux qui sont décédés nous apparaissent-ils en rêve ? S'agit-il vraiment d'eux ou est-ce un fragment de notre imagination ?

R. Rêver à ceux qui nous sont chers constitue la façon la plus courante pour les esprits de communiquer avec nous qui sommes toujours sur la terre. Quand nous sommes dans la phase de sommeil profond, ce n'est plus notre esprit rationnel qui contrôle nos pensées et nous ne sommes donc pas en mesure de porter de jugement ou de critiquer comme nous le faisons quand nous sommes éveillés. Les mécanismes de rationalisation sont court-circuités par d'autres niveaux de conscience. Pendant votre sommeil, votre corps spirituel voyage dans les dimensions astrales et il peut contacter votre famille spirituelle et communiquer avec elle. Le cerveau interprète ces perceptions comme étant des rêves.

Q. Quels autres moyens les esprits utilisent-ils pour communiquer ?

R. Il arrive souvent que les esprits manipulent l'électricité. Par exemple, ils peuvent faire vaciller la lumière dans une pièce, sonner les téléphones, ouvrir ou fermer radios et télés, etc. Souvent aussi le parfum de la personne décédée ou l'odeur de sa lotion après rasage flotte dans l'air. Cela signifie habituellement que l'esprit de la personne se trouve près de vous.

Q. Combien de temps faut-il à l'esprit pour se rendre compte qu'il est mort ?

R. Il y a ici plusieurs facteurs qui entrent en ligne de compte et qui influencent le temps qu'il faut à l'esprit pour réaliser qu'il est mort. D'abord, tout dépend de la manière dont la personne est morte. Une longue maladie, par exemple, qui épuise les forces et l'énergie du corps constitue l'un de ces facteurs. Ainsi, l'esprit de cette personne aura besoin de plus de temps pour refaire le plein d'énergie après sa mort. Par contre, si la personne est décédée subitement, cette reprise d'énergie se fait beaucoup plus rapidement, voire presque instantanément. De plus, les gens qui croient à la vie après la mort s'adaptent plus facilement aux dimensions spirituelles. Ceux qui ne croient pas à la vie éternelle auront plus de difficulté à s'ajuster à leur nouvelle vie. Néanmoins, après un certain temps, les esprits reconnaissent leur nouvelle demeure et tous finissent par comprendre ce qui est arrivé. Enfin, puisque le temps n'existe pas dans la dimension spirituelle, ce que nous considérons ici comme une journée, équivaut peut-être à une minute là-haut.

Q. Est-ce que nous manquons à l'esprit de la personne décédée comme cette dernière nous manque à nous ?

R. Bien sûr que oui. Les liens de l'amour sont immortels. Contrairement à nous, cependant, les esprits sont de retour au ciel, au paradis, et leur perspective de la vie sur terre est différente. Puisqu'ils n'ont plus à craindre la mort, leur état de conscience est différent.

Souvent ceux que nous aimons tentent désespérément de communiquer avec nous pour nous enjoindre de ne plus nous faire de souci pour eux. Ils veulent que nous sachions qu'ils sont encore bien vivants.

Q. Est-ce possible de parler à un enfant qui est mort-né ?

R. Tout dépend. Si son esprit a déjà réintégré un nouveau véhicule, en d'autres termes, s'il s'est déjà réincarné, il se peut que ce ne soit pas possible d'entrer en communication avec lui. Cependant, il m'est arrivé de pouvoir communiquer avec plusieurs esprits qui avaient été avortés ou qui étaient mort-nés. Ceux-ci réussissent généralement à se manifester grâce à l'aide d'un parent ou de celui ou celle qui s'occupe d'eux.

Q. Depuis que ma femme est morte, je n'arrive plus à me concentrer. Est-ce normal ?

R. Oui. Vous êtes encore sous le choc et cette phase du processus du chagrin peut durer un certain temps. N'essayez pas d'en faire trop à la fois. Prenez le temps de vivre votre deuil et de ressentir votre perte. Vos sentiments et vos émotions témoignent de l'amour que vous avez partagé avec votre femme. Avec le temps, vous vous habituerez à votre nouveau régime de vie et vous continuerez à progresser. Mais il est certain que le fait de réaliser que votre femme est toujours là près de vous, à veiller sur vous, bien que sous une forme différente, ne peut que vous faciliter les choses.

Q. Pourquoi nous a-t-on enlevé notre fils alors qu'il était si jeune ?

R. Premièrement, rappelez-vous que l'âme n'a pas d'âge. Il faut que vous compreniez que la terre est une école qui nous offre des occasions exceptionnelles de croissance et d'enseignement spirituel. Il arrive qu'une âme quitte la dimension terrestre de manière qui nous semble « précoce » ou « tragique ». Du moins c'est ainsi que nous interprétons son départ avec nos yeux d'humains. Mais un tel événement signifie que cette âme ou sa famille avait une leçon à tirer de cette situation. Qu'est-ce que cette mort vous a appris ? Quelles occasions vous a-t-elle fournies ? Il se peut aussi qu'il s'agisse du karma d'une vie antérieure que cette âme devait compléter. Rappelez-vous que tout ce que nous vivons sur cette terre a pour unique but de nous permettre de progresser dans notre cheminement spirituel.

Q. Comment pouvons-nous communiquer avec l'esprit d'un être cher décédé qui aurait choisi de se réincarner ?

R. En tant qu'esprits, nous ne sommes pas limités par un corps physique ni par la dimension temporelle. Le corps n'est en effet qu'un des nombreux véhicules que vous possédez. L'âme existe sur plusieurs niveaux différents à la fois parce qu'elle a une conscience multidimensionnelle. Ceci étant dit, j'ai découvert qu'une « partie » de la personnalité terrestre demeure jusqu'à un certain point intacte dans l'esprit. C'est ce qui nous permet de contacter ceux que nous aimons et qui sont passés dans l'autre dimension. Par ailleurs, en tant que membres d'une famille spirituelle, nous pouvons établir des connexions avec ces âmes.

Q. À quel moment une âme choisit-elle de se réincarner ?

R. L'âme choisit le moment de sa réincarnation selon le temps qui convient le mieux à sa croissance spirituelle. En d'autres mots, elle choisit les situations de sa future vie terrestre qui lui fourniront les meilleures occasions d'enseignement et d'apprentissage. C'est l'âme seule qui choisit ou non de revenir sur la terre et elle le fait en toute liberté.

Q. Les forces du mal existent-elles ? Qu'arrive-t-il aux personnes malveillantes, telles que Hitler par exemple, quand elles décèdent ?

R. Nous faisons tous partie de la conscience de Dieu. Ainsi, nous avons tous le choix d'utiliser cette conscience divine comme bon nous semble. Le bien et le mal proviennent des choix que nous faisons. La lumière et l'obscurité peuvent être utilisées pour décrire notre état de conscience. Souvent au cours de son évolution, une âme doit puiser dans plusieurs aspects de sa nature humaine afin d'en saisir toutes les possibilités. Ainsi elle essayera toutes les situations qui lui permettront d'apprendre et de croître. Dans les dimensions spirituelles, il ne semble pas y avoir de jugement, mais seulement une forme de conscience des différentes situations. À la fin, toutes les âmes doivent justifier chacune de leurs pensées, toutes leurs actions et tout ce qu'elles ont dit sur terre. Or, de nombreuses âmes se retrouvent dans les vibrations inférieures de la conscience qui se manifestent par la dépravation et la bassesse. Quand une âme détruit massivement et qu'elle agit de manière horrible comme l'a fait Hitler, lorsqu'elle quitte la dimension physique, elle gravite jusqu'à une existence dans laquelle elle sera entourée d'autres êtres qui, comme elle, ont une conscience « obscure ».

Q. Quand l'esprit se manifeste, pourquoi nous parle-t-il de choses sans intérêt au lieu de nous dire des choses plus importantes ?

R. Tout d'abord, les esprits nous transmettent des messages que nous sommes en mesure de comprendre. S'ils devaient nous parler de la vie spirituelle telle qu'ils la connaissent, nous ne comprendrions probablement pas puisque nous ne disposons d'aucun système de référence pour cette dimension. Ce serait en fait comme s'ils parlaient une langue étrangère. Ensuite, les esprits se réfèrent généralement à des « souvenirs de la veille » pour tenter de nous transmettre des pensées et des messages au sujet de choses que nous comprenons tous les deux. N'oubliez pas que les esprits ne sont plus dans la dimension espace-temps que nous habitons. Et parce qu'ils vivent dans un monde de pensées, tout est accéléré et instantané. Ils doivent nous transmettre des pensées et des « émotions » simples pour que nous puissions les comprendre. Alors il peut arriver que certaines informations nous paraissent simplistes et sans importance, mais pour la personne qui reçoit le message, c'est la preuve dont elle a besoin pour savoir que celui ou celle qu'elle aime existe toujours.

Q. Est-ce qu'un médium peut toujours contacter l'esprit avec lequel son client souhaite communiquer ?

R. Non. Si un médium prétend le contraire, c'est faux. À l'instar des humains, de nombreux esprits éprouvent des difficultés à communiquer tandis que d'autres sont incapables de manifester leurs idées à travers la vibration voulue. D'autres encore peuvent ne pas vouloir répondre à nos lourdes conditions terrestres parce qu'elles leur rappellent leur mort et qu'ils ne veulent peut-être pas « revivre » ce souvenir, notamment si leur décès a été tragique ou s'il les a vidés de leur énergie comme par exemple, une longue maladie. Imaginez comment vous réagiriez, vous. Voudriez-vous revivre quelque chose de déplaisant ou de désagréable encore et encore ?

Q. Est-ce que ceux qui se suicident sont condamnés à vivre en enfer ?

R. Non. L'enfer n'existe pas. Du moins pas comme un lieu de flammes et de damnation duquel on ne peut sortir. Les dimensions spirituelles ne sont pas des lieux, mais des états de conscience. Quand une âme ne peut pas apprendre tout ce qu'elle devrait et qu'elle quitte la dimension physique par le suicide, elle revient chez elle. Elle peut demeurer dans un état de « réflexion » pendant un certain temps, c'est ce qu'on appelle la période d'adaptation. Une âme qui se suicide n'est jamais désavantagée ni condamnée à « l'enfer ».

Q. Est-il possible de communiquer avec un être cher décédé sans avoir recours à un médium ?

R. Oui. Vous pouvez commencer par méditer quotidiennement et apprendre à devenir plus sensible aux dimensions spirituelles. Il vous faudra beaucoup de patience pour apprendre à « écouter » les émotions et les pensées subtiles des esprits. Vous pouvez aussi apprendre à communiquer avec les esprits par le biais de vos rêves. Cependant, la sensibilité, l'intuition et le sens de discernement nécessaires pour ce faire ne sont pas donnés à tous et n'oubliez pas que le médium a l'habitude d'« entendre » les hautes fréquences de ces communications.

Q. N'importe qui peut-il devenir médium ?

R. Non. Chaque personne possède un certain niveau de capacité psychique ou intuitive qui peut être développée et exploitée. Il existe plusieurs degrés de sensibilité et je crois que les médiums sont un peu plus sensibles à ces dimensions que la plupart des gens. J'aime bien comparer cela au piano. Tout le monde peut apprendre à jouer du piano, mais seuls quelques-uns deviennent pianistes de concert.

Q. Quel effet le scepticisme d'une personne aurait-il sur une séance de communication ?

R. La pensée est faite d'énergie. L'énergie est réelle et elle crée différents degrés de mouvements atomiques. Or le doute est une énergie négative qui défait plutôt qu'elle ne bâtit. Le scepticisme ou le doute créent des conditions telles que les forces spirituelles n'ont presque aucune chance de percer et de nous rejoindre. Quelles que soient la force et la compétence d'un médium, le scepticisme d'un client risque de créer une atmosphère énergétique des plus denses. Il est beaucoup plus facile pour un esprit de se manifester dans une vibration de pensée supérieure comme l'amour qui a pour effet de renforcer l'atmosphère plutôt que d'en vider l'énergie.

Q. Ma mère ne parlait pas français de son vivant. Est-ce qu'un médium francophone peut tout de même recevoir un message de sa part ?

R. Oui. La communication avec les esprits n'est pas une question de langue mais de pensées, et le langage des pensées est universel.

Q. Est-ce que ma mère, qui est décédée, peut lire dans mes pensées ?

R. Oui. Les esprits sont plus sensibles que nous au monde de la pensée puisqu'ils habitent une dimension mentale. Ainsi les esprits peuvent connaître nos pensées et ressentir toutes nos prières.

Q. Où se trouve le paradis ou le monde spirituel ?

R. Il faut que vous compreniez que le corps physique de même que le monde physique que nous habitons ne sont pas aussi solides que nos cinq sens pourraient nous porter à croire. C'est parce que l'énergie de vibration du monde physique est si lente, que cette dimension nous paraît solide. Néanmoins, nous sommes continuellement bombardés d'ondes radio et télé qui passent littéralement à travers la matière. Cette énergie vibre à une fréquence différente et elle nous paraît invisible. Alors, tandis que nos corps se meuvent dans un monde physique et solide, constitué par le temps et l'espace, notre pensée et notre âme vibrent dans une autre dimension invisible mais les deux s'interpénètrent. Ainsi, notre pensée et notre âme vivent dans un monde spirituel qu'elles habiteront toujours. Lorsque nous mourons, nous prenons conscience de cette nouvelle dimension de l'existence qu'on appelle aussi le « monde spirituel ». Quand on dit que le paradis est déjà en nous, cela signifie simplement que le monde de l'esprit existe déjà en nous et à travers nous. Ce n'est pas un « lieu » auquel nous devons nous rendre.

Q. Que dois-je dire à mes enfants au sujet de la mort ?

R. En fait, les enfants s'adaptent plus facilement à la mort que les adultes et ils peuvent en comprendre bien plus qu'on ne le pense sur une foule de sujets. Premièrement, dites-leur qu'il est normal de pleurer et qu'il est naturel que la personne décédée leur manque. Deuxièmement, guidez-les à travers les différentes phases du processus du chagrin et expliquez-leur ce à quoi ils peuvent s'attendre. Ne leur mentez pas et ne leur donnez pas de faux espoirs. Troisièmement, les enfants réagissent mieux quand on les aime et qu'on les encourage. Aidez-les à réaliser que la vie sur terre ressemble à une école dans laquelle nous avons tous des apprentissages à faire et certaines de nos leçons peuvent s'avérer plus difficiles que d'autres comme par exemple, la perte d'un être cher. Finalement, rassurez-les et dites-leur qu'avec le temps, ils se sentiront mieux. Expliquez-leur que la personne qu'ils pleurent est toujours avec eux, mais sous une forme différente.

Q. J'ai perdu mon mari, et avec lui, tout goût de vivre. Que puis-je faire ?

R. D'abord, comprenez bien que vous traversez actuellement les phases du processus du chagrin et qu'il est normal que vous vous sentiez dévastée de temps en temps. Ensuite, trouvez quelqu'un à qui vous pouvez vous confier pour exprimer ce que vous ressentez. Enfin, quand vous serez calme et tranquille, réévaluez votre situation. Demandez-vous ce que votre mari aurait voulu que vous fassiez. Aurait-il souhaité que vous vous laissiez aller ou que vous preniez votre vie en main et que vous vous créiez une meilleure situation ? Il faut que vous vous rendiez compte qu'il s'agit d'un changement majeur dans votre vie. Vous n'oublierez jamais votre chagrin, mais il ne durera pas éternellement. Vous allez continuer et vous allez vivre d'autres expériences. Accordez-vous le temps nécessaire pour apprendre à vous connaître de nouveau. Ce que vous découvrirez au sujet de vous-même pourrait très bien changer votre attitude face à la vie.

Q. Mon fils est mort dans un accident d'avion. A-t-il souffert ? Comment savoir s'il va bien ?

R. J'ai travaillé avec de nombreuses personnes qui avaient perdu un être cher dans des circonstances tragiques telles que celle que vous mentionnez. Chaque fois, l'esprit qui s'est manifesté nous a assuré avoir perdu conscience avant l'impact et a dit ne pas se souvenir de l'écrasement comme tel. Je crois, quant à moi, que c'est ainsi que Dieu nous protège. Une partie de notre état de conscience se ferme automatiquement lorsque de tels accidents se produisent et on ne ressent donc aucune douleur.

Q. Depuis que mon mari est mort, j'ai beaucoup de difficultés avec notre fils adolescent. Il ne veut pas parler de la mort de son père. Que puis-je faire pour l'aider ?

R. Encouragez-le à parler avec ses amis. Rassurez-le. Dites-lui que vous ne partirez pas, que vous n'irez nulle part. Expliquez-lui que vous êtes disponible si jamais il a envie de parler. Le seul fait de savoir que vous êtes là l'aidera à se sentir moins isolé et le rassurera. Vous pouvez aussi lui demander s'il aimerait parler à quelqu'un qui ne fait pas partie de la famille, comme un thérapeute ou un conseiller. S'il est incapable de s'exprimer verbalement, il peut sans doute le faire autrement : par la musique ou la peinture, dans un sport ou un hobby.

Laissez-lui le temps dont il a besoin pour vivre son chagrin et rappelez-vous que chacun vit le processus du chagrin à sa manière.

Q. Je n'ai jamais pu dire à mon père que je l'aimais avant sa mort et maintenant je me sens coupable. Comment puis-je lui expliquer comment je me sens ?

R. Vous pouvez lui parler à voix haute ou encore dans vos pensées. L'esprit est étroitement lié à nos pensées et peut les entendre en tout temps. Vous pourriez aussi écrire à votre père pour lui exprimer ce que vous ressentez. L'essentiel, c'est de ne plus vous culpabiliser. Vous devez vous montrer respectueux et aimant envers vous-même au cours de cette période difficile.

Q. En général, combien de temps dure le chagrin ?

R. Cela varie d'une personne à l'autre, selon l'état émotionnel de chacun et le lien qui a été brisé avec la perte en question. Ainsi, celle qui perd son mari vivra un chagrin différent que celui ou celle qui perd sa maison. Mais ne vous attendez pas à surmonter votre peine en vingt-quatre heures. C'est tout à fait improbable. Comme je vous l'ai expliqué, le chagrin est un processus. N'ayez pas peur de le reconnaître et sachez apprendre de cette expérience.

Q. Existe-t-il différents paradis pour les différentes religions ?

R. Le paradis comprend plusieurs niveaux. Le niveau auquel nous accédons juste après la mort ressemble beaucoup à ce que nous connaissons ici, sur la terre. Nos croyances religieuses humaines nous guident encore et nous soutiennent. Les gens qui se ressemblent gravitent ensemble dans les dimensions spirituelles. Avec le temps, toutes les âmes évoluent et progressent au-delà des niveaux de base. Les âmes prennent conscience que la religion n'est en fait qu'un outil qui sert aux humains et qu'elle n'est pas nécessaire dans les plus hautes sphères du paradis, où l'amour est la seule « religion ».

Q. Est-il plus facile de communiquer avec l'esprit d'une personne décédée récemment ?

R. Généralement, oui. Toutefois, il y a une période d'acclimatement que les esprits doivent d'abord traverser et ceux qui viennent tout juste de mourir sont souvent trop « occupés » à cette adaptation pour communiquer avec ceux qu'ils aiment sur la terre. À l'inverse, plus il y a longtemps qu'une âme est dans la dimension spirituelle, moins elle s'identifie avec sa dernière incarnation. Ainsi, il devient de plus en plus difficile de communiquer avec ces âmes.

Q. En quoi la religion est-elle bénéfique ?

R. Les Voies lumineuses, ou les religions, peuvent aider les gens à ouvrir leur cœur et leur connexion aux dimensions supérieures de la « Conscience divine ». La plupart des religions émanent de bonnes intentions. Néanmoins, quand elles deviennent polluées par l'ego de l'homme, par son désir de pouvoir ou de contrôle des autres, son désir de richesse matérielle, elles deviennent imbues de peur et elles utilisent celle-ci pour attirer leurs ouailles. Comme des anges déchus, les religions qui opèrent à ce niveau le font dans les parties inférieures de la conscience.

Q. Utilisez-vous la Bible pour venir en aide aux gens ?

R. Je crois que la Bible constitue un excellent outil. Mais, il n'est pas toujours facile de l'utiliser car il faut, pour ce faire, en comprendre la véritable signification en se gardant d'y imputer toute interprétation humaine erronée. Les vérités les plus simples sont la clé de la spiritualité. Cette Règle d'or : « Faites aux autres ce que vous aimeriez que l'on vous fasse à vous » provient de la Bible et j'utilise beaucoup cet enseignement dans mon travail avec les autres.

Q. Peut-on utiliser une planche Ouija à bon escient ?

R. Quand elle est utilisée correctement et dans les bonnes conditions, la planche Ouija est un merveilleux outil pour vous aider à prendre conscience de votre être spirituel. Cependant il peut être malavisé, voire dangereux de ne l'utiliser que pour jouer ou dans de mauvaises conditions. Rappelez-vous que vous vous ouvrez à des niveaux de conscience que vous ne connaissez pas. Avant de s'impliquer dans un phénomène psychique, il faut absolument savoir ce que l'on fait.

Q. Comment se débarrasse-t-on d'un mauvais karma ?

R. En commençant à vivre de manière « consciente ». Il faut accepter toute la responsabilité de ses pensées et de ses actions dans la vie de tous les jours. En vivant ainsi, vous prenez votre vie en main au lieu de vous contenter de réagir aux situations et aux circonstances. Vous commencez donc à faire ce qu'il faut. C'est la seule façon de réussir à neutraliser un « mauvais » karma. N'oubliez pas que le karma est une réaction à des actions et que ce que vous faites ou donnez, vous sera rendu ou remis d'une manière ou d'une autre. C'est à nous de choisir et nous avons toujours le choix entre le « bien » et le « mal ».

Q. Mon fils souffrait de maladie mentale. Sera-t-il guéri une fois qu'il passera dans la dimension spirituelle ?

R. Le corps spirituel est parfait. La maladie mentale est un aspect de la dimension physique. L'âme qui choisit cette situation le fait habituellement dans le but de croître elle-même ou d'enseigner l'amour à d'autres.

Q. Ma fille est morte d'une overdose de drogue. Je me sens tellement coupable et je n'arrête pas de penser que j'aurais pu prévenir son geste. Je ne peux m'empêcher de me sentir responsable de sa mort. Comment puis-je surmonter cette épreuve ?

R. Cesser de vous prendre pour Dieu. Vous avez probablement fait de votre mieux dans les circonstances dans lesquelles vous vous trouviez. Votre fille doit prendre la responsabilité de ses actions. En tant que parents, nous pouvons encourager nos enfants à savoir reconnaître le danger, mais en fin de compte, c'est à eux de prendre leurs propres décisions. Il est tout à fait normal et compréhensible que vous vous demandiez si vous auriez pu prévenir une telle tragédie, mais il faut aussi que vous appreniez à penser différemment. Pensez plutôt à toutes les bonnes choses que vous avez faites pour votre fille et à l'importance que vous avez eue dans sa vie. Appréciez la chance que vous avez eue, toutes les deux, de partager ce moment de vie. Votre fille continuera à croître et à progresser dans la dimension spirituelle. Quant à vous, vous devez terminer votre travail ici-bas et quand votre heure viendra, vous la rejoindrez au paradis.

Q. Est-ce que les toxicomanes, alcooliques ou fumeurs guérissent de leur dépendance une fois rendus dans la dimension spirituelle ?

R. Pas immédiatement. L'esprit arrive dans la dimension spirituelle avec les mêmes tendances qu'il avait sur la terre. Avec le temps, cependant, il se rend compte qu'il n'a plus besoin de ces choses pour être heureux ou se sentir comblé. Le temps que met un esprit à prendre conscience de ceci varie selon chacun.

Q. Ma femme et moi avons perdu notre maison dans un incendie et nous sommes, tous les deux, très en colère. Que puis-je faire pour nous aider à surmonter cette épreuve ?

R. Sachez que vous allez passer à travers. Essayez d'utiliser votre colère de manière positive. Il y a des gens qui ont su utiliser une tragédie personnelle pour en faire quelque chose de positif et de bénéfique pour les autres. Pensons seulement aux mères qui ont mis sur pied le mouvement MADD (Mouvement de mères contre l'ivresse au volant[1]). Accordez-vous suffisamment de temps pour vous adapter à votre nouvelle situation. Rome n'a pas été bâtie en un jour. Sachez aussi que vos souvenirs feront toujours partie de vous. Envisagez le jour où vous pourrez commencer à organiser votre nouvelle demeure et préparez-vous à créer de nouveaux souvenirs grâce à cette expérience.

1. Traduction libre.

Q. Qu'arrive-t-il à ceux qui ne croient pas à la vie après la mort ?

R. Un guide spirituel accueille ces esprits ignorants et les aide à comprendre la nouvelle forme de vie qu'ils expérimentent. Il faut souvent leur fournir des preuves qu'ils sont morts et ceux-ci tiennent souvent à assister à leurs propres funérailles. Parfois, ces pauvres êtres tentent frénétiquement de communiquer avec les membres de leur famille sur la terre. Quand ils se rendent compte qu'on ne peut ni les voir ni les entendre, ils commencent à se résigner au fait qu'ils ont, en quelque sorte, survécu à la mort. Avec le temps, ils prennent conscience qu'ils sont toujours vivants si ce n'est que sous une autre forme. Ils regrettent alors de ne pas avoir eu l'esprit plus ouvert lors de leur passage sur terre. Ils reconnaissent avoir laissé passer une foule d'occasions à cause de leur manque d'ouverture. Mais rassurez-vous, de nombreux esprits viendront en aide à ces âmes torturées.

Q. Comment décririez-vous Dieu ?

R. Dieu est le terme qu'on utilise pour désigner l'Amour pur et inconditionnel. Dieu est la Force universelle, le Tout. La Vie de Dieu se manifeste dans chaque atome. Sa force est l'expression suprême de la vie elle-même. Chacun de nous est une étincelle de l'énergie de puissance divine. Enfin, il est impossible de vraiment comprendre Dieu dans notre vibration physique tant elle est limitée et dense. L'Amour est ce qui peut le mieux définir le concept de Dieu.

Considérations finales

J'ai écrit ce livre dans le but de vous réconforter et de vous fournir des pistes de solutions pour résoudre les différentes situations de votre quotidien. Ce livre n'est pas un remède miracle pour un cœur brisé, mais un guide pour vous aider à voir clair dans la situation qui vous concerne. La vie est une odyssée qui nous emmène dans bien des tours et détours. La manière dont nous réagissons à une situation donnée peut nous aider ou nous gêner. Tous, autant que nous sommes, nous venons sur cette planète dans l'intention d'apprendre sur nous-mêmes par le biais de nos interactions avec les autres. Souvent, nous nous plaçons dans des situations difficiles voire intolérables, mais ce sont ces dernières qui nous aident le plus à croître et à progresser. Vos pertes constituent des expériences de vies et chacune d'elles vous fournit une occasion de mieux vous comprendre et de prendre davantage conscience de vous-même. Utilisez cette nouvelle prise de conscience pour aider les autres, car telle est la nature de l'âme. Essayez de considérer vos situations difficiles comme des tremplins à partir desquels vous pouvez créer quelque chose de positif. Ayez le courage de recommencer et d'aimer autant que vous le pouvez. Enfin, il est temps pour vous de profiter au maximum du reste de votre vie.

REMERCIEMENTS

J'ai le privilège, non seulement d'avoir des échanges et des interactions avec des anges célestes, mais aussi de côtoyer des anges ici même, sur terre. En voici quelques-uns qui m'ont guidé et aidé dans la préparation de cet ouvrage :

Allan Van Praagh : merci, papa d'avoir cru en moi. Tu m'as appris que la bonté et l'amour sont les seuls ingrédients qui peuvent faire grandir nos cœurs.

Lynn, Michael et Maura : même si nous allons chacun notre chemin, il est bon de savoir que nous partageons le même destin.

Linda Carwin Thomchin : votre patience, votre bienveillance et votre force morale m'ont grandement aidé. Merci de toujours donner à mes phrases le ton juste.

Brian Preston : merci pour toute la paix et l'amour que vous avez su apporter à ma vie.

Bill et Donna Moller, Marie Levine, Joerdie et Eric Fisher, les membres de l'association « Compassionate Friends » ainsi que tous ceux qui ont partagé votre douleur. Un merci sincère pour la force et le courage que vous inspirez à tant de gens. Merci aussi de m'avoir aidé à répandre le message céleste éternel.

Peter Redgrove : ami et maître spirituel, merci de toujours m'encourager et de me rappeler que rien n'est impossible.

Eby « Jorge » Kaba : votre amitié, votre loyauté et votre générosité n'ont de commune mesure qu'avec les étoiles. Vous seul savez les faire briller d'une telle intensité.

Joan Miller : merci pour tant de gentillesse et pour ce sourire omniprésent.

Dorothea Delgado : ma sœur spirituelle. Ma mère terrestre. Merci de faire partie de ma vie.

Wendy Rosenthal : votre touche enthousiaste et votre doigté unique ont transformé ma vie.

À tous ceux que j'ai rencontrés lors de mes tournées, conférences et séminaires, à ceux que j'ai connus au cours de mes voyages ou encore par l'intermédiaire de leurs lettres : merci. Merci d'avoir communiqué avec moi et d'avoir su reconnaître la vérité en vous.

TABLE DES MATIÈRES

COLLECTION

AVENTURE SECRÈTE

La spiritualité, l'ésotérisme et la parapsychologie offrent des perspectives fascinantes au monde moderne. Les sciences d'aujourd'hui rejoignent les traditions d'hier : l'invisible et les pouvoirs de l'esprit sont une réalité.

« Aventure Secrète » vous invite à porter un regard neuf sur vous et sur l'univers en répondant aux plus grandes questions de tous les temps.

ÉNIGMES

Michael Baigent, Richard Leigh, Henry Lincoln • *L'énigme sacrée*
Michael Baigent, Richard Leigh, Henry Lincoln • *Le message*
Edouard Brasey • *L'énigme de l'Atlantide*
Graham Hancock • *Le mystère de l'arche perdue*
Christopher Knight & Robert Lomas • *La clé d'Hiram*
Pierre Jovanovic • *Enquête sur l'existence des anges gardiens*
Chris Morton • *Le mystère des crânes de cristal*
Joseph Chilton Pearce • *Le futur commence aujourd'hui*
Lynn Picknett & Clive Prince • *La porte des étoiles*
Lynn Picknett & Clive Prince • *La révélation des templiers*
Rapport Cometa • *Les ovni et la défense*

ÉPANOUISSEMENT PERSONNEL

Melody Beattie • *Les leçons de l'amour*
Julia Cameron • *Libérez votre créativité*
Deepak Chopra • *Les sept lois spirituelles du succès*
Deepak Chopra • *Les clés spirituelles de la richesse*
Deepak Chopra • *Les sept lois spirituelles du yoga*
Deepak Chopra • *Les sept lois pour guider vos enfants sur la voie du succès*
Deepak Chopra • *Le chemin vers l'amour*
Marie Coupal • *Le guide du rêve et de ses symboles*
Wayne W. Dyer • *Les dix secrets du succès et de la paix intérieure*
Mark V. Hansen, Robert Allen • *Réveillez le millionnaire qui est en vous*
Arouna Lipschitz • *Dis-moi si je m'approche*
Dr Richard Moss • *Le papillon noir*

Joseph Murphy • *Comment utiliser les pouvoirs du subconscient*
Joseph Murphy • *Comment réussir votre vie*
Mona Lisa Schulz • *Le réveil de l'intuition*
James Van Praagh • *Guérir d'un chagrin*

PARANORMAL/DIVINATION/PROPHÉTIES

Édouard Brasey • *Enquête sur l'existence des fées et des esprits de la nature*
Sonia Choquette • *A l'écoute de votre sixième sens*
Marie Delclos • *Le guide de la voyance*
Jocelyne Fangain • *Le guide du pendule*
Jean-Daniel Fermier • *Le guide de la numérologie*
Jean-Charles de Fontbrune • *Nostradamus, biographie et prophéties jusqu'en 2025*
Allan Kardec • *Le livre des médiums*
Dorothée Koechlin de Bizemont • *Les prophéties d'Edgar Cayce*
Maud Kristen • *Fille des étoiles*
Dean Radin • *La conscience invisible*
Régine Saint-Arnauld • *Le guide de l'astrologie amoureuse*
Rupert Sheldrake • *Les pouvoirs inexpliqués des animaux*
Sylvie Simon • *Le guide des tarots*

POUVOIRS DE L'ESPRIT/VISUALISATION

Dr. Wayne W. Dyer • *Le pouvoir de l'intention*
Marilyn Ferguson • *La révolution du cerveau*
Shakti Gawain • *Techniques de visualisation créatrice*
Shakti Gawain • *Vivez dans la lumière*
Jon Kabat-Zinn • *Où tu vas, tu es*
Bernard Martino • *Les chants de l'invisible*
Éric Pier Sperandio • *Le guide de la magie blanche*
Marianne Williamson • *Un retour à la prière*

LOBSANG T. RAMPA

Le troisième œil
Les secrets de l'aura
La caverne des Anciens
L'ermite

JAMES REDFIELD

La prophétie des Andes
Les leçons de vie de la prophétie des Andes

La dixième prophétie
L'expérience de la dixième prophétie
La vision des Andes
Le secret de Shambhala
Et les hommes deviendront des dieux

ROMANS ET RÉCITS INITIATIQUES

Deepak Chopra • *Dieux de lumière*
Elisabeth Haich • *Initiation*
Laurence Ink • *Il suffit d'y croire…*
Gopi Krishna • *Kundalinî – autobiographie d'un éveil*
Shirley MacLaine • *Danser dans la lumière*
Shirley MacLaine • *Le voyage intérieur*
Shirley MacLaine • *Mon chemin de Compostelle*
Dan Millman • *Le guerrier pacifique*
Marlo Morgan • *Message des hommes vrais*
Marlo Morgan • *Message en provenance de l'éternité*
Michael Murphy • *Golf dans le royaume*
Scott Peck • *Les gens du mensonge*
Scott Peck • *Au ciel comme sur terre*
Robin S. Sharma • *Le moine qui vendit sa Ferrari*
Baird T. Spalding • *La vie des Maîtres*

SANTÉ/ÉNERGIES/MÉDECINES PARALLÈLES

Deepak Chopra • *Santé parfaite*
Janine Fontaine • *Médecin des trois corps*
Janine Fontaine • *Médecin des trois corps. Vingt ans après*
Caryle Hishberg & Marc Ian Barasch • *Guérisons remarquables*
Dolores Krieger • *Le guide du magnétisme*
Pierre Lunel • *Les guérisons miraculeuses*
Caroline Myss • *Anatomie de l'esprit*
Dr Bernie S. Siegel • *L'amour, la médecine et les miracles*

SPIRITUALITÉS

Bernard Baudouin • *Le guide des voyages spirituels*
Jacques Brosse • *Le Bouddha*
Deepak Chopra • *Comment connaître Dieu*
Deepak Chopra • *La voie du magicien*
Sa Sainteté le Dalaï-Lama • *L'harmonie intérieure*
Sa Sainteté le Dalaï-Lama • *La voie de la lumière*
Sa Sainteté le Dalaï-Lama • *Vaincre la mort et vivre une vie meilleure*
Sam Keen • *Retrouvez le sens du sacré*

Thomas Moore • *Le soin de l'âme*
Scott Peck • *Le chemin le moins fréquenté*
Scott Peck • *La quête des pierres*
Scott Peck • *Au-delà du chemin le moins fréquenté*
Ringou Tulkou Rimpotché • *Et si vous m'expliquiez le bouddhisme ?*
Baird T. Spalding • *Treize leçons sur la vie des Maîtres*
Marianne Williamson • *Un retour à l'Amour*
Neale D. Walsch • *Conversations avec Dieu - 1 et 2*
Neale D. Walsch • *Présence de Dieu*

VIE APRÈS LA MORT/RÉINCARNATION/INVISIBLE

Rosemary Altea • *Une longue échelle vers le ciel*
Michèle Decker • *La vie de l'autre côté*
Allan Kardec • *Le livre des esprits*
Vicki Mackenzie • *Enfants de la réincarnation*
Daniel Meurois & Anne Givaudan • *Les neuf marches*
Daniel Meurois & Anne Givaudan • *Récits d'un voyageur de l'astral*
Daniel Meurois & Anne Givaudan • *Terre d'émeraude*
Raymond Moody • *La vie après la vie*
Raymond Moody • *Lumières nouvelles sur la vie après la vie*
Jean Prieur • *Le mystère des retours éternels*
James Van Praagh • *Dialogues avec l'au-delà*
Ian Stevenson • *20 cas suggérant le phénomène de réincarnation*
Brian L. Weiss • *Nos vies antérieures, une thérapie pour demain*
Brian L. Weiss • *Il n'y a que l'amour*

8310

Composition Nord Compo
Achevé d'imprimer en France (La Flèche)
par Brodard et Taupin
le 15 mai 2007. 41455
Dépôt légal mai 2007. EAN 9782290000465

Editions J'ai lu
87, quai Panhard-et-Levassor, 75013 Paris
Diffusion France et étranger : Flammarion